U0110522

古代歷史文化研究輯刊

二九編

王 明 蓀 主編

第4冊

中國風水文化傳統（上）

喻 學 才 著

國家圖書館出版品預行編目資料

中國風水文化傳統（上）／喻學才 著 -- 初版 -- 新北市：花木蘭文化事業有限公司，2023〔民 112〕
序 14+ 目 4+214 面；19×26 公分
（古代歷史文化研究輯刊 二九編；第 4 冊）
ISBN 978-626-344-148-4（精裝）
1.CST：堪輿 2.CST：文化研究 3.CST：中國
618　　111021680

古代歷史文化研究輯刊
二九編 第四冊　　ISBN：978-626-344-148-4

中國風水文化傳統（上）

作　　者　喻學才
主　　編　王明蓀
總 編 輯　杜潔祥
副總編輯　楊嘉樂
編輯主任　許郁翎
編　　輯　張雅淋、潘玟靜　美術編輯　陳逸婷
出　　版　花木蘭文化事業有限公司
發 行 人　高小娟
聯絡地址　235 新北市中和區中安街七二號十三樓
　　　　　電話：02-2923-1455／傳真：02-2923-1452
網　　址　http://www.huamulan.tw 信箱 service@huamulans.com
印　　刷　普羅文化出版廣告事業
初　　版　2023 年 3 月
定　　價　二九編 23 冊（精裝）新台幣 70,000 元

中國風水文化傳統(上)

喻學才 著

作者簡介

喻學才，1954 年生，湖北大悟人，東南大學人文學院教授。旅遊規劃研究所所長。國家文物局全國文物標準化委員會委員。1992 年以來，在本校先後擔任過中國文化系系主任，旅遊學系系主任。三十年來，主要從事中華文化遺產的研究和利用，有遺產與旅遊方面的學術論文百餘篇，著作十餘種。1999 年，2009 年，還曾先後兩次應江蘇地域各高校旅遊專業同行推舉，主編過兩套蘇版高等院校旅遊管理本科教材。目前正在從事《中國遺產保護傳統》，《中國旅遊文化傳統》等著作的撰寫和修訂。

提　　要

中國古代的墓葬文化大體經歷過族葬—孝葬和蔭葬三個歷史階段。孝葬和蔭葬都是本書著者創造的詞彙。孝葬只是出於孝親動機，屬儒家的正統墓葬文化。蔭葬專指風水葬埋術為標誌的墓葬文化。信奉風水者認為，地下有生氣運行，一如人體內部有生氣運行。人體的生氣在人死後藏聚在骨頭裏面。只要能選準位置埋葬得當，死者的骸骨所保存的生氣，就會和地中生氣相融合，從而借助血緣關係，傳遞給他的子孫並相信會得到福蔭。著者用大量的事實說明這種好風水可以福蔭子孫的說法並不靠譜。但因為蔭葬信奉者追求對自然美的認識，追求對地中生氣的利用，追求對人居環境的選擇，數千年來，積累了大量的歷史經驗和理論認識，因此又是一份厚重的中國文化遺產，理應予以科學的研究和總結。

著者認為，中國古代墓葬文化由儒家孝葬文化向蔭葬文化轉變的過程中，朱熹是重要的推手。朱熹是理學家中第一個將風水學說引入傳統的孝葬文化開風氣的人。從他以後，落第秀才當風水先生開始理直氣壯起來。同時，由於風水從業者文化水準的普遍提高，也大大加強了風水學說的普及速度和風水著述的學術水平。

本書對陽宅和陰宅這兩大系統，郭璞，楊筠松、賴文俊等風水大家，《宅經》，《葬書》等重要風水典籍，王氣，望氣，五行，羅盤等概念及實操，都有深入淺出的研究介紹。

自　序

西漢史學家司馬談在論陰陽家、墨家、儒家、法家、道家、名家六家要旨時寫道：「嘗竊觀陰陽之術，大祥而眾忌諱。使人拘而多所畏；然其序四時之大順，不可失也。」〔註1〕：陰陽家說，「夫陰陽四時、八位、十二度、二十四節，各有教令。順之者昌，逆之者不死則亡。」。司馬遷解釋說：「未必然也。」也就是說：自然界的節律必須遵循，自然有道理。但也不像陰陽家所危言聳聽的那樣「不死則亡」。因此，老太史公才會說陰陽家的問題是「使人拘而多忌」。但陰陽家對自然界「春生夏長、秋收冬藏，此天道之大經也」的認識，必須順從，「弗順，則無以為天下綱紀。故曰：四時之大順不可失也。」〔註2〕

東漢班固論陰陽家要旨，說的明白：「陰陽家者流，蓋出於羲和之官。敬順昊天曆象日月星辰，敬授人時，此其所長也。及拘者為之，則牽於禁忌，泥於小數，捨人事而任鬼神。」〔註3〕

這第一句話是說陰陽家是從觀察天象製造曆法開始的。這方面，陰陽家的貢獻很大，指導農業生產，方便民眾生活。這是陰陽家的所長；但發展到後來，陰陽家們將天象的變化和人事的災異結合說事，於是步入「牽於禁忌，泥於小數，捨人事而任鬼神。」動輒以禍福怵人的誤區。則是陰陽家的所短。

風水之學，出於陰陽家是沒有問題的。觀察星象，調整日曆。計時授曆，方

〔註1〕（漢）司馬遷撰，《史記·太史公自序第七十》，中華書局，1959年版，第10冊，p3288～3289。

〔註2〕（漢）司馬遷撰，《史記·太史公自序第七十》，中華書局，1959年版，第10冊，p3290。

〔註3〕（漢）班固撰，《漢書·藝文志第十》，中華書局，1962年版，第10冊，p1734～1735。

便生活。是其常規的工作。但發展到後來，陰陽家就發展出拘而多忌的相宅相墓擇吉避凶學問，被後人統名之曰風水。因此，我們審視在中國歷史上曾經長期存在的風水學，應該有一個客觀的立場。風水學中如千方百計尋找所謂吉地，夢想葬得吉地便大富大貴等風水理論和實踐需要批判，但幾千年來風水學在發展過程中逐步完善的對人居環境包括小到民居村落大到城市國都的認知知識或曰經驗體系，則是值得我們吸收繼承的寶貴遺產。換句話說，風水學包括活人居所的學問以及死人葬所的學問兩大部分。這有關活人居所科學和美學方面的認知，毫無疑問應該繼承發展。而關於死人葬所的學問，我們也不能一棍子將其打死，全盤否定。因為它畢竟影響了世世代代的中國人，屬死亡文化應該研究的範疇。

> 人稟天地之氣而生，乃生者不能不死，故生必有宅，死必有墳。若宅墳俱吉，則人鬼皆安。人安則家道興隆；鬼安則子孫昌盛。是以人當擇地而居，尤當擇地而葬。〔註4〕

這是說安葬死者是文明人的責任所在。陰宅選擇就像陽宅選擇一樣，是人生的題中應有之義。是一張紙片的正反兩面。

在我國，對國民心理影響最深、普及程度最廣的傳統文化，除了儒家經典，可能就是風水文化了。儒家文化之能深刻影響中華民族，比較好理解，因為孔子自己的思想以及他所整理的六部經典（易經，詩經、樂經，禮記，書經，春秋）這些優秀的古代文化遺產，確實具有超越時空的永恆價值。加之自從漢武帝採納董仲舒「獨尊儒術」的建議以來，儒家思想基本上扮演著中國歷代王朝指導思想的角色。凡是推行儒家治國理念治國的，國家就相對太平。凡是否定擯棄儒家理念治國的，國家就動亂，社會就無序。這是經過許多世紀歷史實踐檢驗的事實。但風水呢，卻沒有儒家思想那麼幸運。它自從來到這個世界，多數時間都處在被打壓的境地。儘管下到販夫走卒，上至帝王將相。罕有言不及風水者。達官貴人，學者名流信奉者也不乏其人。但總的看來，風水學說之在中國，絕大多數情況下還只是類似於美國學者雷德菲爾德教授（Robert Redfield）所指的「小傳統」（little tradition），沒有成為儒家思想這樣的「大傳統」（great tradition）〔註5〕

〔註4〕據（清）蔣大鴻撰《秘傳水龍經》卷之五，中州古籍出版社，1994年版，p93～94。

〔註5〕見（美）羅伯特．芮德菲爾德著，王瑩譯《農民社會與文化》。也可能正因為此，中國的風水文化雖然已經有三千年歷史了，卻至今還沒有成長為科學的風水學說。

現在舉國上下都在談中國夢。中華文明要真正復興，其中自然應該包括風水文化。因為風水文化是一門關於天地人和諧共生的學問，因為風水文化是一門關於科學選擇人類居住辦公安葬環境等規律的學問，因為我們的國民需要宜人的居住生活環境。我們的建設項目需要科學合理的選址理論。我們的名勝內涵需要準確地揭示與解釋。我們的人文地理學說需要張揚中華民族的作風和氣派。不能老是「言必稱希臘」，跟著外國專家的路子走。那樣，我們的文化自信又從何說起！

風水文化是一個內涵豐富，體系龐雜、科學與迷信並存、精華與糟粕兼有的存在。系統整理這份祖國的文化遺產，需要若干專家學者和在一線實踐的風水師聯合作戰。只有專家學者的案頭文獻研究，沒有風水先生實際操作的歸納總結。堪輿實踐得不到總結提升，山水之理得不到揭示歸納。同時，歷史上風水的發展都與技術的進步密切相關，如司南的發明以及羅盤的應用，都使傳統的風水文化得到飛躍式發展。因此，身處 21 世紀的當代中國人，總結我們的風水遺產，需要與時俱進地利用現代科技手段，利用當代地理學、景觀學、人類學、旅遊學、民俗學、地球地質學等眾多相關學科的知識背景和研究方法，利用衛星定位、無人機航拍等技術手段來豐富和發展傳統的風水學。將中國風水學推進到一個科學的風水學新階段。更重要的是，處在 21 世紀的風水師們也應明白，我們應該避免繼續去做哪些惹人詬病的諸如利用吉穴福蔭子孫陞官發財等欺騙性質的事情。我們應該為建設文明宜居的人居環境而努力。我們應該有利用現代科技手段，弘揚古老文化，刷新風水研究新時代的雄心壯志。

本書的主旨在於梳理中國三千年來的風水理念變遷軌跡。其中重點分析幾位不同時代影響巨大的風水大家的堪輿理論和實踐。藉此突出重點。其次，本書還會比較系統地整理歷代有識之士對風水理論誤區的批判。我們認為，三千年來。歷代風水師對天地人和諧共生規律的探討是值得肯定的。對其他星球和地球互動關係的探求，對地中生氣的苦苦尋覓並希望將生氣捕捉用於提升人類的生活質量的努力是應該肯定的。就像一個大實驗室，一直在做一個偉大的實驗。題目可簡括為生氣的利用。儘管其間有些實驗員公布的數據是虛假的，有些研究者所發明的理論是幼稚的。但大方向是沒有問題的。在中國，傳統醫學探索「生氣」在人體內部的運行規律，而風水學探索的則是地下「生氣」的有效利用。既然是科學探索，就不可能不犯錯誤。關鍵是要釐清哪些是有價值的研究，哪些是無意義的吹噓。

先給大家舉幾個例子。看看古人如何看待風水：

在我國古代地方志書裏面，經常可以看到在雜志部分記載一些民間傳說的風水故事：

如浙江會稽志中所記載的石氏祖墳故事就很能迷惑人：

> 新昌石氏之祖，本山東人。因適越挈家徙居焉。時有韶國師善地理，每經從，石必迎佇致敬。其妻嘗出拜曰：「夫婦皆年老，欲從師求一藏骨地」。韶許之。與往近山，得一處五峯如蓮花，溪流平過其下。回抱環揖。指示之，且蘊識窆穴而去。翁媼葬焉。其後數十年，孫、曾登科相仍，至以百數。宣和以後頓衰。越五舉，略無齒鄉書者。而里中一民家產寖豐，生四子。容質如玉，或告石氏，是人竊以父骨埋於君祖塋之上。故致此。密引石往發土得木桶，藏枯骸其中。棄之。民家自此遂微。四子相繼夭逝。先是石塋有棠梨一本，每抽新枝，則族系一人必策名。若改秩，或一枝萎折，則有當其咎者。民思報怨，夜往伐其樹，自是科級視昔年弗逮云。〔註6〕

按，韶國師是天台法眼宗高僧。本姓陳，處州龍泉人。法號德韶禪師。曾被吳越王錢鏐尊為國師，故有此稱號。

這個風水故事很是經典：首先，這是一個普通平民因為待人真懇而感動國師為其選擇吉穴的故事。其次，這是一個寅葬卯發、科舉人才立竿見影，所謂催官性質、見效極速的風水寶地。最後，這還是一個骨骸感氣，福蔭子孫的好氣場。一旦有盜葬其中的枯骨，即可替代原來的福蔭。這三層意思，讓人似乎不得不信。

仔細推敲這個故事，它恰好符合國人急功近利的心理特點。故事的不合邏輯之處，明眼人不難看出。因為那位盜葬到石氏祖塋的里民骸骨，只是用木桶裝著，埋進了石氏祖塋，並沒有將石氏祖宗的骸骨取出。按照枯骨乘生氣，福蔭子孫的邏輯，應該是石氏和同里盜葬者的後代都可分享其福祉。因為原葬和盜葬都同處一墓之中，都在墓土之中。要乘生氣，自然是利益均霑才對，要遭受災殃，也應有禍同當才對。如何只福里人後裔，卻不福原葬石氏的子

〔註6〕（宋）施宿撰，《會稽志．會稽續志》卷七《新昌石氏墳》條，文淵閣四庫全書，臺灣商務印書館景印本，第486冊，p540。

孫？更離譜的是，故事違背了郭璞的風水理論，郭璞《葬書》是說父子祖孫之間同氣同感。這個里民和石氏並非血親，如何感應？顯然，這個故事的編造有漏洞。這則最初來自洪邁《夷堅志》的傳說，一沒有提供信息的具體人名。二沒有具體的時間。三沒有具體的享受福蔭的石氏子孫的名諱和科舉名目。四是違背了葬者乘生氣的邏輯。

類似石氏得吉壤的故事，在中國風水文化積澱中還有很多很多。其理論依據就是天人感應。

宋代大儒，朱熹的朋友和學生蔡元定所著《發微論》十四篇，最後一篇名曰《感應篇》，講的就是人心是最大風水這個道理：

感應者，言乎其天道也。夫天道不言而響應。福善禍淫，皆是物也。諺云：陰地好，不如心地好。此善言感應之理也。是故求地者必以積德為本。若其德果厚，天必以吉地應之。是所以福其子孫者心也。而地之吉亦將以符之也。其惡果盈天，必以凶地應之。是所以禍其子孫者亦本於心也。而地之凶亦將以符之也。蓋心者氣之主。氣者德之符。天未嘗有心於人而人之一心一氣感應自相符合耳。郭氏云：吉凶感應，鬼神及人。人於先骸固不可不擇其所而安厝之。然不修其本，惟末是圖。則不累祖宗者寡矣。況欲有以福其子孫哉？地理之微，吾既發明之。故述此於篇末以明天道之不可誣、人心之所當謹。噫！觀是書者其知所戒哉！〔註7〕

明代徐善繼、徐善述兄弟所著《地理人子須知》中有「十不可不修陰德」條，講的都是人心是最大的風水這個哲理。茲不贅述。

歷史上固然有只知騙錢的所謂風水師，這種人到處吹噓自己術數通神，能夠改變天命。但更多走上風水道路的風水師們，雖然對自己所師承的風水學說深信不疑。但大多數人都會承認真正的風水在人心。心地好，才會風水好。在這個問題上，並不認為人能勝天。

不迷信風水的人，歷史上也不乏存在。如漢順帝朝的吳雄就是一個典型：

順帝時，廷尉河南吳雄季高以明法律，斷獄平，起自孤宦，致位司徒。熊少時家貧，喪母，營人所不封土者，擇葬其中。喪事趣辦，不問時日。巫言當族滅。而雄不顧。及子訢孫恭，三世廷尉，

〔註 7〕（宋）蔡元定撰，《發微論》，文淵閣四庫全書，臺灣商務印書館景印本，第 808 冊，p195～196。

為法名家。〔註8〕

這位吳雄是漢順帝時的廷尉，生卒年不詳。大致活動在公元 115～144 年順帝當政的時期。他是一個沒有家族背景的「孤宦」。但他的專業能力過硬。「明法律，斷獄平」。完全靠自己的能力和操守一步步走上司徒的位置。母親死了。他不理睬當時的厚葬習俗，沒有特別選地。而是在一塊普通人自由葬的地塊上安葬了自己的母親。葬母后連墳頭都不起。下葬也不找葬師主持，也不占卜什麼黃道吉日，也不管什麼兇神惡煞。那些靠卜葬謀生的巫師急了，害怕他這個先例一開，以後就沒人請他們，因此惡毒地放風說，吳雄這樣幹，將來整個家族都會被滅族！但事實卻給了巫師一記響亮的耳光，因為吳雄家不僅沒出任何禍事。他的兒子吳訢、孫子吳恭，接連三世都做到漢朝的廷尉。這是見諸《後漢書》人物傳記的實證記載。明代趙錦（1516～1591），餘姚人。字元樸，號麟陽。明嘉靖二十三年（1544）進士。篤守王守仁學說。一生為官，前面彈劾嚴嵩貪贓枉法，後面議論張居正急功近利。他受時代風尚影響，是一個「頗經營風水」的人。但他某日卻明確無誤地對人表述他的風水觀：

> 趙端肅公錦頗經營風水，一日語人曰：「吾昨念之：富貴之家能致地師千里之外，有佳山水處又能出重貲以購之。其人不可，又能以勢力強之。得善地已，又將富貴。得富貴已，又將得善地。如環之無端，千百世不絕。皆人與地為政。」遂以手指天曰：「此老將安所事事耶？因一笑而罷。」〔註9〕

我們知道，傳統的風水說是以選對美穴，讓冢中枯骨傳遞地中生氣。並將吉地生氣輸送到死者的家人及後裔，從而改變死生有命，富貴在天的鐵律，人為地借助美穴給子孫後代謀幸福。如果只要選對美穴，就可改變天命，造福子孫的話，那就必然會推出一個合符邏輯的結論：即富貴者永遠富貴。因為他有實力有金錢可以請有名望的好地師，可以得到風水寶地。有好地又可福蔭後人。這樣循環無窮，這個家族就會長盛不衰的富貴下去。大家知道。歷史上沒有哪個家族的演變史能經受這個邏輯推斷的檢驗。先秦時期，先賢們總結了「君子之澤，五世而斬」的規律。民間也有「窮不過三代，富不過三代」的民諺。說的就是「富貴沿門轉，紗帽滿天飛」的事實。深究各家族

〔註 8〕（南朝宋）范曄撰，《後漢書．郭躬傳》，中華書局，1965 年版，p1546。

〔註 9〕（明）劉宗周撰，《人譜．人譜類記》卷下，文淵閣四庫全書，臺灣商務印書館景印本，第 717 冊，p249。

的歷史，有幾個家族能夠長盛不衰兩百年？若有，也一定是恪守家訓，重視教育，重視修養的家族。如錢氏家族。但即使錢氏家族，雖然人才輩出，也只是就大概率統計而言。若就每個具體的小家族，能一口氣富貴榮華五代也就是一百年的光景，就很不錯了。因為這跟各個時代所誕生的子孫的素質，所生活的時代，所接受的教育等多種主客觀因素有關。秦始皇希望借助集權獨裁的統治，從他這個始皇帝開始，一世二世三世萬萬世。但最後結果大家清楚，秦二世而亡！

秦始皇后的歷代統治者，哪一個不希望自己的子子孫孫富貴壽考？但我們讀歷史就知道，無論他們怎麼處心積慮，最後還是難保樹倒猢猻散，家破又人亡的結局！清朝乾隆皇帝將自己的墓地說成是「萬年吉地」。到頭來還不是百十年後大清王朝歇菜！

明代江西撫州金溪縣有個叫謝應芳的風水師，曾將自己平生所扦定的數十處吉壤繪製成圖，並贊之以詩歌。寫成鈐記，出版了一本名曰《地鈐》的相地書。認定他所選定的那些吉穴若人得葬之，必然誕生王侯將相等人物。但諷刺的是，他身後兩百多年，另一位認真的學者按圖索驥進行實證研究，結果卻根本沒有一個應驗的：

> 金溪謝氏精於葬法，蓋遠繼曾、楊而有聲者也，嘗往來臺、明間，凡目之所經、意之所營，著為《地鈐》，其山川之趨伏踊躍、橫直彎邪、高下遠近、聚散停伏，所謂若龍若鳳若虎若象若馬若黿鱉若麒麟若車若箱若玉印若金釵若明珠然者，為圖其形，著其蓋、拈、倚、撞、弔、插、脫、吐、鉗、截之法，覆詩歌以贊詠之。以為人得而阡之者公侯將相皆由是而出焉。其開示後人可謂明矣。然而二百餘年以來人即其處而求之，茫然莫之見者，豈山川形勢有時而變移耶？抑山川神靈靳其藏而勿妄以畀人也耶？不然謝氏豈欺後世哉？吾聞有吉地者必待有德之人。彼千金之家多行不義，及其終也，乃欲求富貴之地以為嗣續久遠之利，吾知其對面有勿能逢矣。然則孝子慈孫之為祖若父窆窶之計者，豈曰按圖索驥而已哉。此書得之姚江李師家命錄以為家傳云。〔註10〕

這個記載反映出中國風水學一個很大的問題，就是不能證偽。熟悉科學

〔註10〕（明）鄭真，《書謝黃牛地鈐後》，見《滎陽外史集》卷三十七，文淵閣四庫全書，臺灣商務印書館景印本，第1234冊，p209。

史的讀者知道，凡屬科學的結論，總需要證偽。也就是說，你可以大膽假設，但必須小心求證。只有證明你的假說成立，那才叫科學。否則只能是假說。我們研究古代的風水大家，傳記中一般都會記載一些精彩神奇的案例。讀來熱血膨脹。但當我們仔細研究這些風水師的人物生平，特別是研究關於他們所親自扦定的陰陽二宅的鈐記時，我們就會發現絕大多數都語焉不詳，無法考證。而很多風水師之所以能夠著書立說，往往得益於他們的廣泛實地踏勘，即對古代名人墓地和各地有影響家族祖墳的實地調研。他們的結論不過是以有名有姓功業記載子孫記載清楚的名人墳墓來印證風水經典的結論。這種情況十分普遍，也是大多數風水著作的作者都坦率承認的事實。我們不能說古代風水師們所做的行萬里路的實地考察沒有意義，但我們必須說明的是，像謝應芳這樣敢於將自己所留下的鈐記（一種專門記載相關墓地或住宅基址選擇案例的文案，相當於算命先生給服務對象寫出的命書，規劃師對規劃目的地所做的規劃設計之提要）圖文並茂刻書留存後世以求實證準確與否的做法，是有相當科學勇氣的舉動。這樣的風水師實在是少之又少。即使楊筠松、曾文辿、賴文俊、廖金精這樣的大家，其若干鈐記也是以師門傳說的方式流傳後世的。明朝徐氏兄弟所著《地理人子須知》算是古代風水著作中比較重視案例研究的一種。其他著述大多偶而一提。前述鄭真之所以把謝應芳地鈐無一應驗的故事拿來寫入家傳，顯然為的是教育子孫後代，人生在世，貴在自強不息，努力奮鬥。要後人明白命由心造，福自己求的道理。而不是傻乎乎地相信葬師的說法，以為葬得好地就會天上掉餡餅，幸福自己來。

比較靠譜的建議是明代高濂的觀點：

> 寵辱不驚，肝木自寧。動靜以敬，心火自定。飲食有節，脾土不泄。調息寡言，肺金自全。恬然無欲，腎水自足。此皆吾生藥石，人當請事斯語。人若知得「覺」字，便知我大物小，物有盡我無盡也。四大形骸皆外物也，榮辱生死物固有之，安能使我戚戚哉？有蔽則昏，無蔽則明。耳之蔽聲，目之蔽色，口鼻蔽於嗅味，四肢蔽於淫樂。一掬之力不勝則羣蔽交雜，去禽獸不遠。人要優游自足，心無外想，嗒然坐忘，在身忘身，在事忘事，在家忘家。其受用無量。無視無聽，抱神以靜，形將自正。必靜必清，無勞汝形，無搖汝精，可以長生。目無所見，耳無所聞。心無所知，汝神守形，形乃長存。慎內閉外，多知為敗。靖節之乞食而詠，康節之微醺而歌，

非有所得若是乎哉？病從口入，禍從口出。可不慎歟？人不自重，斯召侮矣。人不自強，斯召辱矣。自重自強，侮辱斯遠。人能改過，則善日長而惡日消矣。人能安貧，則用長足而體長舒矣。

禍福無不自求之者，後世有星數之說行，而反求諸天；有堪輿之說行，而求之地矣。於人事獨委焉。萬起萬滅之私亂吾之心久矣。今當掃去以全吾湛然之心。〔註 11〕

高濂認為，真正的養生延命之術，保家興國之道，在於自己修身養性，正道直行。對子孫則應導之以正確的立身行事之道，諸如積極進取，自重自強，安貧樂道，知錯就改，聞過則喜，見善而從，等等。捨棄了人的主觀努力和主觀修養，而去迷信風水墓葬陰陽禍福之說，欲求富貴利達，無異於舍本逐末，緣木求魚。

我們看歷史，秦始皇以前，無所謂的陰陽禍福之說。要有，就是「禍福無不自求之者」。無論是禍還是福，都和自己的言行有關。沒有另外一個什麼神操作可以轉移禍福。一部《尚書》，都是對歷史經驗的總結。其他《易經》、《樂經》、《詩經》，《禮記》，《春秋》，所記載的禍福都是人自己造成的，所謂「禍福無門，唯人自招。因果報應，如影隨形。」

人們只有徹底明白了這個最簡單的道理，放棄那些非分的風水轉移禍福的妄念，才會在自身修養上下工夫，才會在子女教育上下工夫。而不會把精力和金錢耗費在無意義的迷信風水命相等妄念上。這才是最靠譜的發家之正途，興國之長策。

秦始皇統一天下，實行郡縣制，各級官吏由朝廷指派，普天之下以吏為師，於是乎造成各級官吏眼睛向上，普天之下以官為貴的價值取向。後世雖然選拔人才的制度有鄉舉里選，九品中正制度和科舉考試等制度上的分別，但最核心的問題沒有改變，立德立功立言是中國讀書人的人生追求三境界。讀書做官，光宗耀祖永遠是中國人的光榮和夢想。風水術自西漢以來流行中華 2000 多年長盛不衰，其根本原因在此。因為僧多粥少，資源緊張。絕大多數人與科舉、做官無緣，那麼企圖憑藉走捷徑暴發的心態就得到生存的土壤。

關於何時才有風水書的問題。一般認為，六朝以前無葬書。但《漢書·藝文志》有《宮宅地形書》二十卷的書目見諸記載，《後漢書》已經有葬有吉

〔註 11〕（明）高濂，《遵生八箋》卷二，文淵閣四庫全書，臺灣商務印書館景印本，第 871 冊，p366～367。

凶的故事記載，如袁安葬父道逢三少年指點吉壞的故事。至於明確標注的葬書，明朝永樂大典中曾輯錄《漢原陵秘葬經》十卷，不著撰人名氏。前有自序稱「昔因遇樓敬先生傳陰陽書三本，其用甚驗。直指休咎之理。出生入死遁甲之法，乾兌坎離遷宅之法，辨年月日時加臨運式。余因暇日述斯文五十四篇，分為十卷。備陳奧旨，立冢、安墳、擇地、斬草、冢穴高深，喪庭門陌，碑碣旒旐，無不備矣。」四庫全書館臣認為是後人假託。本文開頭提到的班固寫漢書，為陰陽家書目所撰的小序說明漢代「牽於禁忌，泥於小數，捨人事而任鬼神」的現象很是普遍，不然的話，東漢王充的《論衡》中也不至於有那麼多篇幅涉及這方面的問題，如《亂龍》,《明雩》,《感類》,《驗符》,《論死》,《薄葬》,《四諱》、《譏日》、《卜筮》、《難歲》,《詰術》等篇。我們不能因為《漢書・藝文志》沒有直接記載陰陽家，風水著作書目就斷定漢代只有研究陽宅的著作《宮宅地形二十卷》。就否定《漢原陵秘葬經》十卷的存在。因為在漢代，建造住宅是公開的，無保密壟斷可言。但漢代崇尚厚葬，當事人自然有希冀子孫富貴壽考的願望。而術士們研究出來的陰陽書自然不可能在社會上大量流傳。這也許就是漢書藝文志中不見陰陽書目錄的原因。

竊觀歷代風水著述，大凡風水著述，可釐別為三個層次。其最高層次者如郭璞《葬書》、南唐何溥《靈城精義》、楊筠松的《撼龍經》、《疑龍經》、《天玉經》。南宋賴文俊的《催官篇》，蔡發的《發微論》，這種書的作者有理論有實踐。其次，無成一家之言的理論，但其著述不是憑空杜撰，有「歷覽已成之跡，不拘牽於俗論」之特點，如，明之徐善繼、徐善述兄弟所著《地理人子須知》，清代蔣大鴻整理的《水龍經》，張九儀的《穿山透地真傳》等等。過此而下，則為術士階層，即使其書再多，也只是剽竊諸書以為執業之憑藉，做肘後備忘之工具。肆意刪削前賢著作者有之，任意添加似是而非讓人難以琢磨的口訣者有之，冒用前賢名義以神其術者有之，如明錢塘胡文煥之《新刻法師選擇記》，就是冒用唐僧玄奘大師的名義，還杜撰了一番唐太宗貞觀元年垂詢眾大臣有關天下萬姓設齋求福而反得禍的問題，唐三藏法師回答釋疑的君臣談話。算作這本擇吉書的「序言」。儘管這位胡德父只是用校訂的名義。殊不知著作體例絕不允許這樣署名。你的工作既然屬校訂性質，那最初的著作權人是誰。你是從哪裏得到這本書的，全無交代。恰恰坐實了是這位胡德父自己撰寫的擇吉書，只是自以為名聲不夠，世人不信。因此才有必要假借古人名人。這類書，以及不署撰人的書，在風水書系統裏，可謂多如牛毛。數不勝數。因此之故，清朝雍正朝欽定的《古今圖書集成》藝術典於浩如煙海的風水著述中，只選取《黃帝宅經》、《九天元女青囊海角經》、《青烏先生葬經》、《管氏地理指蒙》、《楊筠松十二杖法》、《廖瑀十六葬法》、《胡矮仙至寶經》、《謝和卿神寶經》、《玉元子天寶經》、《劉見道乘生秘寶經》、《孫伯剛璚林國寶經》《空石長者五星捉脈正變明圖》、《楊再謫仙人楊公金剛鑽本形法葬圖訣》、《劉基堪輿漫興》、《李思聰總索》《李思聰堪輿雜著》，繆希雍《葬經翼》。清蔣大鴻整理本《水龍經》以及王氏《陽宅十書》。

我們再來看比《古今圖書集成》約晚半個世紀的《四庫全書》其所遴選之相宅相墓類圖書，其目錄如下：黃帝《宅經》，郭璞《葬書》，楊筠松《撼龍經》（含《疑龍經》，《葬法倒杖》）唐曾文辿《青囊序》、唐楊筠松《青囊奧語》、楊筠松《天玉經》；南唐何溥《靈城精義》，宋賴文俊《催官篇》，宋蔡元定《發微論》。

大抵說來，兩部大型叢書的選擇各有偏重，其最顯著者陳夢雷領銜的班子遴選過去的風水著述沒有迴避明王朝。而乾隆朝的《四庫全書》卻忽略了整個明朝的風水著述。

在古代中國，風水和世俗生活關係密切。舉凡大到朝廷規劃京師，建造宮殿。小到百姓建房造墓，到處都有風水師的身影。因為該行業事實上就是古代建築規劃的一個有機組成部分。要建造構築物，無論是給活人住的場所還是為安葬逝者所確定的墓地，都存在選址定向擇日定時等問題。古代有「造屋路旁，十年不成」的民諺，就是圍繞建造房屋持不同的風水見解者會影響當事人決策。帝王陵墓選址時往往也爭得不可開交。如南宋孝宗陵寢的選址問題，明朝萬曆帝的父親陵墓選址，朝廷也是形成兩派爭鬥。

據潘司空（季馴）《添設縣治疏》，可知，明代廣東新設縣，縣城選址還要帶上風水先生，另外找當地老百姓帶路，考察諮詢，縣治選在哪裏合適。

> 本府四會縣督同知縣張文光，拘集通縣里排鄉老歐陽應奎等，審據永構剿平諸巢萬山聯絡，地方曠遠。應立縣治等情。隨帶地師親詣經剿地方，拘集熟知地利人役，遍歷諸巢，看得各處山勢險，溪流湍急，止有地名潭圃地宇平衍，山水環抱，民居稠聚，為四方道路適中之所。詢之輿情，皆稱堪立縣治。其地南去四會縣一百三十里，係遠僻地方。今立縣治居中控制，內可以據險要防遏夷，外

可以覆膏腴撫綏良善。〔註 12〕

古代風水師門戶之見甚深，是己非人，十分習見而風水迷信者又無從深入了解，因而被蒙被騙的事多有發生。元人趙汸說得透澈：

術士又多淺見薄識之人，得陶書者為陶，得郭書者為郭，得楊、曾之書者為楊曾。其書真偽純駁皆未之辨。是以淫巫瞽史遍天下，而倉卒急遽竟不暇於擇焉。〔註 13〕

在中國古代名著裏，《儒林外史》寫地師給人家選擇吉壤，有許多細節，都是真實生活的寫照。如第 54 回「敦友誼代兄受過，講堪輿回家葬親」寫余氏兄弟破土後用紅布袋子包了幾塊土，燈下用嘴巴品嘗土味，即屬地師常見的動作。吳敬梓對地師的把戲看得很透，在書中對那些迷信風水先生能教人發財富貴驅凶避禍的人善意提醒說：「那些發富發貴的話，都聽不得。」

明代學者曹端《葬家詩》說的明白痛快：「葬家風水果何由？舉世滔滔苦信求！我道如依風水說，陰陽個個做王侯！」〔註 14〕曹氏作為明代著名理學家，直指問題的核心：如果風水師們所說果真靈驗，那為何他們自己一個個都沒有封侯拜相？

古代小說也不乏譏諷地師的故事，一如諷刺貪官和吝嗇鬼一樣。最後給大家抄一個作為結尾，這就是清人沈起鳳所講的一個故事：

豫章王晉，清明日挈眷上冢。冢後舊有荒墳，低土平窪。棺木敗露，未識誰氏。王有兒昭慶，見其地野花盛開，戲往摘之。踏棺陷足，骸骨碎折。驚而大號。王抱之出。既而歸家，兒寒熱交作。王就床頭撫視，兒忽色變，怒目直視曰：「吾羅漢章，堪輿大名家也。生前軒冕貴人無不奉為上客。爾一式微寒族，輒縱乳臭小兒踐我墳墓，躪我骸骨，罪何可宥！」王急謝罪，許以超薦，曰：「此恨已入骨髓，必索其命乃止！」王伏地哀泣，終無回意，不得已，保福於都城隍廟。

夜夢城隍神召之去，曰：「爾束子不嚴，應罹此禍。然厲鬼擅作威福，亦幹陰司法紀。」命拘羅。亡何，一鬼至，侈口蹙額，殊非善類。

〔註 12〕（明）潘季馴，《添設縣治疏》，《潘司空奏疏》卷一，文淵閣四庫全書，臺灣商務印書館景印本，第 430 冊，p4～5。

〔註 13〕（元）趙汸，《風水選擇序》，見明唐順之纂《稗編》卷五十八。文淵閣四庫全書，臺灣商務印書館景印本，第 953 冊，p325。

〔註 14〕（明）曹端撰，王秉倫點校，《曹端集》，中華書局理學叢刊，2003 年版，p265。

神責其何以作祟，鬼滔滔辯答，不竭於詞。繼問其生前何業，曰：「地師。」神拍案大怒曰：爾生前既作地師，何不擇一善地，自庇朽骨？想此事爾本不甚明瞭，在生時無非串土棍，賣絕地，被害者不知幾千百萬家。今日斷骨折骸，實由孽報，非其子之罪也！「鬼力辯其無。亡何，階下眾鬼紛紛來訴告，有謂葬如雞棲，而傷其骸骨者；有謂玄武藏頭，蒼龍無足，而夭其宗嗣者；有謂向其子孫高談龍耳，以至停棺五六十年尚未入土者。神勃然色變，曰：「造惡種種，罪不容誅！命鬼蜮押赴惡狗村。受無量怖苦。」眾齊聲稱快。叩首盡散。〔註15〕

時至今日，隨著科學民主常識的深入人心。絕大多數國人是不會再去相信所謂風水的。但這只是信仰層次的問題。作為文化遺產，風水學還很有必要進行研究整理。傳統的風水學遺產包括雅、俗兩個層面的內容。雅的層面屬科學探索的範疇，比如指南針之被地師用於羅盤。八卦方位、十二月份、十二生肖，二十四節氣，二十四向，六十四卦、七十二候等等被集成在羅盤上，並應用於堪輿實踐。古人從宇宙星球的角度研究人地關係，研究地球磁場對人體的影響，甚至還深入探索地球地表下的生氣運行和天體星宿的運行之關係。實地觀察和利用儀器進行推測等等，都屬科學探索的性質，不宜簡單地加以否定。俗的層面主要包括活躍在社會人群中的風水師（也稱地理先生，陰陽先生，堪輿師，相地師）為了獲得豐厚的報酬，或故作高深，讓人不可捉摸；或篡改古書，隨意添加內容；或將自己的工作口訣冒充古代的風水權威，等等。造成風水著作傳承混亂，內容龐雜，低檔謬誤多如牛毛，使學者專家無法進入。剪不斷，理還亂。迄今為止，遺產領域中的風水領域，可以說是唯一沒有受到專家學者重視或者正式進入的領域。亟需引起社會的重視。我們總不能因為真贋雜糅難於辨別就乾脆不進入吧？難不成我中華風水文化還要等外國漢學家研究後出口轉內銷麼？

2021 年 7 月 15 日
於東南大學旅遊規劃研究所

2021 年 12 月 31 日
修訂於三元草堂

〔註15〕（清）沈起鳳著，劉慧穎注，《諧鐸》卷九，陝西人民出版社，1998 年版，p176～177。

目次

下　冊

緒論：中國風水發展史述略

風水，歷史上亦稱「堪輿」。「堪輿」一詞，最初的含義是指天地。最早的定義者是張晏。〔註1〕堪輿就是一種雖然在地球表面做文章，實際上卻離不開對天體運行規律認識的學問。我們平時稱道有學問的人，往往說這人上知天文，下知地理。高明的堪輿師必須上識天文，下知地理。

第一個明確給「風水」定義的是郭璞：「葬者，乘生氣也。五氣行乎地中，發而生乎萬物。經曰：氣感而應，鬼福及人。」「蓋生者氣之聚，凝結者成骨，死而獨留。故葬者反氣入骨，以蔭所生之法也。丘壟之骨，岡阜之支，氣之所隨。」經曰：氣乘風則散，界水則止。古人聚之使不散，行之使有止，故謂之風水。」〔註2〕風水師，亦稱墓師，地師，堪輿師，風水先生，地理先生，陰陽先生等。均指為人相宅相墓的人員。

一、原始社會到秦始皇階段

風水問題，說到底首先是個人居環境問題。其次才是死者安葬地的環境即墓地環境問題。這裡先討論墓地環境問題。

上古時期，原始人茹毛飲血，與飛禽走獸雜處。或為穴處，或為巢居。都是比較簡單的利用自然界或略加人工活動，例如巢居、穴居。夏避燥濕，冬趨溫暖，是動物的本能。及至人類會製造工具，會馴化動物，發明了原始的農業

〔註1〕（漢）班固撰，（唐）顏師古注《漢書》，卷八十七，《楊雄傳》上，中華書局點校本，1962年版，第11冊，p3523。

〔註2〕（晉）郭璞撰《葬書》，文淵閣四庫全書，臺灣商務印書館景印本，第808冊，p1～5。

和漁獵業，則部落性質的聚落漸漸形成。這一個被社會學家稱之為原始社會的時段，無論是舊石器時期，還是新石器時期，逐漸形成的聚落如西安半坡遺址，餘姚河姆渡遺址，無錫鴻山遺址，都有基本的居住環境功能分區，如生活區，作坊區，墓葬區。這一時期，人居的村社和死者棲息的墓地一般相距都不遠。且採取的是族葬制度。即部落首領埋在甚麼地方，普通的部落成員死了也埋在甚麼地方。沒有高低貴賤之分。但後來隨著個人佔有生活資料的不公平現象出現，隨著家庭、私有制和國家的出現，雖然族葬制度並無大的變化，但等級尊卑的差異卻開始彰顯。並且出現了專門管理公墓的官員。

早期的人類社會，人死了，沒有埋葬一說：

古之葬者，厚衣之以薪，葬之中野。不封不樹。喪期無數。〔註3〕

這是第一階段，不封不樹，意思就是不積土為墳；不種樹做標誌。人死了，挖個坑，用柴草或藤蔓包蓋住死者的遺體，然後在上面蓋上土。既不在地面突起，也不栽樹做標記。更不存在喪葬擇日問題。這顯然是黃河流域土地平曠區域人類早期葬埋習俗的寫照。後來之所以要封土，要栽樹，要擇日安葬最直接的原因是為了標識記認和方便生者悼念。

第二階段，「後世聖人易之以棺槨」。（引文同上）這一階段我們的祖先發明了棺槨，於是人死後，會準備一副棺槨。將死者遺體安放在棺槨中，埋入地下。這個階段以黃帝在位的時段為標誌。距離今天約 5000 餘年。此前沒有這樣做的。到了夏商兩朝，這棺材板又加厚了。

第三階段，周朝。周朝繼承了夏、商兩朝的文明。其中自然包括卜宅與相冢。借助周代留下的國家頂層設計文獻《周禮》，我們瞭解到 3000 年前我們的祖先對住宅和墳墓之建造與管理方面的不少信息。關於住宅建造，因為《周禮》《冬官》篇在秦末社會大動盪期即亡佚，有關住宅規劃建設管理的情況不得其詳。漢朝學者就用戰國時期齊國工匠管理文獻《考工記》拿來頂補《周禮．冬官》的殘缺。我們借助《考工記》還能看到周朝的工匠分工和管理考核方面的制度設計，但關於宮室建造方面的內容還是缺如。因此，要瞭解周朝住宅選址和建造方面的情況，還得借助《尚書》中的《召誥》和《洛誥》兩篇文獻。因為這兩篇文獻系統記載了西周王朝建國後選址營造陪都洛邑（即洛陽）的過程。是中國歷史上最早的住宅建設和城市規劃文獻。

〔註 3〕（魏）王弼著，（晉）韓康伯注，（唐）陸德明音義，孔穎達疏《周易注疏》，卷十二，文淵閣四庫全書，臺灣商務印書館景印本，第 7 冊，p554。

圖 1 太保相宅圖　　圖 2 洛汭成位圖

《召誥》記述了召公打前站提前到洛水和黃河交叉地塊做選址準備。六天後周公來，選址得到周公的認可，於是舉行隆重的祭天儀式。並借助這個大典向奉命前來建設洛邑的各路諸侯，特別是剛剛被滅國的殷商王朝的舊臣們傳達天子周成王的講話。從這篇文獻，我們知道了西周時期重大營造的基本程序，首先是選址，然後是確定。再就是祭祀天地。訓誡建設者，類似後世大工程的誓師動員大會。《洛誥》主要記述周公旦和周成王之間關於治國和建設陪都洛陽問題的對話，時在周成王七年。當時周公旦希望周成王將洛邑作為周王朝的都城來使用，認為這樣更便於治理和控制殷商舊民。這篇文獻中同時也記載了周公選址規劃建設洛陽的諸多信息。如「我乃卜澗水東，瀍水西。惟洛食。我又卜瀍水東，亦惟洛食。伻來以圖及獻卜」。〔註4〕結合《召誥》，我們就會明白古代選址，先由相關權威人士用肉眼審視，基本確定後，就要舉行祭祀儀式，如本文中所記的選址新都洛邑，第一輪祭祀，所用的犧牲是兩頭牛。第二次祭祀用的犧牲是一頭牛，一頭羊，一頭豬。祭祀完畢後，還需要占卜以問吉凶。周公旦來基地後，連卜兩處，都是吉。建造洛邑的事情就這麼確定了。

〔註 4〕《十三經今注今譯》上冊，嶽麓書社，1992 年版，p202。

此外，周朝早期的城邦選址規劃和建造，讀者可以參閱《詩經》之《公劉》篇，那首家族史詩記載了周民族祖先公劉帶領族人在今天西安的周原一帶選址建造城邦的歷史場景，其中如「相其陰陽，觀其流泉。」就明顯是對選址的寫照。甚至寫出了公劉走到泉水邊上，發現周原平曠，於是登上南面的高岡，發現建造京師的好地方。寫出他和隨從「于時處處，于時廬旅，于時言言，于時語語」一路考察，一路談說的興奮情景。〔註5〕

周朝的墓地建造和管理，有專門的冢人和墓大夫負責。喪事有專門的職喪負責。從制度建設上看，是相當完善的。關於墓葬建設和管理，詳見後面族葬制度部分。墓葬制度發展到了周朝，在棺材的外表裝飾、死者遺體裝殮，埋葬前的儀式感加強，和墓地的規劃管理方面都遠遠超越了前代。

> 周監二代，復重以牆翣（音殺）之飾，表以銘旌之儀，而其制始備。又有冢人、墓大夫之官，掌其丘封之度與其樹數。尊者丘高而樹多，卑者封下而樹少。唯庶人不封不樹。天子七月而葬，諸侯五月，大夫三月，士踰月。〔註6〕

引文中的「牆翣之飾」就是棺材外面的「衣服」。當然是起裝飾作用的。「銘旌之儀」就是設置靈堂，送葬的人身著的喪服和手舉的幡幢等用於強化喪葬氛圍的儀式感諸物事。不同社會地位的人，死後墓葬制度有等級差異：庶人（普通民眾）死後埋入地下，「不封不樹」。也就是說，地上既不留墳，也不能栽樹。比庶人地位高一點的「卑者」「封下而樹少」，也就是說，葬區地面雖然也封土留墳，但高度有限制，只是略有標誌而已。而「尊者」的葬制特點是「丘高而樹多。」也就是說，地位高的人死後，其葬地地面封土高大，周圍栽樹數量眾多。宗法制度下的周朝，等級森嚴，每個特定社會地位的人，都有相關的制度約束。嚴禁逾越定制。此外，周朝的喪葬文明還規定了遺體裝斂後棺材可以停放多長時間然後下葬。周制規定：

> 天子七月而葬，諸侯五月，大夫三月，士踰月。〔註7〕

也就是說，周天子死了，裝殮好後棺材可以放七個月，然後下葬。諸侯死了，可以放五個月，然後下葬。大夫死了，可放三個月，士死了，放滿一個月

〔註5〕《十三經今注今譯》上冊，嶽麓書社，1992年，p335。

〔註6〕（清）徐乾學《讀禮通考》，卷八十二，文淵閣四庫全書，臺灣商務印書館景印本，第114冊，p1。

〔註7〕（晉）杜預注，（唐）孔穎達疏《春秋左傳注疏》，卷一，文淵閣四庫全書，臺灣商務印書館景印本，第143冊，p53～54。

即可下葬。這些時間長度的規定，可能和參加葬禮的人員分布範圍有關。普通士、大夫其重要性自然不能和諸侯天子比。死去的人地位越高，參加葬禮的人，空間分布越廣，召集難度越大。旅途距離越長，需要的時間也就越長。當然，更主要的還是為了凸顯地位尊卑的等級差異。古代文獻上對於位於各個等級層次的人死後棺材的規格也同樣有明確的規定：

天子棺槨七重，諸侯五重，大夫三重，士再重。〔註8〕

近百年的考古發現證實古人記載的棺槨制度所言不虛。

更重要的是，周朝還設有專門主管朝廷、王國和諸侯各級「政府」公墓和喪葬事務管理的官員。負責主管周王朝王室公墓的官員叫「冢人」。負責各王國百姓公墓管理的官員叫「墓大夫」。負責諸侯和卿、大夫、士喪葬事宜管理的官員叫「職喪」。《周禮》上對他們各自的管轄範圍和職責定位都交代的很清楚，例如，「冢人：掌公墓之地，辨其兆域而為之圖。先王之葬居中，以昭、穆為左右。凡諸侯居左右以前，卿、大夫、士各以其族。凡死於兵者，不入兆域。凡有功者，居前。以爵等為丘封之度與其樹數。」「墓大夫，掌凡邦墓之地域，為之圖，令國民族葬。而掌其禁令，正其位，掌其度數，使皆有私地域。凡爭墓地者，聽其獄訟。帥其屬而巡墓厲。居其中之室以守之。」「職喪：掌諸侯之喪及卿大夫士凡有爵者之喪，以國之喪禮蒞其禁令，序其事。凡國有司以王命有事焉，則詔贊主人。凡其喪祭，詔其號，治其禮。凡公有司之所共，職喪令之趨其事。」〔註9〕

戰國雖有厚葬之風，但無論是重視厚葬的王公貴族還是主張薄葬的墨子，都不曾涉及冢中枯骨福蔭後人的所謂風水問題。

請看墨子《節葬論》中描述了戰國王公貴族的厚葬風俗：

今王公大人有喪者，曰棺槨必重，葬埋必厚，衣衾必多，文繡必繁，丘壟必巨。金玉珠璣比乎身，綸組節約車馬藏乎壙。又必多為屋幕鼎鼓几梴壺濫戈劍羽旄齒革寢而埋之滿意。若送從，曰天子殺殉，眾者數百，寡者數十。將軍大夫殺殉，眾者數十，寡者數人。處喪之法將奈何哉？〔註10〕

〔註 8〕（晉）郭象《莊子注．天下篇卷十》，文淵閣四庫全書，臺灣商務印書館景印本，第 1056 冊，p162。

〔註 9〕《十三經今注今譯》，嶽麓書社，1992 年版上冊，p440。

〔註10〕（清）徐乾學《讀禮通考》，卷八十七，文淵閣四庫全書，臺灣商務印書館景印本，第 114 冊，p99。

「棺槨必重」，意思是不能只用一副棺材，還需要套上比棺材大的槨。「葬埋必厚」，是說墳墓的地宮需要深挖。「衣衾必多，文繡必繁」，意思是穿在死者身上的衣服，蓋在死者身上的被褥必須多。衣裳上的花色紋飾要複雜多樣。「丘隴必巨」，是說墳墓的土堆必須高大雄偉。我們看戰國時期齊國田齊王陵，秦始皇陵等戰國陵墓，就知道此乃當年風氣使然。後面的內容則是講送葬的隊伍要熱鬧，殉葬的車馬要有規模，死者的生前妻妾陪葬要上規格。等等。很顯然，戰國時期，人們對陵墓的追求還只在體量龐大、深挖深埋上和陪葬品豐厚、殉葬人數夠多上做文章。是希望死者仍能象生前一樣榮華富貴享用不盡。沒有顧及到墳墓的選址問題，更沒有考慮到枯骨如何福蔭子孫的問題。

墨子主張薄葬。他說：

> 昔者楚之南有炎人國者，其親戚死，朽其肉而棄之。然後埋其骨，乃成為孝子。秦之西有儀秉之國者，其親戚死，聚柴薪而焚之。薰上謂之登遐。然後成為孝子。此上以為政，下以為俗。為而不已，操而不擇。則此豈實仁義之道哉？此所謂便其習而義其俗者也。故衣食者，人之生利也，然且猶尚有節。葬埋者，人之死利也。夫何獨無節於此乎？子墨子制為葬埋之法曰：棺三寸，足以朽骨；衣三領，足以朽肉。掘地之深，下無菹漏，氣無發洩於上。壟足以期其所則止矣。天子棺槨七重，諸侯五重，大夫三重，士再重。今墨子獨生不歌死不哭桐棺三寸而無槨以為法式。〔註11〕

墨子主張「生不歌，死不哭，桐棺三寸而無槨，以為法式」的節葬觀。他自然更不會提倡風水福蔭子孫的問題。

韓非子對於迷信鬼神，葬埋選擇時日大不以為然。直接斥責為亡國的跡象：「用時日，事鬼神，信卜筮，物祭祀」「為亡國之徵。」這和戰國時期智者史嚚之言「國將興，聽於民；將亡，聽於神」大義相同。屬先秦中國哲人理性思維的結果。

二、兩漢魏晉南北朝時期

自從秦始皇以郡縣制替代封建制，集權獨裁的政治生態進入權力部門，於是「後世務為觀美，踵事增華。日新月異。於是有下錮三泉之穴，有高象

〔註11〕（清）徐乾學《讀禮通考》，卷八十七，文淵閣四庫全書，臺灣商務印書館景印本，第114冊，p100。

祁連之形，有黃腸題湊之固，有便房外藏之廣。有金蠶鳧雁之寶，有墓誌壙銘之石。其外則有華表碑闕之構，翁仲天祿辟邪麒麟羊虎之衛。其行殯也，則有方相俑人之導，鼓吹羽葆百戲之樂。」這些喪葬文明的新發展，徐氏認為，「要皆無益於死者。而徒虛地上以實地下。其於古先葬埋之本意失之遠矣。」〔註 12〕實際上，春秋戰國以來，各國諸侯爭相高起樓臺，高築陵墓，窮奢極欲，肆意厚葬，已經成為風氣。秦始皇陵墓的經營只是其最突出代表而已。不過，即使秦始皇這樣的千古一帝，他的墓葬雖然奢侈至極，但也不曾有風水福佑後人之類的說法和企求。他只是把帝王移天縮地為我所有的佔有欲放大到極致而已。

考察漢代墓葬，雖然有尚樸和尚奢兩條路線的分別。如帝王中不乏薄葬的君王，權臣和富商也有厚葬的例子。漢代墓葬雖然有靈魂昇天的奢望，一如秦始皇之希望長生不死。但直至漢代滅亡。我們也沒看到墓葬文化和風水有太多的關係。雖然這時段已經有些關於如何建造房子如何造墓的為數不少的陰宅陽宅書籍。但那只能說是人們對於人居環境即陽宅和人死後埋葬場所即陰宅的研究已經被提上了日程。由於《漢書・藝文志》中所提到的這些「風水」傳世情況不明，因此我們不太清楚當年人們建造陽宅、陰宅所遵循的原則。不過，從《論衡》一書中相關篇章東漢王充對世俗迷信的猛烈抨擊，不難看出我國東漢時期陰、陽二宅建造已經頗多禁忌了。尤其是方位禁忌最為突出。符合《史記》、《漢書》著者對陰陽家由關注天象、曆法、四時節令的階段發展到以陰陽禍福怵人的階段之總體判斷。

漢代有一個叫楊貴的，比較另類，他寫過一篇《裸葬書》（全名為《報祁侯贏葬書》）：

> 蓋聞古之聖王緣人情不忍其親，故為制禮。今則越之。吾是以裸葬，將以矯世也。
>
> 夫厚葬誠無益於死者，而俗人競以相高。靡財單幣，腐之地下。或乃今日入而明日發，此真與暴骸於中野何異！且夫死者終生之化，而物之歸者也。歸者得至，化者得變，是物各反其真也。反真冥冥，亡形亡聲。乃合道情。夫飾外以華眾，厚葬以隔真。使歸者不得至，化者不得變，是使物各失其所也。

〔註 12〕（清）徐乾學撰《讀禮通考》，卷八十二，文淵閣四庫全書，臺灣商務印書館景印本，第 112～114 冊，p2。

且吾聞之：精神者，天之有也；形骸者，地之有也。精神離形，各歸其真，故謂之鬼。鬼之為言歸也。其尸塊然獨處，豈有知哉。裹以幣帛，鬲以棺槨，支體絡束，口含玉石，欲化不得，鬱為枯臘，千載之後棺槨朽腐乃得歸生，就其真宅。繇是言之焉用久客？

昔帝堯之葬也，窾木為櫝。葛壘為緘。其穿下不亂泉，上不泄殠。故聖王生易尚死易葬也。不加功於亡用，不損財於亡謂。今費財厚葬，留歸鬲至。死者不知，生者不得。是謂重惑。於戲！吾不為也。〔註 13〕

漢朝楊王孫實踐裸葬，且著論傳世。可謂有真知灼見者。其文中所持觀點，顯然是基於中國古代的元氣學說。因為元氣說認為元氣有清輕者和重濁者兩種。在混沌初開時便開始運動，輕清者上升為天，重濁者下沉為地。上升者變為日月星辰，下沉者凝為山河大地。這是古老的天地萬物形成說。由此也開啟了天命論和地命論的爭議。楊王孫的這篇文章可以說是承前啟後的重要文獻，前面嘛，他直接繼承了先秦墨子的薄葬理論，後面他開啟了宋朝李畋李諮的地命論之先河。

兩漢時期厚葬成風。加之讖緯流行，故陰陽擇吉盛行。「桓帝時汝南有陳伯敬者，行必矩步，坐必端膝，呵叱狗馬，終不言死。目有所見，不食其肉。行路聞凶，便解駕留止。還觸歸忌，則寄宿鄉亭。年勞寢滯，不過舉孝廉。後坐女婿亡吏，太守邵奎怒而殺之。時人無忌禁者，多談為證焉。」〔註 14〕

漢自武帝頗好方術，天下懷協道藝之士，莫不負策抵掌，順風而屆焉。後王莽矯用符命，及光武，尤信讖言。士之赴趣時宜者，皆馳騁穿鑿爭談之也。故王梁、孫咸，名應圖籙，越登、槐鼎之任，鄭興、賈逵以附同稱顯；桓譚尹敏以乖忤淪敗。自是習為內學，尚奇文，貴異數，不乏於時矣。是以通儒碩生忿其奸妄不經，奏議慷慨，以為宜見藏擯。子長亦云：「觀陰陽之書，使人拘而多忌」。〔註 15〕

所謂內學，指圖讖之書。因為其事秘密，故稱內。和當時的陰陽術數等奸妄不經的術數學進行鬥爭，是當時的仁人志士的使命。學者桓譚、賈逵、張衡

〔註 13〕（漢）班固撰《漢書》，卷六十七《揚王孫傳》，中華書局，1962 年點校本，第 9 冊，p2907～2909。

〔註 14〕（南朝宋）范曄撰《後漢書》，卷四十六，中華書局，1962 年版，p1546。

〔註 15〕（南朝宋）范曄撰《後漢書》，卷一百十二上《方術列傳第七十二上》，中華書局，1965 年點校本，第 10 冊，p270。

是其代表。漢代雖然造宅建墓，均重堪輿擇吉，但畢竟流傳下來的圖書不多。前漢只有《宮宅地形》二十一卷的目錄流傳下來，後漢書術數列傳所載諸位術士，其人多通天文遁甲，能役使鬼神。但沒有一個是相墓師。兩漢雖然厚葬和重視陰陽拘忌成風。但史書沒有這方面著名人物的傳記。司馬遷筆下記述了很多遊俠，名醫。卻不見風水師的蹤影，說明當時這方面還沒有成為時尚。若是社會影響大的人群，史學家不會不注意的。

《三國志·管輅傳》,《晉書·郭璞傳》記管輅、郭璞二賢之占卜、堪輿等相關案例連篇累牘，說明這個時間段社會上風行這個。當然，魏晉時期，是玄學蔚然成風的歲月，我們看嵇康和張遼叔辯論住宅有無吉凶問題的文章，就不難知道。三國時期，魏國的管輅是個術數奇才。後人常將管輅和郭璞並提。說明三國魏晉時期，建造住宅、墓地需要專業的占卜人士參與成為時尚。我們看《三國志》中的《管輅傳》，管輅的弟弟管辰想跟他學占卜。管輅不接受，還跟他講了不少道理，大意是你不具備這種天分，學不了。因此管輅沒有徒弟。他預知死期。很多人以為他一定有什麼奇門秘籍。結果他弟弟告訴世人，管輅常讀的周易等占卜圖書也是常見的大路貨。他的結論是，這世界不缺占卜的書籍，而是缺少像管輅那樣的人才。「夫晉魏之士見輅道術神妙，占候無錯。以為有隱書及象甲之數。辰每觀輅書傳，惟有易林、風角及鳥鳴仰觀星書三十餘卷，世所共有。然輅獨在少府官舍，無家人子弟隨之。其亡沒之際，好奇不哀喪者盜輅書，惟餘易林風角及鳥鳴書還耳。夫術數有百數十家，其書有數千卷，書不少也。然而世鮮名人，皆由無才，不由無書也」。他的弟弟管辰還將哥哥和西漢著名易學家京房作了比較：

> 昔京房雖善卜及風律之占，卒不免禍。而輅自知四十八當亡，可謂明哲相殊。又京房目見遘讒之黨，耳聽青蠅之聲，面諫不從而猶道路紛紜。輅處魏晉之際，藏智以樸，卷舒有時。妙不見求，愚不見遺。可謂知機相邈也。京房上不量萬乘之主，下不避佞諂之徒，欲以天文洪範利國利身，困不能用，卒陷大刑。可謂枯龜之餘智，膏燭之末景。豈不哀哉？世人多以輅疇之京房，辰不敢許也。至於仰察星辰，俯定吉凶，遠期不失年歲，近期不失日月。辰以甘石之妙不先也。射覆名物，見術流速，東方朔不過也。觀骨形而審貴賤，覽形色而知生死。許負、唐舉不超也。若夫疏風氣而探微候，聽鳥

鳴而識神機，亦一代之奇也。〔註16〕

管辰不愧是管輅的知音。他把管輅精通天文周易占卜相術鳥語的多方面傑出才能如數概括，且都是和此前名家比較，如京房、甘石，許負、唐舉，東方朔，都是劃時代的陰陽術數人物。

三國曹魏的曹丕也就是魏文帝，是個難得的聰明人。他為自己選擇的墓地是不為世人青睞的不毛之地。他的目的很明確，不希望自己死後被盜墓，被戮屍：

魏文帝於首陽東為壽陵作終制，其略云：昔堯葬壽陵，因山為體，無封樹，無立寢殿園邑。為棺槨足以藏骨，為衣衾足以朽肉。吾營此不食之地，欲使易代之後不知其處。無藏金玉銅鐵，一以瓦器。自古及今，未有不亡之國，是無不掘之墓。喪亂以來，漢氏諸陵無不發掘，乃燒取玉匣金鏤骸骨並盡。可不重痛哉？若違詔妄有變改，使我為戮屍於地下，死而重死，不忠不孝。使魂而有知，將不福汝。以為永制，藏之宗廟。〔註17〕

魏文帝曹丕是個智慧的人。他看的明白。他在遺言中一則說：「夫葬者藏也，欲人之不得見也，骨無痛癢之感，冢非棲神之所。」同時又說「使魂而有知，將不福汝。」當然，這是一種假設口氣。即如果人死後真的靈魂有知，你們如果違背我的意願，我一定不保護你們。可見，他並未全信人死之後，魂魄有知可以福蔭子孫的觀點。但同時也顯示魏文帝時靈魂有知的理念已經影響人們的思考和選擇了。

雷紹字道宗，武川鎮人也。臨終遺勅其子曰：吾本鄉葬法，必殺犬馬。於亡者無益，汝宜斷之。斂以時服，事從約儉。〔註18〕

多麼明達事理的人！

稍後的六朝劉宋時期，已經有職業的祖傳數代的相墓師存在。這個人叫唐寓之。祖籍富陽，僑寓桐廬。曾因迷信自家祖墳出現王氣而舉兵造反，被官軍剿滅。事見《南齊書》，卷四十四《沈文季傳》。

本時期最重要的歷史事實有二：一是晉朝郭璞從河東郭公那裡傳承了先

〔註16〕（晉）陳壽撰《三國志．魏志》，卷二十九，中華書局，1959年點校本，第3冊，p827。

〔註17〕（晉）陳壽撰《三國志．魏書二》，中華書局，1959年點校本，第1冊，p81。

〔註18〕（唐）李延壽撰《北史》，卷四十九《雷紹傳》，中華書局，1974年點校本，第6冊，p1807。

秦兩漢的風水文化。而且撰寫《葬書》，奠定了中國風水學的理論基礎。從那以後 1800 餘年關係風水的學術研究，技巧探討，大體都在郭璞葬書框架中活動，沒有能逾越者。

二是這個時期已經有職業相墓人，甚至有專門的相墓家族。相墓術得到世代傳承。相墓術由皇家壟斷的世代在六朝時已然結束，不過並未普及。真正的普及還要再過幾個世紀。

圖 3 《葬書》作者郭璞雕像

三、隋唐時期

（一）隋朝風水

隋文帝雖為一代明主。但他也是一個喜歡術數的主。文帝楊堅手下有著名術士蕭吉等三人。

蕭吉，字文休。梁武帝兄長沙宣武王懿之孫。博學多通，尤精陰陽算術。江陵陷，遂歸于周，為儀同，宣帝時，吉以朝政日亂，上書切諫，帝不納。及隋受禪。進上儀同。以本官太常考定古今陰陽書。吉性孤峭，不與公卿相沉浮，又與楊素不協，由是擯落。於世鬱鬱不得志。見上好徵祥之說，欲乾沒自進，遂矯其跡為悅媚焉。〔註 19〕

〔註 19〕（唐）魏徵等奉敕撰《隋書》，卷七十八，中華書局，1973 年點校本，第 6 冊，p1774～1775。

蕭吉曾奉文帝之命參與了隋宮廷相關喪葬典禮的安排。文帝對他的意見雖很器重，但並非言聽計從：

及皇后崩（按時在隋仁壽二年，即西元 602 年），上令吉卜擇葬所。吉歷筮山原，至一處，云：「卜年二千，卜世二百。」具圖而奏之。上曰：「吉凶由人，不在於地。高緯父葬，豈不卜乎？國尋滅亡。正如我家墓田，若云不吉，朕不當為天子；若云不凶，我弟不當戰沒。」然竟從吉言。

能說出「吉凶由人，不在於地」這種話的皇帝，畢竟不是昏君。短短數語，雖然緩緩道來，其實暗藏深意，語氣相當嚴厲。表態之後，「竟從吉言」，既說明文帝通情達理，不拂老臣的面子，又表明對「卜擇葬所」之類「遊戲」無可無不可的態度，手腕非常高明。蕭吉知道文帝雖然對自己假以辭色，但十分勉強，因此一直到次月，還試圖用一些神奇的旁證來加深文帝對皇后墓地風水的印象。他呈一奏表，稱：

去月十六日，皇后山陵西北，雞未鳴前，有黑雲方圓五六百步，從地屬天。東南又有旌旗、車馬、帳幕，布滿七八里，並有人往來檢校，部伍甚整，日出乃滅。同見者十餘人。謹案《葬書》云：「氣王與姓相生，大吉。」今黑氣當冬王，與姓相生，是大吉利，子孫無疆之候也。上大悅。〔註 20〕

蕭吉編出這番「神話」，用心可謂良苦。

皇后墓地建好以後，文帝準備親自送殯。蕭吉上奏勸諫：

至尊本命辛酉，今歲斗魁及天罔（按，《通志》作「罡」）臨卯酉。謹案《陰陽書》，不得臨喪。上不納。〔註 21〕

這一次文帝不再掩飾己意，而是很乾脆地拒絕了蕭吉的建議。風水既然好得無以復加，文帝親自為甘苦與共的結髮原配送葬又有何不可？於情於禮，蕭吉的看法都不免離譜。但實際上，蕭吉卻另有難以直抒胸臆的苦衷。《北史》本傳稱蕭吉退出宮廷後，對他的族人蕭平仲說了一段很值得捉摸的話：

皇太子遣宇文左率深謝余云：「公前稱我當為太子，竟有其驗，終不忘也。今卜山陵，務令我早立。我立之後，當以富貴相報。」

〔註 20〕（唐）魏徵等奉敕撰《隋書》，卷七十八，中華書局，1973 年點校本，第 6 冊，p1776。

〔註 21〕（唐）魏徵等奉敕撰《隋書》，卷七十八，中華書局，1973 年點校本，第 6 冊，p1776。

> 吾記之曰：「後四載，太子御天下。」今山陵氣應，上又臨喪，兆益見矣。且太子得政，隋其亡乎！當有真人出矣。吾前紿云「卜年二千」者，是「三十」字也；「卜世二百」者，取世二運也。吾言信矣，汝其志之。〔註22〕

這裡，太子即楊廣，宇文左率，即宇文述，時任左衛率。

此番剖陳說明了幾點，（1）蕭吉與楊廣之間早有默契。太子廢立完成於開皇二十年（600）十一月，據蕭吉自稱，他在這之前就已經很深地捲入了這場宮廷劇變的醞釀，且屬晉王一黨。（2）仁壽二年（602）蕭吉奉文帝之命為獨孤皇后卜擇墓所，所謂「歷筮山原……具圖而奏之」云云，實際是在借花獻佛。蕭吉受已立為太子的楊廣密託，選擇一塊務必使他「早立」的葬母之地，代價是楊廣即帝位之後，當以富貴相報」。蕭吉所選墓地的風水，保證楊廣四年以後可登大寶。（3）蕭吉此前力勸文帝不必親自為皇后送葬的真實理由，原來並不是什麼「本命辛酉」，而是因為皇后墓地風水的氣運已經應驗，文帝如臨喪，顯示的將是亡隋之兆！楊廣立儲兩年，真面目逐漸顯露，已令眾多竭誠擁立者心寒，蕭吉所說「太子得政，隋其亡乎」，反映的可能也是這一上當以後的恍然大悟。（4）蕭吉關於皇后墓地風水之利，可保隋朝國運「卜年二千，卜世二百」的評語，是文帝同意按圖建墓的理由。蕭吉親自揭穿了這一評語的秘密，原來那是「紿云」，也就是矇騙皇帝的假話。「二千」，可拆為「二丿十」，合觀即為「三十」二字；「世二百」，《隋書》謂「三十二運」，《北史》、《通志》謂「取世二運」，《通鑒》引為「取世二傳」，因「世」可拆為「卅」，「二百」也可拆為「三十二」。蕭吉以拆字法自我營造了一個高明的「預言者」的形象，雖然不能不說是相當的勉強。楊廣即位後（605），蕭吉官升一級，「拜太府少卿（按，正四品），加位開府」。

和蕭吉同時的著名術士還有楊伯丑、臨孝恭、劉佑，俱以陰陽術數知名。其中蕭吉和臨孝恭頗多著述。〔註23〕

另民間尚有風水高人孫暭，衛王楊集求之不得：

> 孫暭家於七里瀨，善於葬法，得青烏子之術，尤妙相墳。即知其家貴賤貧富官祿人口數，亦知穴中男女老少，因某病而卒，兼精

〔註22〕（唐）李延壽撰《北史》，卷八十九，中華書局，1974年點校本，第9冊，p2955。

〔註23〕（唐）魏徵等奉敕撰《隋書》，卷七十八，中華書局，1973年點校本，第6冊，p1774～1779。

於三命。時楊集統師收復睦州，至一岩下砦，軍次，忽一大石盤隊下。楊占之曰：此岩上有二十五人，點兵收之。獲居民二十人還。楊曰：合有二十五人，何欠五人也？問於民，曰：某等初聞大將軍將至，遂與二十五人迴避於斯。內一人孫晤善卜，到時立草舍畢，有雙雉飛下闕。孫云軍至此也，宜往別處，不然遭擒掠。某等不順其言。有誠信者四人相隨去矣。楊令人捕之不獲，意甚不快，曰：得此人可師事之。新定平後，復在彼漁。〔註 24〕

按：楊集字文會。隋朝宗室。初封遂安王，尋襲封衛王。隋煬帝的堂兄弟。隋煬帝登基後，諸王恩禮漸薄，乃找術士俞普明支招。後被廢為庶民，遠徙邊郡。若然，此術數奇人孫晤是隋朝人。

隋朝的風水術士，還有一個大腕需要介紹，此人叫殷紹。

隋殷紹表：臣述九章數家雜要，復以先師和公所注黃帝四序經文三十六卷專說天地陰陽之本。其孟序九卷說陰陽配合之原，仲序解四時氣王休煞吉凶。叔序明日月星辰交會相生為表裏。季序具釋六甲刑福禍德，仰奉明旨意謹審先所見四序，經文抄撮要略，當世所須吉凶舉動，集成一卷。上及天子，下至庶人，吉凶所用，罔不畢舉。其四序堪輿遂大行於世。按此即今監頒曆日通書之所祖也。歷家之刑福禍德，始於淮南子，而闡明於殷紹，遂為百代不刊之典矣。〔註 25〕

可惜隋朝國祚太短，這個風水術數之學的系統總結的時代，隨著隋煬帝的滅亡，大量圖書被焚毀而中斷。真正全面系統的總結要等到唐太宗高宗的時代呂才等人來完成。

我們看隋朝殷紹給朝廷所上的術數之書的簡明提要可知，這實際上就是對史上已有風水術數之學整理的結果。因為這個系列術數著作是有明確定位的，即不僅有為皇家所用的望氣等術數。還有為普通百姓所使用的選擇通書之類。因為吉凶禍福，是所有人都會關注的。按照中國的陰陽世界觀，人事基本都是吉凶各半，有吉有凶。不可能事事皆吉，也不可能事事皆凶。因此，趨吉避凶成了人們出門做事所追求的方向。

〔註 24〕（元）陶宗儀編，《說郛》，卷一百十七下《孫晤》條，文淵閣四庫全書，臺灣商務印書館景印本，第 882 冊，p701。

〔註 25〕（清）姜宸英撰，《湛園劄記》，卷三，文淵閣四庫全書，臺灣商務印書館景印本，第 859 冊，p622。

（二）唐朝風水

唐朝帝王，玄宗就開始有意識選擇山形地勢，喜歡龍盤鳳翔的形勢。

> 開元十七年，玄宗因拜橋陵至金粟山，觀岡巒有龍盤鳳翔之勢，謂左右曰：吾千秋後宜葬於此地。後追隨先旨葬焉。〔註 26〕

（三）唐宋兩朝的分別

唐代雖然葬俗已經改變為重視風水擇日等等，但禮官議事猶且依循舊禮。臺灣學者漢寶德認為：唐代以後反對風水的論調，與漢代以前大不相同。古代是自純理性反迷信的，只證明其不合理而已足。但唐代以來，儒家的思想支配了中國人的生活，故反迷信的論調大多以儒家的立場發言。換言之，他們不再完全自理上去反駁，而是自禮上去批評。對於他們不合理固然是不對的，不合禮是更重要的理由。〔註 27〕

唐高宗武則天時期的朝廷術士嚴善思，反對武則天和唐高宗合葬乾陵，他建議在乾陵旁邊選址另建一陵安葬武則天。他說：

> 若以神道有知，幽塗自得通會；若以死者無知，合之復有何益？然以山川精氣上為星象。若葬得其所，則神安後昌；若葬失其宜，則神危後損。所以先哲垂範具立葬經，欲使生人之道必安，死者之神永奉。〔註 28〕

值得注意的是，嚴善思只是強調如果死者魂靈有知，自然會互相往來。如果無知，合葬也無益。更重要的是，嚴善思的觀點雖說地之精氣上應星宿。葬對了位置，就能達到生者和死者兩安的目的。絲毫沒有涉及葬對了位置就可以福蔭後世子孫之類的說法。這個看法應該是唐代正統的墓葬文化觀念。

我們也知道，唐代民間有到處「行視山原」並繪製圖冊的風水師，如黃州僧泓：

> 又有黃州僧泓者，善葬法。每行視山原，即為之圖。張說深信重之。〔註 29〕

〔註 26〕（宋）王溥撰《唐會要》，卷二十，文淵閣四庫全書，臺灣商務印書館景印本，第 606 冊，p298。

〔註 27〕漢寶德著，吳曉敏配圖，《風水與環境》，天津古籍出版社，2003 年版，p9～10。

〔註 28〕（後晉）劉煦等奉敕撰《舊唐書》，卷一百九十一《嚴善思傳》，中華書局，1975 年點校本，第 16 冊，p5102～5103。

〔註 29〕（後晉）劉煦等奉敕撰《舊唐書》，卷一百九十一，中華書局，1974 年點校本，第 16 冊，p5113。

唐太宗欲厚葬其父唐高祖，大臣虞世南等諫阻，因為擔心陵墓體量過大，即使少藏金玉，也易勾引盜心。但唐太宗沒有同意。而到了唐太宗的妻子的陵墓修建時，唐太宗卻按照虞世南的意見做了，即薄葬。因此後世就有學者批評唐太宗難逃不孝的嫌疑。

（四）唐太宗葬法

> 唐高祖之喪務從隆厚。虞世南上疏恐累死者。今雖不藏金玉，後世但見丘壟如此其大，安知其中無可欲者。願依白虎通為三仞之墳，仍刻石陵旁書藏宗廟為子孫永久之法。太宗初不報也，及葬皇后於昭陵，乃為文刻石稱用遺言因山薄葬不藏金玉，庶幾奸盜息心，存沒無累。使百世子孫奉以為法。太宗曾不動心於其父，而其為妻慮者乃如此，其至非不孝而何？〔註 30〕

隋唐時期，風水尚未普及民間。堪輿還是朝廷秘術。學術界此前有個定見，認為郭璞葬書直到宋朝才見諸著錄。這說的固然不錯。但這只是就官方在國史藝文志上公開而言。因為沒有人敢斷言從東晉到宋朝之前這 700 多年的歲月裏，郭璞《葬書》並不存在。我們看唐玄宗就極其重視風水。用今天的話說，就是很迷信風水。在唐朝，前有呂才在唐太宗高宗時期對風水著作做整理工作，後有唐玄宗朝僧一行、僧泓等人的風水曆法著作活動。在唐玄宗朝，就有明確記載黃州籍僧人泓是一個精於堪輿的名流。史載他經常到全國各地山上考察，一邊考察，一邊繪圖。史書還記載僧泓在被唐玄宗召見請教風水問題時，僧泓多次跟他提到一個叫郭璞的人寫作的葬書。玄宗索看《葬書》，後來僧泓獻給玄宗皇帝。皇帝命令用錦囊包裹。玄宗又安排當朝宰相張說給《葬書》作注解。後來僧泓、一行也都分別留下了若干注解。該書經、注分明，注釋簡潔。唐張說、一行、僧泓奉敕注解的《葬書》即代表了唐代該領域最高的學術水平。也是《葬書》存在朝廷的鐵證。後來五代動亂，官方圖書散落民間。後續朝廷從此出現兩個變化。一是譜局從此改官修為私修。這事情基本都發生在宋朝。代表人物是歐陽修和蘇洵兩家，代表性譜書修撰指南是流傳至今的譜法（修譜的規範）。二是風水術士從此由朝廷御用走向民間。唐末的楊筠松、曾文辿。這些歷史人物都屬承前啟後歷史轉折關頭的代表人物。

〔註 30〕（宋）項安世撰《項氏家說》，卷九，文淵閣四庫全書，臺灣商務印書館景印本，第 706 冊，p553。

若就唐代純粹原創性質的風水著作，則非楊筠松莫屬。楊筠松的《撼龍經》、《疑龍經》在傳統的陰宅尋龍覓穴察砂辨水等方面，可以說達到了登峰造極、無以復加的高度。後來的風水著作只能是填空補缺，旁敲側擊，做些錦上添花的工作。即使賴文俊、廖金精，也不例外。廖金精對歷代陰宅領域的著述有個評價：「景純葬書最精要，其次龍經妙。」〔註31〕賴文俊的貢獻在於《催官篇》。催官篇之所以大得人心，因為該書迎合了國人急功近利的心理特點，或者說它投合了一部分企圖憑藉吉穴選擇達到快速陞官發財的目的。

四、宋元時期

到了宋代，情形變了。禮官議事不再提程頤等所主張的五種不卜可知的葬地，說明這時節即使皇帝的葬俗也有一半是風水師決定的。

明朝朝廷修會典，編者回顧了歷史上的唐代葬典（《開元禮》）和宋代葬典（《政和禮》）。唐末風水之術雖已經風靡城鄉，但作為國家典章制度，還是記載了古老相傳的五種不卜可知的葬地以及相關的古老安葬儀式。（說詳本書《儒家孝葬習俗研究》部分）但到了宋代，情況開始變化，作為國家典章制度的政和禮已經連唐代開元禮的官樣文章都沒有了。也就是說，官方默許了風水師在葬俗文化中起主要作用：

> 開元禮有卜宅卜日之儀，而政和禮無之。但云墓兆葬日皆前期擇之，不知其所擇者用何法也。若用龜蓍必備詳其儀如開元禮矣。今但曰擇之而不載其儀，則用地師之術可知也。蓋唐之世相地擇日之書雖已行於時，而儒臣之議禮猶知依仿古人。至宋則並此虛文而亡之矣。

明代畢竟還是明代，在國家葬典中，古樸的和陰陽禍福毫無關聯的擇地卜日儀式還是被記載下來了：

> 三月而葬。前期擇地之可葬者。蓋地有美惡。地之美者則其神靈必安，其子孫必盛；地之惡者則反是。所謂美者，土色之光潤，草木之茂盛。他日不為道路，不為城郭，不為溝池，不為貴勢所奪，不為耕犁所及。即所謂美地也。古人所謂卜其宅兆者，正此意，而

〔註31〕見廖氏《地理泄天機·俯察正法歌》，中州古籍出版社橫排本，p11。這裡不標廖金精的朝代，因為歷史上有宋代廖金精和明代廖金精之別，明時書商故意將前後廖弄混，說詳本書第十三章和第十九章。

非若後世陰陽家禍福之說也。〔註 32〕

唐宋時期，風水界各地所信奉的理論不盡相同：

葬法有風水山崗，此全無義理，不足取。南方用青囊，猶或得之；西方人用一行，尤無義理；南方試葬地，將五色帛埋於地下，經年而取，觀之地美則彩色不變。地氣惡則色變矣。又以器貯水養小魚，埋經年，以死生卜地美惡。取草木之榮枯，亦可卜地之美惡。〔註 33〕

《彭應叔山家大五行論序》乾脆認為山水是自然形成的格局，風水是人為附會的結果。其言曰：

天地之初，皆水而已。彼其蕩漾凝結而為山者，水之滓也。其曲折，其高低，要亦出於其勢之偶然，而其實一大島也。古之人生且死於其間而已矣。而後之人因其高低曲折而為風水之說，來者為龍，盤者為穴，堆者為沙，前者禽，後者鬼，如是而可以富，如是而可以貴，自有道者觀之，其不猶蟻穴之盤龍岡邪？俗師野巫方持羅經以論卦座，言人人殊。彼又惡知其說之所從始與理之所以然？自彭應叔大五行論出而後推其說合於河圖洛書先天後天之數，以至太玄參同醫經丹說無不脗合。而羅經尊矣。或曰今之求地者，龍穴為急，砂法次之，卦座水神之說拘矣。應叔又發明陰陽五行之說，雖非俗巫所有，毋乃徒迂闊而無用乎？余曰：不然。古稱地理要必明其理而後可以用其術，則是書者莊周所謂無用之用也。應叔用針主丙午而非子午。此則似不可概論。子午，天地之中。中原得天地中氣之正，子午可用；東南地勢既偏，故稍移丙以就之，不中所以求中也。南北一家，求封侯富貴者相屬，聞應叔名者，誰不欲傳客之針法，隨地勢用之可也。〔註 34〕

這個宋末元初的彭應叔在羅盤的應用上貢獻厥偉。我甚至懷疑楊筠松改造羅盤的說法不如這記載靠譜。

吳澄記載元朝北方人仕宦於南方，受南方葬師影響的喪葬笑話：

〔註 32〕（明）徐溥等奉敕撰，李東陽等重修，《明會典．品官禮》，見《欽定續通典》，卷七十八，文淵閣四庫全書，臺灣商務印書館景印本，第 640 冊，p500。

〔註 33〕（宋）張載《張子全書》，卷八，文淵閣四庫全書，臺灣商務印書館景印本，第 697 冊，p184。

〔註 34〕（元）趙文《青山集》，卷二，文淵閣四庫全書，臺灣商務印書館景印本，第 1195 冊，p12。

> 葬師之術盛於南方，郭氏葬書者其術之祖也。蓋必原其脈絡之所從來，審其形勢之所止聚。有水以界之，無風以散之，然後能乘地中之生氣以養死者之留骨。俾常溫暖而不速朽，腐死者之體魄安，則子孫之受其氣以生者不致凋瘁。乃理之自然而非有心於覬其徼之必然也。若曰某地可公可侯可相可將，則述者倡是說以愚世之人而要重賦焉者也。其言豈足信哉？北方之地平曠廣衍，原隰多而山林川澤遠。其葬又與南方之之術異。惟通達者能推而用之，適彼此之宜而不執滯。
>
> 近見北方士大夫仕南方，惑於南師之說，歸用其術以葬其親，往往可笑。曾不如其上世不通於術而用古禮以葬者之為得也。司馬公及程子之所謂葬師以方位時日論吉凶則不過陰陽家克擇之一伎，於其地理無與也。今朱順甫所傳肥城孫葬法，其果南方之術邪？抑亦北方之術乎？他日倘一會面，叩其底裏，則吾有以知之矣。〔註35〕

實際上，風水師著作中自有平原地區和江南水鄉之葬法。只不過宋元時節不如明清普及罷了。

五、明清時期

有明一代，批判風水說的聲音一直很強勁。而花大氣力整理風水亂象，使之趨於標準化的努力也有人在做。除開整理葬書等風水經典的謝氏，還有就是江西德興徐善繼、徐善述兄弟，其最終成果為《地理人子須知》。這本著作是兄弟倆用了三十多年時間，在遍考業界各種風水圖書，廣求師友請教切磋，實地考察全國各地眾多的名人墓葬或有明確選址記錄的墓葬的基礎上撰寫而成。其書堪稱風水學術的集大成之作。

至於風水術之不足信和禍害百姓的指責，有明一代，和宋、元兩代一樣，意見極多。

有清一代，很多方面都在標準化。風水領域的亂象也得到了局部的整治。總的趨勢是風水墓葬開始接近科學。例如，自漢代就開始出現的五音姓利等風水拘忌從官方欽定的圖書中被刪掉了：

〔註35〕（元）吳澄《贈朱順甫序》，見《吳文正集》，卷二十九，文淵閣四庫全書，臺灣商務印書館景印本，第1197冊，p314。

> 時憲書載五姓修宅以五音分五姓始於漢時讖緯之說，託之孔子。歷代以來，諸儒駁論不勝枚舉。即使其說果是，則自今日以溯黃帝，民間姓氏屢改，豈能猶合本音！況實無義理，徒滋拘忌，應刪去。〔註 36〕

這代表著一種理性的思維開始占上風。但並不是說清代就不重視風水。相反，無論是官方，還是民間。建造陽宅還是建造陰宅，請風水師都是必須的。

明初大儒，那位建議朱元璋「高築牆，緩稱王」的朱升認為：風水之學在晚唐楊筠松之前，都在朝廷掌控之中。

> 然自楊筠松既沒，是術裂於閩、贛，判而不合者三百餘年。於茲派別支分，互相矛盾，其為人之禍反有不可勝言者。〔註 37〕

也就是說楊筠松是中國風水史上的一個關鍵性人物。因為是他將以往由朝廷司天監（或稱欽天監）掌管的風水術傳入民間。開闢了民間風水的新時代。從他的徒弟們開始，這風水之學便一分為二了，即分成形勢派（亦稱巒頭派）和理氣派（又稱方位派，玄空派）。這是他兒子朱同轉述的觀點。朱升自己也有文章專門闡述這一風水史上的分歧產生以及他將希望寄託在歙縣一帶的風水學界人士身上的期許。朱升說：楊救貧之後風水分裂為二途：贛派與閩派。他還提及風水史上所應該重視的幾位關鍵人物：

> 葬書之道二：形勢也，方位也。形勢如相人之許負，方位如推命之李虛中。二者各精其一已足為術，合而一之，人焉廋哉！
>
> 自楊救貧以前，皆合而為一，釐為閩、贛；不能合者，蓋四百餘年。中間宏博碩大如王樸之孫伋、趙卿著《指蒙書》《撥砂詩》《心經》等文，出入經史，幾於得乎形勢之綱維、方位之領袖。達者尚有憾焉，況其餘乎！
>
> 里人詹仲芳世傳閩術也，而學於贛。自以為盡贛術矣。而猶講學於閩，足力到，目力熟。人皆信之。方將進焉而不已。裏之治此而能行者未有或之先也。青出於藍，冰寒於水，其吾仲芳乎？余故喜斯道之將昌，而閩、贛四百餘年之判而不合者，其將合於吾歙矣，

〔註 36〕（清）梅瑴成，何國宗等奉敕編，《欽定協紀辨方書．奏議》，文淵閣四庫全書，臺灣商務印書館景印本，第 811 冊，p116。

〔註 37〕（明）朱同《送地理汪煥章序》，《覆瓿集》，卷四，文淵閣四庫全書，臺灣商務印書館景印本，第 1227 冊，p692。

故書而贈之。〔註 38〕

清朝的風水界有若干特點。先讓我們看看清朝康熙年間的翰林院編修姜宸英的一段關於隋朝風水大師殷紹的文字：

> 隋殷紹表：臣述九章數家雜要，復以先師和公所注黃帝四序經文三十六卷專說天地陰陽之本。其孟序九卷說陰陽配合之原，仲序解四時氣王休煞吉凶。叔序明日月星辰交會相生為表裏。季序具釋六甲刑禍福德，仰奉明旨意謹審先所見四序，經文抄撮要略，當世所須吉凶舉動，集成一卷。上及天子，下至庶人，吉凶所用，罔不畢舉。其四序堪輿遂大行於世。按此即今監頒曆日通書之所祖也。曆家之刑福禍德，始於淮南子，而闡明於殷紹，遂為百代不刊之典矣。〔註 39〕

這段話顯然是姜宸英給康熙皇帝介紹中國風水源流的話。他這段話一方面說明隋朝在風水史上的地位之重要。殷紹給隋朝皇帝的送呈風水圖書的報告，奠定了此後 1500 多年中國風水或曰中國術數的基礎。後世基本沒有超越這個研究範圍。

清代的風水也是一個集大成的年代。舉凡巒頭、理氣天星各派都能得到發展。而帝王倚重風水術士等有預測功能的特殊人才亦不亞於此前歷代帝王，如《清史稿》所記之章攀桂、劉祿、張永祚、戴尚文諸人。〔註 40〕

〔註 38〕（明）朱升《贈地師詹仲芳序》，《明文海》，卷三百十六，文淵閣四庫全書，臺灣商務印書館景印本，第 1453 冊，p501。

〔註 39〕（清）姜宸英，《湛園劄記》卷三，文淵閣四庫全書，臺灣商務印書館景印本，第 859 冊，p622。

〔註 40〕（清末民初）趙爾巽等撰《清史稿》，中華書局 1977 年版，第 46 冊，p13883～13886。

第一章　族葬制度批判

人生在世，有生必有死。死而必有相應的哀悼儀式和埋葬方式以寄託生存者的哀思，這就是葬俗。或者叫死亡文化。安葬死者，遠古先民最初的本意就是掩藏屍體，因為孝子不忍心看著親人的體魄暴露於地上，而挖坑以藏之，不讓人看見。孟子說，上古先民最初不懂埋葬死去的親人。後來因為看見蚊子蒼蠅狐狸等昆蟲野獸饕餮死者的遺體，生者不忍心，於是扯來山上的葛藤等包裹屍體，將其埋入土中。這就是最早的葬埋之法。《易．大傳》上也說：古人安葬死者，用樹枝葛藤包裹遺體，隨便埋在什麼地方，也不興壘墳頭栽樹。後世聖人採用棺槨裝殮死者的遺體，根據口傳和記載，這個劃時代的改變是從中華民族始祖黃帝開始的。

進入階級社會以來，或者說自從家庭、私有制和國家出現以來，等級制度便應運而生。〔註 1〕此外，關於停喪時日，墓地的高低大小，墓周圍栽植的樹木數量，祭掃的規格，無不打上等級制度的烙印：《增禮系》曰：「天子墳高三雉，諸侯半之，卿大夫八尺，士四尺。天子樹松；諸侯樹柏；大夫樹楊；士樹榆。尊卑差也。」〔註 2〕

雉，在這裡做長度單位解。1 雉＝3 丈。也就是說，天子的墳堆可以高 9

〔註 1〕《相冢書》曰：「天子葬高山，諸侯葬連崗，庶人葬平地。」（宋）李昉等奉敕編《太平御覽》，卷五百五十六引，文淵閣四庫全書，臺灣商務印書館景印本，第 898 冊，p226。

〔註 2〕（清）張英、王士禎奉敕編《御定淵鑒類函》，卷一百八十三，文淵閣四庫全書，臺灣商務印書館景印本，第 986 冊，p596。

丈。諸侯墳堆可高 4.5 丈。卿大夫墳堆可高 8 尺，士之墳堆可高 4 尺。

但有一種埋葬制度，無論社會怎麼進步，卻一直或全部或局部地被傳承下來。這就是族葬制度。

族葬制度是一種以家族為單位，按照血緣關係聚族而葬的古老制度。雖然周朝的分封制度早已被秦王朝郡縣制度所取代，兩千多年來，中國社會經歷過許許多多的王朝更替，但家族文化還在，家族傳統還在。族葬制度還部分存在。雖然族葬的規模不能和西周時期以及爾後的歷代王朝比美，但仍有孔姓等家族保持著聚族而葬的古老葬俗。在中國範圍廣大的鄉村，仍有不少聚族而居，聚族而葬的同姓村莊。這些客觀存在在在彰顯了家族文化的傳統影響之深遠，族葬制度仍然保有其旺盛的生命力。

一、從族墓到祖塋：封建制被郡縣制取代在葬俗上的反映

族葬之法，大司徒掌管氏族墳墓。因為同宗者生相近，死相迫。《周禮．春官》冢人具體「掌公墓之地，辨其兆域而為之圖。先王之葬居中，以昭穆為左右。凡諸侯居左右以前，卿大夫士居後，各以其族。凡死於兵者不入兆域」。「凡有功者居前，以爵等為丘封之度與其樹數。」〔註 3〕

意思是說，首先，將選定的公墓地塊最中間留好所謂「君」的位置，相當後世的始祖的墳墓。然後按照左昭右穆（在君的左側安葬君的兒子，在君的右側安葬君的孫子。）這樣經過數百年後，就會形成一個世次清晰的規模龐大的氏族墓地。當今之世，要想瞭解遠古時代的族葬文化，如想看規劃圖，就看 1983 年河北省出土的戰國中山王陵兆域圖。〔註 4〕若要看類似的實物場景，就到曲阜去看孔林。那是族葬的活標本。雖然這個家族墓地跟西周時期的氏族墳墓已不完全是一回事。但至少還保留了一些早期氏族墓葬的元素。

〔註 3〕《十三經今注今譯》，嶽麓書社，1992 年版，p440。

〔註 4〕1983 年 10 月 23 日《河北日報》載：河北省考古工作者在平山縣三汲公社中山國古墓中發掘出一塊銅版地圖，即《兆域圖》。《兆域圖》地圖長 94 釐米，寬 48 釐米，厚 1 釐米。該地圖圖文用金銀鑲嵌，銅版背面中部有一對鋪首，正面為中山王、後陵園的平面設計圖。陵園包括三座大墓、兩座中墓的名稱、大小以及四座宮室、內宮垣、中官垣的尺寸、距離。銅版上還記述了中山王頒布修建陵園的詔令。這段東周文字換成今天的白話，意思是：「中山王命令相邦（貝用）進行王、后陵園規劃設計，並由有關官員測繪成圖，營建時要依圖樣長寬大小施工，有違背者處死不赦，凡不執行命令者，治罪要株及子孫，設計圖版一式兩份，一份隨陵入葬，另一份府庫存檔。」

圖 1-1 中山王陵兆域圖銅板原圖

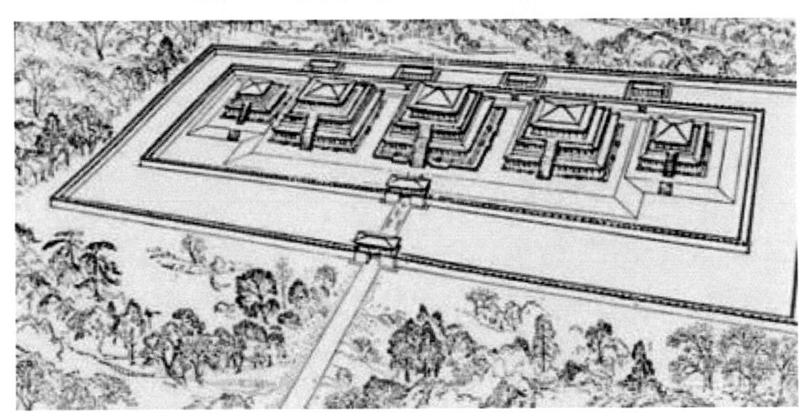

圖 1-2 中山王陵陵園復原效果圖

其次，按左昭右穆的順序排列血緣傳承。「畫其地形及丘壟所處而藏之。先王造塋者，昭居左穆居右。夾處東西。」「考妣祖先族而葬之，萃於一處，則子孫之心有所依慕。不忍舍之以適他邦。故一其志安於里閭也。」（劉彝注釋）「太公封於營丘，比及五世皆反葬於周是也」（鄭鍔注釋）〔註 5〕可見認祖歸宗於子孫具有極強的影響力。

古代有規定，如果打仗當逃兵或其他情節死後，是不允許葬于氏族塋地之中的。

家族墳墓的制度在夏商周三代一直相沿不改。竊以為家族墳墓制度的瓦解，與春秋戰國時期諸子百家風起雲湧，百家爭鳴，各創己說有關。特別是跟秦王朝的極權暴政有關，跟廢封建行郡縣的國家建構體制變化有關。自然，也

〔註 5〕（明）王志長撰《周禮注疏刪翼》，卷十三，文淵閣四庫全書，臺灣商務印書館景印本，第 97 冊，p433～434。

跟西漢初年實行黃老政治有關。如果說，齊國稷下學宮廣延天下俊傑，自由思想，著書立說。那還只是理論準備的話。漢代天下一統，四海安定。百姓得以休養生息。財富快速積累。勢必產生厚葬的風氣。宋人呂祖謙分析說：「大司徒以本俗乂安萬民。其一曰孅（美）宮室。其二曰族墳墓。是維死生之大紀，三代相傳而不變者也。居焉而父子有秩，兆焉而昭穆有班。奇邪譎怪之說未嘗出於其間，斯民之生老壽蕃祉系族以宗，名官以氏，至於千百年而不替。」在按照昭穆次序的前提下，把有功者推到前面。〔註 6〕

二、歷代名賢論族葬

雖說從理論上講，宗族制度自秦始皇統一六國就被瓦解。但中國畢竟是農耕古國。雖有戰亂之播遷，政策移民之轉移，但由於兩周八百年根深蒂固的宗族制度之影響，無論遷徙到哪裏，大家都會記住自己的始祖，自己家族的郡望（如喻氏以江夏為郡望，以周穆王的上卿祭公相如為得姓始祖即喻相如）。某人某分支遷到某地，後人就會將其最先到達該地對家族定居產生過重大作用的人定為始遷祖。這些始遷祖，可以是一個人，也可以是幾個兄弟。如湖北黃州喻氏始遷祖就有喻省一和喻千祿兩支。中國歷史雖然有周末秦政之大變革，但歷代仍然保留有修譜的傳統。到了宋朝，由於晚唐五代兵連禍結，國家譜牒管理機構遭到嚴重破壞，譜書散失，無法承擔起官方修譜的歷史使命。因此，自北宋開始，譜牒由官修轉為民修。家譜族譜的存在，特別是進入民間修纂的時代，宗族制度作為文化，在家族的祠堂活動和族譜編修中得到保護傳承。我們在全國各姓氏的譜書中，看到了太多的各姓氏圍繞祖墳山發生的爭訟官司即審判文書檔案。一些家族的成功人士甚至自費購買墳山做家族公墓。至於他們怎麼管理的，我們暫時還沒有看到相關的細則。但一個共同特點是，大家都十分在意自己的祖墳山，十分在意自己的祖宗墓地的保護。

為了讓大家對族葬制度的影響力有一個比較全面的瞭解，下面我們介紹歷史上幾位代表性人物對族葬制度的關注言論。

（一）程頤論族葬的選址

宋代大理學家程頤對《孝經》中的「卜其宅兆而安厝之」有過一段著名的解釋：他說，孔子這句話是講孝子安葬親人要注意選址，讓死者葬後安寧。不

〔註 6〕（宋）呂祖謙《金華時澐母陳氏墓誌銘》，《東萊集》，卷十三，文淵閣四庫全書，臺灣商務印書館景印本，第 1150 冊，p120～121。

是為了所謂的吉凶禍福，更不是「專以利後為圖」。他說，所謂選址，是要選擇那些「地之美者」，如「土色之光潤，草木之茂盛」處安葬親人以圖心安。尤其是要從長遠考慮，避免選擇那些未來歲月裏有可能成為「道路」，成為「城郭」，成為「溝池」的地方，或者因為地理區位太好，有可能被權貴之家搶奪，或者被農民耕種所及。這五種情況的土地是做人子的在墓地選擇時應予特別注意者。掘地必至四五尺，遇石必更穿之，防水潤也。既葬則以松脂塗棺槨，石灰封墓門。此其大略也。〔註 7〕

（二）司馬光論族葬不必擇時日更不用信陰陽

司馬光（1019～1086），字君實，號迂叟。陝西夏縣（今屬山西夏縣）人。出生在河南光山縣，故名光。司馬光是北宋名臣，曾經奉敕編纂《資治通鑒》，費時十九年。他秉承儒家學說，堅持族葬制度，力斥風水葬俗。

司馬光的葬埋理論就是族葬傳統：

> 司馬溫公曰：葬者，藏也。孝子不忍其親之暴露，故斂而藏之。今之葬者相山川岡隴之形勢，考歲月日時之支干，以為子孫貴賤貧富壽夭賢愚繫焉。非此地非此時不可葬者，舉世惑而信之。於是喪親者往往久而不葬。問之，曰：歲月未利也。又曰：未有吉地也。又曰：遊宦遠方，未得歸也。又曰：貧未能辨葬具也。至有終身累世而不葬，遂有棄失屍柩不知其處者。嗚呼！可不令人深歎愍哉？人所貴於身後有子孫者，為能藏其形骸也！其所為乃如是，曷若無子孫死於道路，猶有仁者見而殣之耶？

司馬光還舉出自己家的實例告誡世人不要迷信風水：

> 昔者吾諸祖之葬也，家甚貧，不能具棺槨。自太尉公而下始有棺槨。金銀珠玉之物未嘗以錙銖置於壙中。將葬太尉公，族人皆曰：葬者，家之大事。奈何不詢陰陽？此必不可！吾兄伯康無如之何，乃曰：安得良葬師而詢之？族人曰：近村有張生者良師也。兄召張生，許錢二萬。張生聞之大喜。兄曰：汝能用吾言俾爾葬；不用吾言，將求他師。張生曰：惟命是聽。於是兄自以己意處歲月日時及壙之淺深廣狹道路所從出，皆取使於事者。使張生以葬書緣飾之，曰：大吉。以是族人皆悅。今吾兄年七十九，以列卿致仕。吾年六

〔註 7〕（宋）程頤《葬說》，（宋）程顥、程頤撰《二程文集》，卷十一，文淵閣四庫全書，臺灣商務印書館景印本，第 1345 冊，p712。

十六，忝備侍從。宗族之從仕者二十有三人，視他人謹用葬書未必勝吾家也。前年吾妻死，棺成而斂，裝辦而行，壙成而葬，未嘗以一言詢問陰陽家，迄今亦無他故。今著茲論，庶俾後之子孫葬必以時。欲知葬具之不必厚，視吾祖；葬書之不足信，視吾家。〔註 8〕

司馬光明確指出：「人之貴賤貧富壽夭繫於天，賢愚繫於人，固無關預於葬」（同前引書）。也就是說，人的命運是由先天稟賦和後天努力以及環境機緣決定的，根本和葬在哪裏一點關係都沒有。他特別痛恨那些父母死後，先把父母遺體用柩屋將棺槨保存在地面上然後到處尋找所謂的吉壤，「不顧其親之暴露，乃欲自營福利邪」的不孝之做派。他現身說法，以自己一家為例子，說明他們祖上好多代祖宗因為窮死後連棺材都沒有，自然也不可能找人看風水。他們家族不是很發達嗎？他們兄弟安葬太尉公時不顧世俗的風水迷信干擾，自己決定墓葬選址朝向等，不是照樣家運亨通嗎？他的妻子死了，他也不找風水先生，自己找個地方安葬了，不也是一切順利，無災無難嗎？真正的大儒，就是這樣，想得透，看得清，立得定。不為世俗風氣所干擾。千載以下，仍會令你肅然起敬。

（三）宋人柳開論族葬

宋初學者柳開（947～1000）在《上叔父評事論葬書》一文中論述了恢復族葬制度的必要性。他對於官居大理評事的叔父談自己準備選擇新葬地的來信，首先表明自己的態度：

竊謂從於新塋，不如歸之舊域也。

這就是說，他不認同叔父的棄祖墳而另選新址的想法。因為：

舊域，祖葬之地也。家本起之於彼，今將圖於新而棄於舊，是若遺其本而取其末者也。能固本者存，不能固本者亡，古之道也。苟本固而不衰，其為末也必蕃而大矣。

在農耕古國，安土重遷，重視祖先丘墓所在地的堅守，是一個普遍的價值觀。除非遭遇戰亂等不得不遷徙的原因。晚唐五代兵連禍結，戰亂頻仍，柳開家族當屬新遷來不久，故只有柳開父親一輩，也就是柳開這位大理評事叔叔的兄長的墓地。故柳開叔父認為這是新塋。但柳開用發展的眼光來看待，他說，對您而言，是第一代，當然會認為兄長之墓是新塋。但對於我們第二代而言，這就是祖墳啊。我的父親埋在這裡，他就是我們這一支的始遷祖：

〔註 8〕（宋）司馬光《葬論》，《傳家集》，卷六十五，文淵閣四庫全書，臺灣商務印書館景印本，第 1094 冊，p603～604。

且舊域在叔父視之為當世之塋也，在開輩視之為二世之塋也。親親之義，代各不同。當世之與二世，其為疏漸之理明矣。若今葬之於新塋，是見棄其舊域也亦遠矣。何者？舊域至開輩已視為二世之塋，至開輩之下為後者視之為三世也。三世之為親者於開輩又加遠矣。其為開輩之後者即取其為親也。縱同塋以葬之，亦已疎而略矣。況使不同其地而葬之，不知其遠近之為乎？以今視之即見其為開輩之後者之情也。

更重要的是，對於後人而言，每年春秋祭掃，就得兩地跑。時間久了，後人再過幾代，說不定某一代人嫌麻煩，慢慢的，就不去舊塋祭掃了：

且今若具葬於新塋，以每歲芟除之時必多赴於今葬之所。赴於舊域之地者必少矣。縱能赴而往之，必無專嚴於今葬者之新塋為比也。為開輩之後者少見而長襲之，棄其舊域也必矣。

柳開筆鋒一轉，說，如果在外地做官，距離家鄉路途遙遠，或家貧子幼，就地安葬也合情合理。但叔父您現在不屬這種情況啊：

咫尺之近棄其上而不親之，豈得為孝乎？將天地之福其世者難矣。夫移葬不歸於舊域者有矣。或從仕於千萬里之外，去鄉遙遠，阻越江山，家貧子幼，不能力而歸之，因其家所而葬之，如此者不可責其然也。今幸不在於是事之中。將不歸於舊域葬之也，其故開不知其所出也。

柳開接著假設叔父想另覓新址是因為想採納陰陽家的建議，想為後人謀福利。柳開接著批評這種採納風水術士建議的想法不可取，因為：

開以為若從陰陽家而求其利，是棄其祖而求利於身也。果為利乎？棄其祖為不孝，求其利於身為不公。不孝之與不公，苟一在於人，陰陽豈果利其不孝與不公者乎？開將謂不利矣，不若以孝求利之之為利也。苟信其陰陽者之言也，是若斷其根而欲茂其枝葉者矣。未之有也。〔註9〕

柳開進一步糾正叔父的迷信風水術士選得好地可以為吉的念想。他搬出儒家祖師爺周公孔子的葬埋理論，不過是卜其宅兆而安厝之，並無地有吉凶能禍福子孫的說法。

〔註9〕（宋）柳開《上叔父評事論葬書》，《河東集》，卷七，文淵閣四庫全書，臺灣商務印書館景印本，第1085冊，p287～288。

圖 1-3　安徽靈璧縣九頂鎮出土的牛車殯葬畫像石

柳開的這封論葬地選擇書信包括三層意思：一是主張聚族而葬。他用發展的眼光來看待祖塋概念的形成。由於戰亂等原因，家族成員會有遷徙。不可能所有後人都圍繞著第一個老祖宗的墓地安葬。因此，才有始祖認定和始遷祖認定問題。對柳開而言，在父輩是新塋，在自己這一輩就成了祖塋。在自己的兒子輩更是如此。第二，葬地選擇應遵循就近安置的原則，不宜捨近求遠。三，在德不在地。地塊不可能直接影響到後人的富貴利祿。四，如果抱著利益後代的自私心，置祖宗墓地於不顧，自顧自不遠千里找吉壤，絕對是誤入歧途。

（四）明代趙昞《族葬圖說》

大家知道，一個國家，一個政權，你可以武力征服人家，但不能毀滅人家的文化。歷史上這是有傳統的。比如周武王滅掉商紂王，他給紂王的兒子武庚封國，讓其延續家族的祭祀。實際就是保存文化。但滿清是關外少數民族，他們不懂這些。當年山東淄川的大漢奸孫之獬為了討好順治皇帝，上奏摺建議清王朝對漢民族採取留髮不留頭，留頭不留髮的毀滅中華衣冠文化凌辱漢民族的強制舉措，遭到漢民族激烈的反抗。雖然反抗最終失敗了。但漢民族驅逐韃虜，恢復中華的決心兩百多年後再次實現，孫中山黃興等人領導的中華民國終於將滿清王朝滅亡。漢族兒女的文化恥辱被洗刷一新。在中國文化史上，有個叫趙昞的族葬傳統守護者，他留下了一篇著名的《族葬圖說》。「趙昞，字季明，其經學德望為中州時宗。至元大德間七聘方起，官至翰林承旨學士。平居多著述，若《四書選注》等書，皆有功斯文。」〔註 10〕

趙昞以對傳統文化的高度責任感，在宋王朝江山搖搖欲墜之際，不忘將漢

〔註 10〕（元）謝應芳《跋族葬圖》，《龜巢稿》，卷十四，文淵閣四庫全書，臺灣商務印書館景印本，第 1218 冊，p312。

族文化傳承 2000 多年的族葬制度畫圖說明。成為現在我國唯一有文有圖，對《周禮》中所記載的族葬制度進行具體說明的古代文獻。為了幫助讀者理解，茲全文引用如下：

> 凡為葬，五世之塋，當以祖墓分心。南北空四十五步，使可容昭穆之位。分心空五十四步，可容男女之殤位。東西不必預分，臨時量所葬人數裁酌。
>
> 又曰：宗法之壞久矣。人之族屬散無統紀，雖奉先之祀，僅伸於四親而袒免以還不復相錄。能知同享其所自出者寡矣。幸而周禮不泯，族葬之類猶有一二存者。如祖塋拜掃，疎遠咸集，餕福胙，相勞苦，序間闊，尚可見同宗之意也。但葬者惑於流俗，困於拘忌，冢墓叢雜，昭穆淆亂，使不可辨識。又或子孫豐顯，恥葬下列。別建兆域以遠其祖，是皆可恨也。今取墓大夫家人之義參酌時宜，為之圖說，藏於祠室以遺宗人。俾凡有喪，按圖下葬。無事紛紛之說焉。蓋家之祭止於高曾祖考，親親也。〔註 11〕

以下是趙昺對相關族葬制度要點的說明：

（1）「家祭止於高尊祖考」。理由是：

> 案朱文公《家禮》：祠堂為四龕，以奉先世。高祖考妣居後西第一龕，曾祖考妣次之，祖考妣又次之，考妣居東龕，嗣於易世則遞遷。祧毀焉，其親盡者，埋神主於墓所或祠堂兩階之間。

這段話的意思是，朱熹所制定的家禮規定：家庭祭祀只祭祀父母、祖父母、曾祖父母，高祖父母四代。因為宗法制度規定五世則遷，也就是五世而斬。家譜上記載世系，一般做法是每頁縱向只記五代，到第二頁，接著往下排。一個父親祭祀祖先，只祭祀上面說的四代。父親死了，兒子祭祀，也是四代。他父親祭祀的高祖父就親盡了，父親的曾祖父就變成了自己這一代的高祖父了。到了自己的兒子這一代。則自己的高祖父也被靠邊站了。所謂「君子之澤，五世而斬」。所謂服即疏，就是這樣來的。具體做法是將親盡的祖先的神主（寫有名諱的木牌）送到祠堂兩階之間存放，或者埋在死者墓地。五代親盡，這樣處理好像很冷漠。實際上這也是不得已而為之。賡續親情的補救辦法是合族公祭時將被祧掉的祖宗神主移到一起享受祭祀。還有，就是家譜世系

〔註 11〕（元）謝應芳《辨惑編》，卷二，文淵閣四庫全書，臺灣商務印書館景印本，第 709 冊，p562～563。

則完整記載，永續傳承其相關個人信息。

（2）「墓之葬則以造塋者為始祖」。意思是說：

從他國遷於此地，沒則子孫始造塋。而葬者其墓居塋之中央北首。妻沒則祔其右。有繼室則妻居左而繼室居右。二人以上則左右以次而祔焉。其有子之妾又居繼室之次，亦皆與夫同封。案禮雖以地道尊右，而葬法周禮昭穆之制昭穆尚左，故不得不遵用焉。

這段解釋中，他國不是我們今天所說的別的國家，而是其他地方，比如說祖地，祖國等。這個被尊為始遷祖的祖宗，其墓地就成了該分支族葬墓地的中心。因為有這樣的標誌和族葬的父子夫妻等墓穴位置的禮制規定。後人尋根就有依據。一旦確定了始遷祖的墓址，按族葬布局規律，依據家譜傳承下來的世系記載，就不難找到各不同時代相關葬者的墓穴位置。

（3）「子不別嫡庶」意思是說兒子輩不分孰為妻及繼室所出，孰為側室所出。

（4）「孫不敢即其父。」皆以齒列昭穆。尊尊也。「曾玄而下左右祔。以其班也。昭與昭並，穆與穆並，百世可行也。」

這段話的意思是：不分兄或弟所生及嫡庶貴賤。諸子葬祖之東南昭位北首並列，以西為上。其正妻繼室有子之妾各祔其夫之東。仍皆與夫同封。諸孫葬祖之西南穆位北首並列，以東為上。妻繼室有子之妾各祔其夫之西。余與昭同。凡昭穆之墓每一列自墓分心南北相去各九步，法陽數也。每封東西不可預分，蓋其所葬人數多寡難於前定。若夫貴之與賤，碑表存焉。為人子弟者可以此序其天倫。知其有祖而不敢以祔其父也。諸曾孫不分何房所出，皆序齒列葬子之南。玄孫序齒列葬孫之南。左皆曰昭，右皆曰穆。兄弟同列，子孫同班。在昭位則用昭制，在穆位則用穆制。六世孫在曾孫之南，七世孫在玄孫之南。八世孫在六世孫之南。九世孫在八世孫之南。雖至百世亦皆可祔。

趙昞所繪製的族葬圖，實際是小宗的族葬圖說明。因為自從秦始皇統一六國，廢除宗法制度，代之以郡縣制度。隨著政策性遷徙，官員由中央王朝任命，以及戰爭、帝王陵邑建設等因素所導致的人口遷徙，以大宗為單位的族葬制度事實上已經破壞了，也絕無可能完全恢復。但無論發生什麼變化。憑藉家譜和祠堂，始遷祖和本族郡望、字派等媒介，分散到各地的小宗仍然可以弄清楚自己的源頭在哪裏。他們在新的地方繼續展開族葬的新篇章。那個帶領家人遷徙到新居處開枝散葉的人，就會被後人尊為始遷祖。他的後人在新的地方發展壯大，那些後人又會成為新的聚落的始遷祖。

這份族葬圖說對明末以來的中國社會很有影響。清代刑部尚書，崑山人徐乾學在編寫《讀禮通考》這部大著作族葬部分時，所能利用的也就是這張趙昺所繪製的族葬圖了。〔註 12〕早在明代，太湖東山史鑒受王三原司馬委託代其編撰年譜，史鑒就曾將趙昺的族葬圖說作為年譜的附錄附刻書中，說明族葬制度對於維護封建社會人倫關係的重要性。〔註 13〕

《二程全書》：葬之穴，尊者居中。左昭右穆而次。後則或東或西，亦左右相對而啟穴也。出母不合葬，亦不合祭，棄女還家以殤穴葬之。〔註 14〕「出母」，指離婚但有兒子的母親，「棄女」指出嫁後因故回娘家居住至死者。

（五）明人李濂論族葬

明代河南開封人李濂針對堪輿風氣導致的葬俗混亂，他提出回復到秦始皇統一六國前的族葬制度上去的對策。是明代有識之士的一種代表性意見。

李濂（1488～1587）字川父，祥符（今河南開封）人。幼穎敏，好讀書。九歲工古文，嘗作《理情賦》，為李夢陽所賞。正德癸酉（1513）鄉試第一，明年舉進士，歷仕至山西按察司僉事，坐忤權貴嗾言者論罷，年才三十八歲。杜門謝客，日以著述自娛。又四十年卒。年九十九。所著有《嵩渚文集》一百卷，外集、緒集若干卷，《祥符文獻志》《汴京遺跡志》諸書並傳於世。〔註 15〕

他在《族葬論》的上篇中依據歷史文獻，條分縷析地從遠古祖先的裸葬、裹纏樹皮樹葉的薪葬，一路分析下來，如瓦棺葬、墓室制、木棺葬、墓而不封，墓而封，獨葬，合葬。族葬。雖然他的時代沒有地下考古，特別是舊石器時期新石器時期我們遠古祖先的考古發掘作參考。但他的分析，在當時的情況下，所勾勒的一幅歷代墓葬進化圖，其軌跡還是十分清晰的。原文如次：

> 古之葬者，衣之以薪，葬之中野，不封不樹。未聞棺槨也。中古聖人始易之以棺槨。《檀弓》曰：有虞氏，瓦棺；夏后氏，堲；周

〔註 12〕（清）徐乾學撰《讀禮通考》，卷八十二，文淵閣四庫全書，臺灣商務印書館景印本，第 114 冊，p7。

〔註 13〕（明）史鑒撰《西村集》，卷五《上王三元司馬》，文淵閣四庫全書，臺灣商務印書館景印本，第 1259 冊，p797～798。

〔註 14〕（清）徐乾學撰《讀禮通考》，卷八十二，文淵閣四庫全書，臺灣商務印書館景印本，第 114 冊，p7 起始。

〔註 15〕（清）田文鏡、王士俊等監修；孫灝、顧棟高等編纂，《河南通志》，卷六十五，文淵閣四庫全書，臺灣商務印書館景印本，第 538 冊，p130。

殷人，棺槨。周人牆置翣，蓋彌文矣。未聞合葬也。季武子曰：合葬，非古也。自周公以來未之有改也。子曰：魯人之祔也，合之善，夫合葬矣。未聞封而識之也。子曰：古者墓而不墳，丘也東西南北之人也。不可以弗識也。於是封之，崇四尺。封識矣。未聞族葬也。《周禮・春官》冢人掌公墓之地，辨其兆域而為之圖。先王之葬居中，以昭穆為左右。蓋古者王公以下皆族葬，不特士庶人為然也。曰：為之圖。謂方其未死也，豫圖其地之形勢及丘壟之處謹而藏之，後有死者案圖以葬也。曰：先王之墓居中，以昭穆為左右。謂以遷從造塋者為始祖也。如文王居豐，葬於畢，是文王為造塋者。宜居中穴，次以武王為昭，居左；成王為穆，居右。康王為昭，居左；昭王為穆，居右。至平王東遷則又為洛陽之始祖矣。嗣王亦然。抑此論古者國君之葬制云爾，未及士庶人也。墓大夫掌凡邦墓之地域而為之圖，令圖民族葬。而掌其禁令，正其位，掌其度數，使皆有私地域。曰掌其禁令，戒不相侵也。曰正其位，俾序昭穆也。曰掌其度數，謂差其丘封之度，與其樹數也。此士庶人之族葬，皆君為之畫地以葬，非民自為地也。故曰：聖人父母，萬民生則富之，教之，死則葬之。此王澤所以入人之深淪骨而浹髓者也。夫族葬之制見諸周官者如此。孰廢之？曰秦廢之。秦用商鞅，廢井田，開阡陌。先王族葬之制由是大壞。兼以刑法之術興，野師盲巫又倡為吉凶禍福之說，世人私心釁之。故喜聞而樂從。於是世自為墓以覬利澤，或有一易再易，三、四易，遠去父母之兆而不復省視者矣。

嗚呼！流俗之可惡，邪說害之也。君子有維持世道之責，以辟邪說正人心為己任。盍求古人族葬之制而行之，以為斯世斯民之表乎？

《族葬論》的下篇重點討論族葬制度。他認為周朝初年所確立的族葬制度，是被秦王朝破壞的。「宗法廢而天下無親族。自封建之制不行而大小宗之法不立，是故人之於族也，散無統紀，不相聯屬。由是親者疏，疏者為塗人。固有閱數歲而不相見者矣。怎麼改變這種天下無親族的局面？他主張祭起《周官》族葬制度的大旗。如何操作？他有很具體的想法：

當歲時拜掃之際，親疏畢至，同展謁於墓所，序暌闊相慰勞，而水木本源之念油然以生，庶幾合族之道乎？適者改卜蘇邨之阡，弗揣涼薄。乃講求古人族葬之法，欲使子孫世守之不廢。蓋嘗遍考先正諸家之說，而獨有取於趙季明之言。曰：墓之葬以造塋者為始祖，子不別適庶，孫不敢即其父。皆以齒列昭穆，尊尊也。曾玄而下，左右祔以其班也。妻繼室無所出，合祔其夫，崇正體也。妾從祔，母以子貴也。降女君明貴賤也。與夫同封，示倸一人也。其出與改嫁，雖宗子之母不合葬，義絕也。男子長，殤；及殤已娶，皆居成人之位，有父之道也。中下之殤葬祖後，示未成人也。序不以齒，不期夭也。男女異位，法陰陽也。祖北不墓，避其正也。葬後者皆南首，惡其趾之向尊也。嫁女還家以殤，處之如在室也。妾無子，猶陪葬以恩終也。季明斯論平正精密，足以補《周官》之未備，族葬者宜以是為式矣。

又曰葬親而不祔其祖，與祔而不以其倫者均，之視死者為不物。噫嘻！為人之子孫，而視祖考為不物。其違禽獸不遠矣。濂著是論而藏之祠堂，副在譜牒，期後世有行者。子孫不至大愚，必從吾志。〔註 16〕

實際上，把厚葬風氣形成的責任一股腦兒推給秦始皇是不公平的。厚葬作為一種習俗，自周成王、周康王以下就開始出現，主要趨勢是強大起來的諸侯不願意受周禮條條框框的約束。他們大膽地僭越。這方面的具體例子可以東漢趙諮的戒子薄葬書為例：「自成康以下，其典稍乖；至於戰國，漸至頹陵。法度衰毀，上下僭雜。終使晉侯請隧（隧謂掘地為埏道，王之葬禮也。諸侯則縣柩，故請之也。左傳晉文公朝於襄王，請隧，不許。）秦伯殉葬（左傳秦伯任好卒，任好，秦繆公名也。以子車氏、奄息、仲行、針虎殉葬，國人哀之，為賦黃鳥之詩也。）陳大夫設參門之木，宋司馬造石槨之奢。爰暨暴秦，違道廢德。滅三代之制，興淫邪之法。國資糜於三泉，人力單于酈墓。玩好窮於糞土，伎巧費於窀穸。自生民以來，厚終之敝，未有若此者。雖有仲尼重明周禮，墨子勉以古道，猶不能御也。」〔註 17〕

史家范曄的見解是深刻的。由族葬而走向厚葬，是一個過程。它是一種不可阻擋的勢。即使孔子墨子這樣的聖人在世，也無法阻擋。即使歷史發展到 21 世紀的今天，如果某位有錢人要厚葬其家人。我們也找不到法律條文

〔註 16〕（明）李濂《族葬論》，見黃宗義編，《明文海》，卷八十九，文淵閣四庫全書，臺灣商務印書館景印本，第 1454 冊，p48～49。

〔註 17〕（南朝宋）范曄撰《後漢書》，卷六十九，文淵閣四庫全書，臺灣商務印書館景印本，第 252 冊，p837～840。

來制止他。歷史上有關於掘人墳墓侮辱屍體的處罰條文，但沒有禁止厚葬的明令。〔註 18〕

（六）乾隆皇帝重視族葬

清朝乾隆皇帝也是一個明白人。大家知道，他的父親雍正皇帝放著西陵的風水寶地不用。派人到處選擇吉地。最後在易縣選擇中了一塊地。但從乾隆開始，他就明確告訴子孫，你們以後不要到處選址。就在西陵和東陵兩處按照昭穆關係安葬就是了。大家知道，康熙子孫除了雍正這一支，還有其他兄弟的後人。因此，後人墓葬可葬西陵，也可葬東陵。但必須按照昭穆秩序。這就是族葬思想的具體化。因為按照昭穆關係聚族而葬是族葬的最大特色。乾隆不僅大力提倡族葬，而且還對堪輿師的風水選擇大不以為然。他說：「嗣後萬年吉地當各依昭穆次序。在東陵、西陵界內分建。不必另卜他處。但堪輿術士每多立異邀功之習。所言最不可信。即如朕造萬年吉地時，定於東陵界內之聖水峪。而進愛又欲改卜。經朕察其言虛妄，即將進愛治罪示懲。萬世子孫，皆當以為法。庶不為形家所惑。且遵化、易州兩處，山川靈秀寬廣，其中吉地甚多。我子孫務必恪遵前訓，永垂法守。斷不必另擇他處，有妨民業。」〔註 19〕

像進愛這個層次的風水術士也未必是行騙，他不過是想突出自己的價值，引起最高統治者的重視，企圖陞官發財而已。但搞到心如明鏡的乾隆皇帝頭上，自然沒有好果子吃。

三、族葬制度是怎樣被破壞的？

隨著周王朝八百年的分封制退出歷史舞臺。原來負責公墓的官員和其他周王朝官員一樣，失業流亡。原來管理有序的葬埋制度現在變成脫韁野馬，無人負責。一些家族死了人，就只有找那些巫覡來主持。巫覡們為了騙取錢財，妄作吉凶禍福之說，誘惑和恫嚇並施。於是，古老的葬埋制度族葬制度就這樣總體上被破壞了。

明初宋濂在《慈孝庵記》中寫道：

> 古者萬民之墓地同於一處，故設墓大夫正其昭穆之位，掌其爵等小大之數，分其地使各有區域而得以族葬之。凡爭墓地者聽其獄

〔註 18〕說詳《厚葬制度批判》。

〔註 19〕《清實錄》二七，《高宗、嘉慶》一九，中華書局景印本，1986 年版，卷 1496，p1034。

訟，帥其府吏而巡其墓厲，復居其中，室以守之。當是時，凡民之葬者皆萃於一，非特同氏族之人而已。自世道既降，而相墓巫之說興，謂枯骴足以覆燾乎後昆，謂福禍賤貴盡繫乎岡巒之離合、丘陵之偭向。一以此鉗劫愚俗，而專竊墓大夫之政柄。世之欲葬其親者，輒斂容屏氣，伺候巫之顏色。巫曰「此可葬」，雖逾都越邑，亦匐匍而從事；巫曰「不可葬」，雖近在室之傍，百利所集者，亦割忍而違去之。致使父子兄弟本一氣也，一在天之南，一在地之北。吾不知其何說也。安得卓識者出，相與攻其謬妄者哉！〔註20〕

宋人呂祖謙也說：

王政既熄，舉丘封窆窆（cui bian）之柄委之巫史，妖誕相承，誘怵並作。民始忍以啜粥飲水之時，起射名幹利之望。窀穸所卜，畔經遠祖。度越疆畛，孤峙數舍之外，服降屬疏，蓋有樵牧不禁者矣。甚者兄弟忿鬥，或謂是山於伯獨吉，或謂是水於季獨凶。狐疑相伏，暴其親之遺骨而不可掩，是可哀也。〔註21〕

清人朱彝尊說得更簡潔：

周禮既廢，冢人墓大夫不司其職。則不得不取信於葬師之言。其人既不學，專以榮利動人，變亂他人之是非，以營己之利。學士大夫未暇深究其義，鮮不惑焉。〔註22〕

族葬制度本來是很好操作，也很節省土地的一種葬埋制度。這種制度還可增強家族乃至國族的凝聚力。其法尊者居中，左昭（兒子）右穆（孫子）而次。後則或東或西，亦左右相對而啟穴。

族葬制度的被破壞。

一則因為富裕起來的子孫不想按照祖葬的格局委屈自己，另尋新址，實行厚葬，高墳人墓，凸顯子孫的富貴地位。

二則因為後人受風水師的蠱惑，以為在祖墳山上，空間已定，沒有吉壤。為了覬覦風水師嘴中的出天子，出宰相的希冀，他們不惜捨棄祖墳山，而另外尋覓風水寶地。

〔註20〕（明）宋濂撰，羅月霞主編本，《宋濂全集》，浙江古籍出版社，第四冊，p2006。

〔註21〕（宋）呂祖謙《東萊集》，卷十三，《金華時澐母陳氏墓誌銘》，文淵閣四庫全書，臺灣商務印書館景印本，第1150冊，p120～121。

〔註22〕（清）朱彝尊《葬經廣義序》，《曝書亭集》，卷三十五，文淵閣四庫全書，臺灣商務印書館景印本，第1318冊，p50～51。

三則因為祖墳葬地已定，而後人各分支發展不平衡。有富有貧，有順有逆。會來事的風水師便會散佈言論，說某山某向某墳利於長房，不利於二房，或者利於幼房，不利於長房。從而製造矛盾。此類說法傳開後，某位父親或母親死了，弟兄們自然要請風水師看墓地。風水師往往會說某墓雖好，但不利某房，某房當事人為了自身和後人的利益，必然堅持反對。這樣，風水師就吃香了，他又得重新尋覓吉壤。這種事情如果一時半會就搞定了，風水師能弄幾個錢？於是很多家庭死了長輩，柩了十幾年甚至幾十年還無法入土為安的事情很多，甚至年深日久，棺材都認不清，山洪暴發，或者發火，柩屋被燒，屍骨無存的事情也不少見。其深層原因就是這麼簡單。

> 然世人多遷延不葬者，以昆若弟各懷自利之心，而野師俗巫又從而誑惑之。甚至偏納其賂而紿之以私已，愚而無知者安受其欺而弗悟也。夫某山強則某支富，某山弱則某支貧。非惟義理所不當問，雖近世陰陽家書亦有深排其說者。惟野師俗巫則張皇煽惑以為取利之資。擇地者必先破此謬說而後無太拘之患，為人子者所當深察也。〔註23〕

厚葬是破壞族葬制度的一個元兇。但最大的元兇是風水學說中的吉凶禍福之說。即使像朱熹這樣的儒學權威，也照樣為風水術所左右。明代風水名著《人子須知》的作者徐善繼、徐善述兄弟倆為了研究風水，全國各地實地考察歷代名墓，拜訪各地風水名師，歷時三十年寫成《人子須知》一書。他們在書中寫道：

> 予兄弟嘗遊閩至考亭，拜文公朱夫子遺像。及遍觀其先世坵壟，文公之祖退翁，名森，字良材，墓在政和縣感化里護國寺西。父韋齋先生，名松，謚獻靖，墓在崇安縣上梅里寂歷山。母祝氏夫人，墓在建陽崇泰里寒泉嶺仰天湖形。文公墓在建陽嘉禾里九峯山下，風吹羅帶形。退翁以前墓皆在徽婺源，去考亭固已甚遠。而退公、韋齋、文公之墓，又各在一縣，去考亭皆百餘里，何嘗拘於附近祖冢之說？又，考文公葬父，亦嘗三遷，而最後遷處，與葬母同年。按文公年譜，乾道六年正月葬母，八月改葬父，亦未嘗拘於父母合葬。噫！此見我文公先生燭理之明，不狃於俗，足可為法矣！〔註24〕

〔註23〕（元）謝應芳《辨惑編》，卷二，文淵閣四庫全書，臺灣商務印書館景印本，第709冊，p561～562。

〔註24〕（明）徐善繼、徐善述《人子須知》，卷一《瑣言凡十條》，華齡出版社鄭同點校本2012年版，p11～16。

徐氏兄弟的實地考察也可得到朱熹年譜的佐證：「《文公年譜》云：紹興十四年，葬韋齋於西塔山，其後改葬於寂歷山中峯之原。及考韋公，《遷韋齋墓記》曰：初，府君將殆，欲葬崇安之五夫。卒之明年，遂定於靈梵院側。時熹幼未更事，卜地不詳。懼體魄之不安，乾道六年，遷於白水之鵝峰山下。又考文公慶元五年撰《韋齋行狀》云：公卒之明年，熹奉其柩葬於崇安縣之五夫。然公所葬，地勢卑濕，懼非久計，乃奉而遷武夷鄉上梅里寂歷山中峯僧舍之北。即此而觀，乃是三遷葬也。見《建寧郡志》。」〔註25〕

徐氏兄弟的人子須知，是站在儒家立場研究風水的。他們實地考察了朱熹的家族墓地。我們不難看出，朱熹這個曠世大儒，實際上也是族葬制度的破壞者。明代後期，思想比較解放。士大夫刻意追求各自認為正確的東西。但我們今天來看徐氏兄弟，他們的潛意識中一定有族葬制度限制人們借助選擇風水美穴覬覦福蔭子孫的認識。因此，他們在文章中對朱夫子的做派大加讚賞，認為是敢於創新，足可為法。

當然，族葬制度的興盛和式微，也有地理因素。因為夏商周時期直至晉室南渡，這漫長的歲月裏，古代中國人都主要以黃河流域為生息之所。北方黃土高原土地深厚。因此實施族葬有物質前提。把始祖的位置確定了，後面的人按照左昭右穆的布局安葬就是了，時間久了，地面不夠，甚至可以穴上疊穴，棺上加棺。風水師認為，北方黃土深厚，沒有石山、斷山等阻擋地氣的行走，因此宜於族葬。比如我國族葬制度的活化石——曲阜孔林，考古工作者發現，有的地方疊加有十層之多。但族葬制度為何行諸南方或西方不好操作呢？這主要受地表條件限制。很多地方土層很薄，即使始遷祖葬埋沒問題，後來二世、三世沒問題。但時間久了，墳墓多了，如果土層深厚的區域狹小了，就只得另起爐灶了。這還不涉及風水術的誘惑。不涉及家庭內部兄弟間的矛盾等因素。

〔註25〕見束景南撰《朱熹年譜長編》。華東師範大學出版社，2001年版，p435。

第二章　厚葬習俗批判

當我們把死亡當作文化現象來研究，我們就會發現，農耕中國的葬埋文化在歷史上的形態，就價值選擇而言，最有影響力的有三個階段：第一階段為族葬習俗，第二階段為厚葬習俗，第三階段，為蔭葬習俗。族葬習俗所覆蓋的時間跨度最長，從舊石器時代、新石器時代，到封建制，郡縣制的時代，甚至直到今天，有些家族死了人，仍然聚族而葬，通俗的說，就是葬在祖墳山上。著名的如孔子後裔，只要有明確的譜牒依據的孔子後裔，死後都可以埋骨曲阜孔林。至於普通姓氏，也有不少至今仍堅守族葬的做法。當然，就總人口而言，這只是少數。有的是聚族而居，1949 年以後也並無改變。這類沒有雜姓的村落，千百年來已經習慣了這種做法。當然，隨著 20 世紀中國革命對族權等三權的打壓，隨著爾後的文化大革命，城市化，已經基本沒有哪個家族能強行執行族葬制度了。族葬只能是自願進行。

爭議多多的風水葬俗也正是基於這樣的認識，即葬埋死者如果找到了吉壤或曰美穴，死者枯骨可通過和有血緣關係的子孫的元氣共振而給子孫帶來陞官發財富貴榮華等美事。從葬俗歷史的角度審視，用於陰宅的風水術實際就是蔭葬習俗的內涵。這個問題的研究是這本書的重點。

在本章，我們重點討論厚葬習俗問題。

厚葬是一個和薄葬相對待的概念。所謂薄葬，指的是葬埋標準儉樸，程序簡短的喪葬文化。例如上古時候的人死了，「葬者厚衣之以薪，藏之中野，不封不樹。」即將死者遺體用樹枝葛藤等包裹，挖個坑，埋進土中，地面不做任何標記，這是薄葬。

「黃帝葬於橋山，堯葬濟陰，丘壟皆小，葬具甚微。」這是說黃帝和堯帝歿後地上的墳頭都很小，葬具也都很簡樸。

「舜葬蒼梧，二妃不從。」這是說，遠古帝王歿葬不搞人殉。

「禹葬會稽，不改其列；殷湯無葬處。文武周公葬於畢，秦穆公葬於雍橐泉宮祈年館下，樗里子葬於武庫，皆無丘壟之處。」這是說上述古代帝王和貴族無厚葬。要論厚葬，這些帝王還是有條件的。手下的臣子們之所以不厚葬自己的君王，是秉承其君王一以貫之的薄葬思想。漢代學者劉向認為，薄葬是最好的奉安君父的做法：

> 夫周公，武王弟也，葬兄甚微；孔子葬母於防，稱古墓而不墳。曰：丘東西南北之人也，不可不識也。為四尺墳，遇雨而崩。弟子修之以告孔子。孔子流涕曰：「吾聞之：古者不修墓。蓋非之也。」「宋桓司馬石槨。仲尼曰：不如速朽。秦相呂不韋集知略之士而造春秋，亦言薄葬之義，皆明於事者也。」〔註1〕

一、歷史上的厚葬

厚葬總是和久喪習俗相關聯，也就是說，有厚葬，一般都必然連帶著久喪。何謂厚葬？

「棺槨必重，葬埋必厚，衣衾必多，文繡必繁，丘壟必巨。」除了這幾個特徵外，厚葬在古代中國還有殺殉的習俗：「天子殺殉，眾者數百，寡者數十；將軍、大夫殺殉，眾者數十，寡者數人」。〔註2〕所謂久喪，就是國君，父母等長輩死了後社會約定俗成的服喪時間長度和對相關人員的態度要求。其中不同時代要求不盡相同，但在家族制度、郡縣制度背景下，總的看來，服喪時間長度還是在縮短，漢文帝就已經感覺君主和父母死亡，臣、子需要服喪三年的規定太長，提出縮短到三個月。後來民間又進一步簡化為三周即二十一天。對服喪者的著裝態度，《禮記·喪禮》有具體的規定。憑藉各姓氏的家譜等家族文獻的傳播。厚葬久喪的葬埋文化在我國有著深遠的社會基礎和習俗影響。

歷史上吳王闔閭和秦始皇都是違禮厚葬的君王。但闔閭墓建造好後十餘年，吳國就滅於越國。越人發之。

〔註 1〕（明）王志長撰《周禮注疏刪翼》，卷十三，文淵閣四庫全書，臺灣商務印書館景印本，第 97 冊，p437。

〔註 2〕（清）孫詒讓撰《墨子閒詁》，嶽麓書社諸子集成標點橫排本，p131。

秦始皇陵墓是厚葬的典型，也是同樣命運。他死後數年，即遭破壞盜發。秦始皇之熱衷厚葬，也是有家族淵源的：

> 秦惠文、武、昭、嚴、襄五王皆大作丘壟，多其瘞藏。咸盡發掘暴露。其足悲也。秦始皇帝葬於驪山之阿，下錮三泉，上崇山墳，其高五十餘丈，周回五里有餘。石槨為遊館，人魚膏為燈燭，水銀為江海，黃金為鳧雁，珍寶之藏，機械之變，棺槨之麗，宮館之盛，不可勝原。又多殺宮人，生薶工匠，計以萬數。天下苦其役而反之，驪山之作未成而周章百萬之師至其下矣。項籍燔其宮室營宇，往者咸見發掘。其後牧兒亡羊，羊入其鑿，牧者持火照求羊，失火燒其藏槨。自古至今，葬未有盛如始皇者也。數年之間，外被項籍之災，內罹牧豎之禍。豈不哀哉！是故德彌厚者葬彌薄，知愈深者葬愈微。無德寡知，其葬愈厚。丘壟彌高，宮室愈麗，發掘必速。由是觀之，明暗之效，葬之吉凶，昭然可見矣。〔註3〕

回顧中國歷史，雖然戰國時期厚葬已經蔚然成風，各諸侯國一方面比賽建造高臺，看誰建造的高大，另一方面，也似乎在比賽，看誰的墓葬隨葬豐厚。當然，根據記載以及迄今為止的考古發掘看，天字第一號的厚葬當以秦始皇陵墓為代表。這個《史記》等漢代典籍有詳細的記載：驪山其陰多金，其陽多美玉，地名藍田。始皇貪而葬焉。始皇初即位，即命丞相李斯指揮天下刑徒七十二萬作陵，按照日程任務數開鑿。始皇三十七年，錮水泉絕之，塞以文石，致以丹漆，深極不可入。李斯報告始皇：我領導七十二萬刑徒治驪山陵，已經挖得很深很深了，鑿之不入，燒之不然。叩之空空，如下天狀。工程可以結束嗎？秦始皇答覆說：「鑿之不入，燒之不然。其旁行三百丈乃止。」〔註4〕

始皇陵的石材從渭北諸山運來，工人創作的歌詞生動記錄了匠人和刑徒勞作的艱難：「運石甘泉口，渭水為不流。千人一唱，萬人相鉤。」〔註5〕另據《長安志》記載，在秦始皇陵東南二里處，當年勞工們運輸的一塊巨石。本來要運到驪山的，結果石頭到了這裡就再也移動不得。那塊石頭多大？石高一丈

〔註3〕（明）王志長撰《周禮注疏刪翼》，卷十三，文淵閣四庫全書，臺灣商務印書館景印本，第97冊，p437。

〔註4〕《漢舊儀》，見（元）馬端陽撰《文獻通考》卷一百二十四之《王禮考》，文淵閣四庫全書，臺灣商務印書館景印本，第610冊，p867。

〔註5〕（宋）樂史編《太平御覽》卷五五九引用的《關中記》，文淵閣四庫全書，臺灣商務印書館景印本，第898冊，p242。

八尺，周十八步，形似龜。至於墓室內部的格局和布置，司馬遷《史記·秦始皇本紀》記載說：穿三泉，下銅而致槨。宮觀百官奇器珍怪徙藏滿之。令匠作機弩矢，有所穿近者輒射之。以水銀為百川江河大海，機相灌輸。上具天文，下具地理。以人魚膏為燭，度不滅者久之。〔註 6〕

圖 1-4 漢代貴族墓葬之黃腸題腠（一）

正如漢光武帝建武七年詔書所言：「世以厚葬為德，薄終為鄙。至於富者奢僭，貧者單財，法令不能禁，禮義不能止。」這個厚葬確實比較特別，它並非朝廷提倡，更無法律約定。他確實是自發形成的，是由上而下的風行。所謂有錢就任性。加之裹上孝葬的面紗，很難禁止。

圖 1-5 漢代貴族厚葬墓穴之黃暢題腠（二）

〔註 6〕（漢）司馬遷撰《史記》，卷六《秦始皇本紀第六》，中華書局，1959 年版，第 1 冊，p265。

二、厚葬的倫理學背景

春秋時期，齊景公遊玩海上，樂不思歸。回望齊國都城，對身邊的晏嬰等感慨說：如果能永遠不死多好！晏嬰用歸謬法諷刺他：如果君王都不死，那哪有你做國君的機會？大家明白，像齊景公這樣的諸侯王之所以會私欲如此膨脹，是因為它可以支配的社會財富太多，他能自由享受的美好事物太多。因此，他不想死，希望自己長生不死。永遠佔有和享受眼前的一切。這就是私有制度出現以後才有的現象。在私有制產生之前，原始部落無論酋長還是部落成員都是死了葬在一個公共墓地區。舊石器、新石器時期皆是如此。隨著私人可以佔有財富數量的急劇增加，這些少數佔有社會巨量財富的人，便會縱情享受。不僅縱情享受，還希望永久享受。於是追求長生不死的意識出現了。指導富貴者服食求神仙成為一種職業。但人生總是有盡頭的。即使貴為天子富有四海者也不能例外。於是事死如事生的理念出來了。既然這個人生前享盡榮華富貴，那麼他死後在地下也應和生前在地上過一樣的日子才對，於是，厚葬在一部分大富大貴者中間就流行開來。

三、反厚葬的哲學基礎

（一）「墓非安神之所」

《禮記》；國君之葬，棺槨之間容柷；大夫容壺；士容甒。以壺、甒為差，則柷財大於壺明矣。槨周於棺，槨不甚大也。語曰：葬者藏也，藏欲其深而固。槨大則難為堅固。無益於送終而有損於財力。又《禮》：將葬，遷柩於廟，祖而行，及墓即窆。葬之日即反哭而虞，如此則柩不宿於墓上也。聖人非不哀親之在土，而無情於丘墓，蓋以墓非安神之所，故修虞於殯宮。〔註 7〕

（二）人死之後，「歸精於天，還骨於地」

《後漢書》：崔瑗為濟北相，「光祿大夫杜喬為八使，徇行郡國，以贓罪奏瑗，徵詣廷尉。瑗上書自訟，得理出。會病卒，臨終，顧命子寔曰：夫人稟天地之氣以生。及其終也，歸精於天，還骨於地。何地不可藏形骸，勿歸鄉里。寔奉遺命，遂留葬洛。」

東漢時崔瑗的見解已經十分脫俗：「夫稟天地之氣以生，及其終也，歸精

〔註 7〕（清）徐乾學，《讀禮通考》，卷十七，文淵閣四庫全書，臺灣商務印書館景印本，第 112 冊，p404。

於天，還骨於地。何地不可藏形骸，勿歸鄉里。」〔註 8〕既然連故鄉都不必回去，則自然也不會在乎什麼吉壤美穴了。

史家范曄在《後漢書》中寫進了一個關於袁安葬父蒙三少年指點吉穴的故事，後來袁安家五世為高官。但同樣是史家，《後漢紀》的著者袁宏則記載了一個深明大義的袁安的妻子。這個妻子先袁安而死，臨死前留下遺命。她說，袁安是備位宰相，死後當陪帝王陵墓，不應該回歸故里。她對兒子們說，你們的母親死在前面，有祖墳地可葬。如果死後靈魂有知，子孫祭祀，她自然也有一份。不必遷葬陪同你們的父親。他的兒子們也不敢違拗其意。〔註 9〕

隋蕭吉《五行大義》，第九《論扶抑》則認為，「生則形存為有，死則氣散為無。」「王相氣來則吉，死沒氣來則凶。」〔註 10〕所謂王相氣，即生氣也，吉氣也。

（三）世上無不掘之墓，「多藏必厚亡」

厚葬無益於死者。「魏略郝昭鎮守河西十餘年，會病亡，遺令誡其子凱曰：吾為將，知將不可為也。吾數發冢，取其木以為攻戰具。又知厚葬無益於死者也。汝必斂以時服，且人生有處所，死復何在邪？今去本墓遠，東西南北，在汝而已。」〔註 11〕

把薄葬做到極致的是漢朝一個叫楊王孫的人，他寫過一篇《報祁侯裸葬書》，文章不長，全引於次：

> 蓋聞古之聖王緣人情不忍其親，故為制禮。今則越之。吾是以裸葬，將以矯世也。
>
> 夫厚葬誠無益於死者，而俗人競以相高。靡財單幣，腐之地下。或乃今日入而明日發，此真與暴骸於中野何異！且夫死者終生之化而物之歸者也。歸者得至，化者得變，是物各反其真也。反真冥冥，亡形亡聲。乃合道情。夫飾外以華眾，厚葬以隔真。使歸者不得至，化者不得變，是使物各失其所也。
>
> 且吾聞之：精神者，天之有也；形骸者，地之有也。精神離形，

〔註 8〕（南朝宋）范曄撰《後漢書》，中華書局，1965 年版，第 6 冊，p1724。

〔註 9〕（清）徐乾學撰《讀禮通考》，卷八十五，文淵閣四庫全書，臺灣商務印書館景印本，第 114 冊，p64。

〔註 10〕（隋）蕭吉撰《五行大義》，中州古籍出版社，1994 年版，p228～229。

〔註 11〕（元）郝經撰，黎傳紀、易平點校，《續後漢書》，卷三十五，齊魯書社《二十五別史》本，第 7 冊，p492。

> 各歸其真，故謂之鬼。鬼之為言歸也。其屍塊然獨處，豈有知哉。裹以幣帛，鬲以棺槨，支體絡束，口含玉石，欲化不得，鬱為枯腊，千載之後棺槨朽腐乃得歸生，就其真宅。繇是言之，焉用久客？
>
> 　　昔帝堯之葬也，窾木為櫝。葛藟為緘。其穿下不亂泉，上不泄殠。故聖王生易尚死易葬也。不加功於亡用，不損財於亡謂。今費財厚葬，留歸鬲至。死者不知，生者不得。是謂重惑。於戲！吾不為也。〔註 12〕

唐代的封綸對秦漢以來由帝王將相煽起的厚葬風氣有深刻批判，也得到唐高祖的認可：

> 　　高祖嘗幸溫湯，經秦始皇墓，謂倫曰：古者帝王竭生靈之力，殫府庫之財，營起山陵，此復何益？倫曰：上之化下，猶風之靡草，自秦漢帝王盛為厚葬。故百官眾庶競相遵仿。凡是古冢丘封悉多藏珍寶，咸見開發。若死而無知，厚葬深為虛費；若魂而有識，被發豈不痛哉！高祖稱善，謂倫曰：從今之後，宜自上導。〔註 13〕

四、厚葬諸弊

（一）弊病一：厚葬破業敗家

用今天的話說，厚葬也就是浪費。因為風氣所在，即使經濟條件不具備者，為了面子，也會打腫臉充胖子。搞到厚葬一個亡人，拖垮一個家庭。

漢文帝遺詔中有云：「當今之時，世咸嘉生而惡死，厚葬以破業，重服以傷生，吾甚不取。」〔註 14〕可見當時的社會風氣，厚葬是普遍現象。家裏死了長輩，晚輩要穿幾年孝服，還有很多守孝的禮節。漢文帝可以說是一個勇於改革的皇帝。他知道民間的這個習俗。也知道他如果不改革，天子死後，全國臣民都得長時間服孝。這會妨礙臣民的正常生活。因此，他這份遺詔很明確提出了改革的具體方案，總的說來，就是做減法，給臣民方便，減少約束。

（二）弊病二：厚葬誨盜辱亡

唐代姚崇對厚葬弊端認識清楚。他說：

〔註 12〕（漢）班固撰《漢書》，卷六十七，中華書局，1962 年版，第 11 冊，p2907～2909。

〔註 13〕（後晉）劉煦等奉敕撰《舊唐書．封倫傳》，中華書局，1975 年版，第 7 冊，p2397。

〔註 14〕（漢）司馬遷撰《史記》，卷十，中華書局，1959 年版，第 2 冊，p433～444。

夫厚葬之家，流於俗，以奢靡為孝。令死者戮屍暴骸，可不痛哉？死者無知，自同糞土。豈煩奢葬？使其有知，神不在柩，何用破貲徇侈乎？

姚崇還有具體的後事交代：

吾亡，斂以常服，四時衣各一。稱性。不喜冠衣，毋以入墓。紫衣玉帶足便於體。

姚崇堅決反對後人舉辦請僧人超度亡靈等祈福活動。他例舉了佛教傳入中國之前，古代帝王長壽者多，而迷信佛教的帝王大多壽命不長的歷史事實：

今之佛經羅什所譯，姚興與之對翻。而興命不延，國亦隨滅。梁武帝身為寺奴，齊明太后以六宮入道，皆亡國殄家。近孝和皇帝使贖生，太平公主、武三思等度人造寺，身嬰夷戮，為天下笑。五帝之時，父不喪子，兄不哭弟，致仁壽無凶短也。下逮三王，國祚延久，其臣則彭祖、老聃，皆得長齡。此時無佛，豈抄經鑄像力邪？緣死喪造經像，以為追福。夫死者生之常，古所不免。彼經與像，何所施為！兒曹慎不得為此。〔註 15〕

（三）弊端三：污染社會風氣

厚葬成風，對社會的不良影響甚大。主要表現在這種消費披上了孝道的外衣。如果誰家死了人，不花大錢整出點動靜來，就會被輿論壓迫，抬不起頭來。

自漢至唐，厚葬之風世常有之。如：《後漢書》所載王符《浮侈篇》記載東漢時期的厚葬風氣：「今者京師貴戚，必欲江南檽梓、豫章之木。邊遠下士亦競相仿傚。夫檽梓豫章所出殊遠，伐之高山，引之窮谷，入海乘淮，逆河泝洛，工匠雕刻，連累日月，會眾而後動，多牛而後致。重且千斤，功將萬夫。而東至樂浪，西達敦煌，費力傷農於萬里之地。」〔註 16〕

今京師貴戚，郡縣豪家，生不極養，死乃崇葬。或至金縷玉匣，檽梓楩柟，多埋珍寶偶人車馬，造起大冢，廣種松柏，廬舍祠堂務崇華侈。案：鄗畢之陵，南城之冢，周公非不忠，曾子非不孝，以

〔註 15〕（宋）歐陽修、宋祁撰《新唐書》，卷一百二十四，中華書局，1975 年版，第 14 冊，p4386～4387。

〔註 16〕（南朝宋）范曄撰《後漢書》，卷七十九，中華書局，1965 年本，第 6 冊，p636。

為褒君愛父，不在於聚財；揚名顯親，無取於車馬。昔晉靈公多賦以雕牆，春秋以為不君。華元、樂舉厚葬文公，君子以為不臣。況於羣司士庶乃可僭侈主上過天道乎？〔註17〕

崔寔政論：「送終之家亦大無度，至念親將終，無以奉遣，乃約其供養衣服，豫修已沒之制，竭家盡業，甘之不恨。窮阨既迫，起為盜賊。拘執陷罪，為世大戮。痛乎此俗之愚民也！」〔註18〕

唐代厚葬風氣亦盛：

太極元年，右司郎中唐紹上疏曰：臣聞王公以下送終明器等物，具標甲令，品秩高下，各有節文。……近者王公以下百官競為厚葬，偶人像馬，雕飾如生。徒以眩曜路人。本不因心致禮，更相扇慕，破產傾資。風俗流行，下兼士庶。若無禁制，奢侈日增，望請王公以下送葬明器皆依令式，並陳墓所，不得衢路行。〔註19〕

唐紹所列舉的王公百官像比賽似的搞排場，招搖道路。與其說是為了紀念死者，倒不如說是為了炫耀生者。葬禮重視的是因心致禮，而不是擺譜鬥富。唐紹似乎看透了人性，他建議皇帝下旨，明文規定王公百官送葬的明器必須按照國家規定，不能僭越。其次，希望能明確規定這些明器只能在墓地放一放，不能在路上抬著顯擺。因為在社會風氣的形成過程中，總是高層次的影響低層次的，富貴中人影響普通人。如果不加約束，聽任發展，普通士大夫和一般老百姓都會被捲入這個漩渦中不能自拔。為了一場喪事，為了一個顏面，許多家庭將會傾家蕩產。

（四）弊端四：妨礙國家穩定

戰國後期偉大思想家荀況曾經痛心疾首的指斥厚葬這種社會風氣：

上失天性，下失地利，中失人和。故百事廢，財物詘而禍亂起。王公則病不足於上，庶人則凍餒羸瘠於下。於是桀紂羣居，而盜賊擊奪以危上矣。安禽獸行，虎狼貪，故脯巨人而炙嬰兒矣。若是，則有何尤扣人之墓抉人之口而求利矣哉！雖此倮而薶之猶且必扣

〔註17〕（南朝宋）范曄撰《後漢書》，卷四十九，中華書局，1965 年版，第 6 冊，p1637。

〔註18〕（宋）李昉等奉敕編，《太平御覽》，卷五百五十六，文淵閣四庫全書，臺灣商務印書館景印本，第 898 冊，p221。

〔註19〕（後晉）劉煦等奉敕撰《舊唐書》，卷四十五，《輿服志》，中華書局，1975 年版，第 6 冊，p1958。

也，安得葬埋哉？彼乃將食其肉而齕其骨也！〔註20〕

漢成帝營造昌陵。漢代猶延秦風，厚葬成為時尚。不僅富商大賈，王公貴戚如此，帝王也照樣有未能免俗者，如漢成帝先營造延陵（亦稱初陵），後放棄延陵，營造昌陵，最後又放棄昌陵仍用延陵。引文中的昌陵位於今西安咸陽市渭城區周陵鎮嚴家溝村西北。當日建造昌陵，給老百姓帶來的災難有多大？請看下面一段當時人劉向的敘述：「及徙昌陵，增埤為高，積土為山。發民墳墓，積以萬數。營起邑居，其日迫卒。功費大萬百餘，死者恨於下，生者愁於上。怨氣感動陰陽，因之以飢饉。物故流離以十萬數。」漢成帝的昌陵修建，居然造成挖掘老百姓的墳墓上萬座，造成因勞役而破家流離失所的難民十餘萬。這是何等悲涼的景象！就是當年付出那麼大的代價造成的昌陵遺址。時至今日，因為缺少保護，該陵園遺址區集中了多個磚瓦廠。昌陵遺址近年來已經基本消失。當年漢成帝欲為自己營造昌陵。中郎將張釋之明確提出反對意見：

（上）使慎夫人鼓瑟，上自倚瑟而歌意悽愴悲懷，顧謂羣臣曰：「嗟乎！以北山石為椁，用紵絮斮陳，蕠漆其閒，豈可動哉？」張釋之進曰：「使其中有可欲，雖錮南山猶有郄；使其中無可欲者，雖無石椁又何戚焉？」〔註21〕

張釋之委婉批評漢成帝的那段話很有哲理。文帝的意思是說，如果我以整座北山作陵墓，採用苧麻棉絮調漆封閉棺槨，這樣外面內面兩個層次既能防潮又能防盜，誰能弄得動它？誰能壞得了它？張釋之直接切入正題，說；關鍵是看墓裏面有沒有值錢的東西陪葬。如果有值錢的東西，再堅固的包裹也可以打開的；如果墓中沒有值錢的東西，就是像普通老百姓那樣一具棺木，連石槨也不用，簡單葬埋，也沒有人會想到動它的。

五、族葬制度、厚葬習俗與風水葬俗之關係

相對《周禮》所記載的族葬制度和戰國以來興起的厚葬習俗而言，風水葬俗有別於早期的以宗法制度為靈魂的族葬制度，也有別於戰國以來興起的厚葬習俗。但厚葬並不排除蔭葬。所謂風水葬俗，指的是建立在對「葬者乘

〔註20〕（戰國）荀況撰《荀子》，卷十二《正論第十八》，嶽麓書社標點橫排本，p247～248。

〔註21〕（漢）司馬遷撰《史記》，卷一百二《張釋之傳》，中華書局，1959年本，第9冊，p2753。

生氣也」的堅信，即認為地下生氣可以通過冢中枯骨福蔭逝者子孫的信仰基礎上的一種葬俗。這是一種被普遍認為荒唐的葬俗，然而卻又是自漢魏六朝以來至今仍不乏信徒的葬俗。自從漢代以來，這種葬俗就已經出現，史載青烏先生有此學說，後來通過河東郭公傳到晉朝郭璞。郭璞有葬書。學術界認為其中不少內容即來自河東郭公所傳青烏子書中的經典。（關於郭璞葬書，本書有專題研究，茲不贅述。）大抵說來，這種風水葬俗是對儒家死亡文化的變異發展。我們知道，真儒家孔子主張孝子事親不僅要重視物質上的奉養。別讓父母凍著餓著，還需要色養，即要有和悅尊敬的態度，更高的境界是志養，即立身揚名，以顯父母。孔子沒有明確說人死了要薄葬或厚葬，而是通過具體的事例彰顯了他的觀點，即如何安葬死者，關鍵要盡心，至於厚葬抑或薄葬，那得量力而行。後世風水師們，包括不少科舉無望的儒生風水師打了擦邊球，將《孝經》中的「卜其宅兆而安厝之」做了有利於風水葬俗的解釋。本來程頤的解釋很清楚，選址是為了讓逝者的葬處規避後世成為道路，成為溝渠，成為城郭，被農民當作農田耕種，或被權勢人物霸佔等可能性。並無選擇墓址為求好風水福蔭逝者子孫後代的意思。唐代的呂才、宋代的司馬光等都曾十分明確的反對借風水福蔭子孫的蠱惑而破壞古老的族葬制度。但無奈這種風水葬俗不僅能讓想像中的親人遺體葬個好地方，更重要的是風水寶地還可以福蔭子孫，大富大貴。這個誘惑對於絕大多數缺少真知灼見而又秉性貪婪的芸芸眾生而言，是不可抗拒的。

針對風水遺產，近半個世紀的學者多從環境美學的角度肯定風水論的價值。其實，一個沒有被道破的秘密是，這種福蔭子孫的學說極大的激活了世人的私心和貪欲。加之，一般人不可能形成深信不疑的真知灼見，在私欲的牽引下，在堪輿師們的蠱惑下，在吉凶禍福的恐嚇下，能夠不為所動的人畢竟是少數中的少數。這也就是風水說在社會上具有如此深遠的影響之原因所在。

個人認為，風水學說雖然在中國影響很大也影響很深。甚至直到現在還在影響我國南方部分先富起來的有錢人。但說到底它還是一種葬俗。只不過這種葬俗較之古老的族葬和比族葬稍後的厚葬而言，要複雜許多。其中有精華，也有糟粕。其上焉者綜合研究天地人，旨在探索宇宙的奧秘，其中焉者則恪守古訓，為人選擇地形優美，適合安葬逝者，能給逝者子孫安全感的位置；而其下焉者則往往靠一張利嘴游說客戶，靠巧立名目的吉凶禍福之說來控制客戶，騙取錢財。余之撰此書，首先撰此族葬制度批判和厚葬習俗批判者，其原因就在這裡。

第三章　儒家孝葬思想批判（上）——以程頤為代表

在中國傳統文化體系中，活養死葬是一個重要的話題。在支配中國人精神生活幾千年的儒家文化語境下，子女對父母，生前要盡孝；死後要盡禮。但具體到葬埋文化，可籠統命名為孝葬思想。實際上，同為儒家陣營，裏面也存在著不同的價值觀念，特別是到了宋代，這種差異日益明顯。我們將其概括為誠葬思想和蔭葬思想。這兩種觀念雖然同出於儒家，但區別也是明顯的。誠葬思想我們將以程頤為代表加以闡說。蔭葬思想，我們將以朱熹為代表加以闡說。

一、孝葬思想簡說

從孔子、荀子、孟子，直到漢唐宋明，歷代儒者多有論葬文字。清理這批遺產，我們發現，孝葬思想始終是中國歷史文化的主旋律。儘管其間有主張薄葬的，有主張厚葬的，更有主張族葬的，當然也有主張蔭葬的。要說，他們都可以說自己的主張是孝葬。

孔子論述子女對待父母的應有態度：生，事之以禮；死，葬之以禮，祭之以禮。

孔子在《孝經》中論述了人生不同階段孝的內涵：孝，始於事親，中於事君，終於立身。立身揚名，以顯後世。孝之大者也。

另外，儒家還論述了孝的層次；最基本的層次是能以物養，即以衣食贍養父母。其次是色養。就是侍奉父母時不僅不能讓他們受凍挨餓，還要有溫和的態度。最低要求不能給父母臉色看。儒家重視一個誠字。子女奉養父母，應該誠心盡孝。衣食優劣在其次。第三，是志養。即所謂立身揚名，讓父母在鄉黨面前感覺光榮。

至於死後的安葬。儒家沒有道家莊子的灑脫，莊子說，人死了。在上為烏鳶食，在下為螻蟻食。橫豎都一樣。墨子主張薄葬，桐棺三寸，一埋了之。但儒家不同。儒家重視人倫。重視生死。重視養老送終。儒家的孝道文化，用四個字概括，就是活養死葬。

關於葬埋方式，儒家首先重視的是心態，作為孝子，對待父母的死亡，必然是痛苦難捨。我們看歷代史書，記載了很多孝子賢孫，極少是以厚葬彰顯孝道的。絕大多數被表彰的孝子都是自己或者夫妻二人負土成墳。廬墓守墳。如浙江義烏的顏孝子負土葬親，感動群烏。烏鴉銜土助葬，事畢烏嘴流血。故有義烏這個美麗的地名。有的兒子父死之時已為嬰兒。長大成人後萬里尋父，負骨歸葬。如黃孝子萬里尋親記故事，感天動地，〔註 1〕誰問葬之厚薄？又如二十四孝故事中的賣身葬父的董永故事，等等，重視的都是一個誠字。可見，儒家孝葬思想第一位考慮的是誠敬之心態，而不是陪葬品的豐儉。

二、程頤風水思想批判

程頤（1033～1107），漢族，字正叔，世居中山，祖籍河南府伊川縣（今嵩縣田湖鎮程村）人，1033 年出生於湖北黃陂（今紅安縣二程鎮），世稱伊川先生，北宋理學家和教育家。為程顥之胞弟。宋哲宗元祐元年（1086）除秘書省校書郎，授崇政殿說書。與其兄程顥同學於周敦頤，共創「洛學」，為理學宗師。對宋以後的儒學有著深遠的影響。

綜觀程頤的一生，他對風水問題總體上是否定的。他是尊崇上古族葬制度的。但由於儒家孝道文化的影響，他比傳統的族葬制度前進了一步，這就是他主張選擇葬地，但這葬地的選擇只是為了規避五種危及亡靈的情況，而與所謂風水無關。

（一）選擇葬地的五大要點

程子的《葬說》是科學的，沒有迷信色彩。

他在《葬說》中寫道：

〔註 1〕（元）脫脫等撰《宋史》，卷四百五十二，《黃介傳》，中華書局，1985 年版，第 38 冊，p13310。

> 卜其宅兆，卜其地之美惡也。非陰陽家所謂禍福者也。地之美者則其神靈安，其子孫盛。若培壅其根而枝葉茂，理固然矣。地之惡者則反是。然則曷謂地之美者？土色之光潤，草木之茂盛。乃其驗也。父祖子孫同氣，彼安則此安，彼危則此危，亦其理也。而拘忌者惑以擇地之方位，決日之吉凶，不亦泥乎？甚者不以奉先為計，而以利後為慮。尤非孝子安厝之用心也。惟五患者不得不慎，須使異日不為道路，不為城郭，不為溝池，不為貴勢所奪，不為耕犁所及。五患既慎，則又鑿地必至四五丈，遇石必更穿之，防水潤也。既葬，則以松脂塗棺槨，石灰封墓門。此其大略也。若夫精畫則又在審思慮矣。其火葬者出不得後，不可遷就同葬矣。至於年祀寖遠，曾高不辨，亦在盡誠，各具棺槨葬之，不須假夢寐蓍龜而決也。葬之穴，尊者居中。左昭右穆。而次後則或東或西，亦左右相對而啟穴也。出母不合葬，亦不合祭，棄女還家，以殤穴葬之。〔註2〕

程頤首先肯定卜葬地有兩種觀點。正確的卜地只是選擇環境好的地塊，為的是滿足生者的情感需要。因為人情之常，希望逝者死後能靈魂安居。逝者靈魂安寧了，生者也心靈安穩。這是早期擇地安葬的基本指導思想。早期擇地安葬並不涉及陰陽家所危言聳聽的禍福之說。

另一種觀點是「擇地之方位，決日之吉凶。」「不以奉先為計，而以利後為慮。」簡言之，「以奉先為計」的子孫，是以孝葬思想為指導的。而「以利後為慮」的子孫，則顯然是以蔭葬思想為指導的。何為蔭葬？就是希望死者的枯骨能夠得地中生氣，能夠將福澤傳遞給子孫。

一句話，後世之人迷信風水術士的吉凶禍福之說，都來自於蔭葬思想的影響。孝葬者是害怕逝者身後不得安寧，子孫見墓地被災而心理受壓抑。蔭葬者則希望選擇好的吉壤能讓自己的子孫得到福蔭。前者考慮到的重點是逝者。後者考慮的重點是生者。前者是希望逝者安寧，後者是希望存者富貴。

為此，他還總結了古人擇地的五大基本原則。這五項原則是：

> 一、「使異日不為道路」。二、「不為城郭」。三、「不為溝池」。四、「不為貴戚所奪」。五、「不為耕犁所及」。

就是說，選擇的墓地應預測到未來可能出現的五種情況：避免將來墓地成

〔註2〕（宋）程顥、程頤撰，（宋）胡安國原編，（元）譚善心重編，《二程文集》，卷十一，文淵閣四庫全書，臺灣商務印書館景印本，第1345冊，p712。

為道路必經之地，避免墓地成為未來城鎮建設用地。避免墓地將來成為灌溉渠道所經過。避免將來因為位置太好而被權勢人家所奪占。避免因為土壤優良位置優越而被開墾為農田。

程子認為，所謂擇地，就是選擇「土色之光潤，草木之茂盛」，簡言之，就是能夠顯示土地生機活力的地方作為安葬先人的地方。作為子女，看到自己的祖先或父母身後棲息的地方生機勃勃，自能給人一種愉悅安詳的感覺。因為「父祖子孫同氣，彼安則此安，彼危則此危。固其理也。」「而拘忌者惑於擇地之方位，決日之吉凶，不有泥乎？甚者不以奉先為計，而專以利後為圖。尤非孝子安厝之本心也。」

值得注意的是，程子的批評一針見血，揭露出世人不厭其煩地「擇地之方位，決日之吉凶」的重視葬地選擇，其用心都是自私的。因為他們「不以奉先為計，而專以利後為圖」。希望埋個好地方，從而感應好風水，使其後人大富大貴。

堪輿之所以能蔚然成風，固不可解。一則因為多數人很難有真知灼見，不為風氣所左右。父母死後，做子女的理應安葬，使親人入土為安。別人家的請了風水先生，你家裏不請，就會被人看不起。這是世俗群體的影響所致。一則因為人性的自私。為了企求福祿壽喜財，為了子子孫孫的興旺發達，而不惜將父母遺體權厝於地上，任風霜雨露侵蝕。

程頤在後來跟弟子們談話時說過，自己祖父安葬時節，族人和家人都信風水。認為一定要聽風水先生的。否則怕惹禍事。只有他和兄長程顥不認可。他說：「祖父葬時亦用地理人，尊長皆信。唯先兄與某不然，後來只用昭穆法。」也就是按照上古族葬左昭右穆的秩序來安葬逝者。有人質疑說：「憑何文字擇地？曰：『只昭穆便是書也。但風順地厚處足矣。』某用昭穆法葬一穴，既而尊長召地理人到葬處。曰：『此是商音絕處，何故如此下穴？』某應之曰：『固知是絕處，且試看如何。』某家至今人已數倍矣。」因此他感慨說：「世間術數多，惟地理之書最無義理。」〔註3〕

（二）對五音姓利葬法的批判

程頤還對自東漢就開始流行直到宋朝仍有廣泛影響的所謂五音姓利說進行過鞭撻：

〔註3〕（宋）程顥、程頤撰，二程門人所記，朱熹編《二程遺書》，卷二十二上，文淵閣四庫全書，臺灣商務印書館景印本，第698冊，p233。

夫姓之於人也，其始也亦如萬物之同形者，呼某白黑小大以為別耳。後世聖人乃為之制，因生賜姓，胙土命氏。其後子孫因邑因官分枝布葉而庶姓益廣。如管蔡郕霍魯衛毛眴部雍曹滕畢原豐郇，本皆姬姓；華向蕭亳皇甫，本皆子姓。其餘皆爾，不可勝舉。今者用其祖姓則往往數經更易，難盡尋究；況復葬書不載古姓，若用今姓，則皆後代所受，乃是吉凶隨時變改也。人之分宗，譬如木之異枝。木之性有所宜之地也，取其枝而散植之，其性所宜寧有異乎？若一祖之裔，姓音不同，同葬一地遂言彼凶而此吉，決無是理。設有人父本宮姓，子以功勳更賜商姓，則將如何用之？今二人同言，則必擇其賢者信之。葬禮聖人所制，五姓俗人所說。何乃捨聖制而從俗說，不亦愚乎？

程頤從姓氏產生的歷史背景說起，說明「人之分宗，譬如木之異枝」。他說：「若一祖之裔，姓音不同，同葬一地，遂言彼凶而此吉，決無是理。」

昔三代之時，天下諸侯之國卿大夫之家久者千餘歲，其下至數百歲不絕。此時葬者未有五姓也。古之時，庶人之年不可得而見矣。君卿大夫史籍所可見者往往八九十歲，有百歲者。自唐而來五姓葬法行於世已數世，百歲之家鮮矣。人壽七八十歲者希矣。苟吉凶長短不由於葬邪，則安用違聖人之制而從愚俗所尚？吉凶長短果由於葬耶，是乃今之法徒使人進退無取，何足言哉？〔註 4〕

程頤用對比的辦法，指出：夏商周三代時普通百姓壽命長短沒有記載，無從知道。但諸侯之國卿大夫之家這些有檔案記載的壽命有八、九十歲甚至有享年百歲者。但自從採用五音姓利葬法以來，百歲之人就很少看見，七八十歲的人也不多見。

（三）對屍體防腐處理的探索

正宗儒家，他關注的是如何讓死者遺體減緩腐敗的速度，而唐宋以來，墓葬之法講究日多，不惟要選擇吉壤，還要確定下土日期。程頤列舉古代經書史冊上的記載，有力地否定了當時的風水術士們裝神做鬼，故神其術的行徑：

夫葬者藏也，一藏之後，不可復改。必求其永安。故孝子慈孫尤所慎重。欲地之安者在乎水之利，水既利則終無虞矣。不止水一

〔註 4〕（宋）程顥撰《葬法決疑》，《二程文集》，卷十一，文淵閣四庫全書，臺灣商務印書館景印本，第 1345 冊，p713～714。

事，此大概也。而今之葬者謂風水隨姓而異，此無大害也。愚者執信將求其吉，反獲其凶矣。至於卜選時日亦多乖謬，按葬者逢日食則舍於道左，待明而行。行是必須晴明，不可用昏黑也。而葬書用乾、艮二時為吉，此二時皆是夜半，如何用之？又曰已亥日葬大凶。今按《春秋》之中此日葬者二十餘人，皆無其應。宜忌者不忌而不宜忌者反忌之，顛倒虛妄之甚也。下穴之位不分昭穆，易亂尊卑，死者如有知，居之其安乎？如此背謬者多矣，不欲盡斥，但當棄而勿用自從正法耳。〔註5〕

宋代人研究很關注屍體的保存環境。即如何讓被葬者屍骨千秋萬代長存。在這方面，他們做了很多努力，如用柏木芯做棺槨，用松脂塗棺槨縫隙。大儒程頤自述為了讓死去的先人遺體能安保不朽，他用心研究，終於找到了柏木松脂法：

古人之葬，欲比化不使土親膚。今奇玩之物尚寶藏固密以防損污，況親之遺骨當何如哉？世俗淺識，惟欲不見而已。又有求速化之說。是豈知必誠必信之義且非欲其不化也！未化之間保藏當如是耳。吾自少時謀葬曾祖，虞部已下，積年累歲，精意思索，欲知何物能後骨而朽。後咸陽原上有人發東漢時墓，栢棺尚在。又韓修王城圯得古栢木，皆堅潤如新。諺有松千栢萬之說。於是知栢最可以久。然意猶未已。因觀雜書有松脂入地千年為茯苓、萬年為琥珀之說。疑物莫久於此。遂以栢為棺，而塗以松脂，特出臆說非有稽也。不數月嵩山法王寺下鄉民穿地得古棺，裹以松脂。乃知古人已用之矣。自是三四十年，七經葬事，求安之道，思之至矣，地中之事察之詳矣。地中之患有二：惟蟲與水而已。所謂毋使土親膚，不惟以土為污。有土則有蟲，蟲之侵骨甚可畏也。世人墓中多置鐵以鬬土獸。土獸希有之物，尚知備之。蟲為必有而不知備，何也？惟木堅縫完，則不能入。求堅莫如栢，求完莫如漆，然二物亦不可保。栢有入土數百年而不朽者，有數十年而朽者，人多以為栢心不朽而心之朽者見亦多矣。〔註6〕

〔註 5〕（宋）程顥撰《葬法決疑》，《二程文集》，卷十一，《葬法決疑》，《二程文集》，卷十一，文淵閣四庫全書，臺灣商務印書館景印本，第 1345 冊，p714。

〔註 6〕（宋）程頤《記葬用栢棺事》，《二程文集》，卷十一，文淵閣四庫全書，臺灣商務印書館景印本，第 1345 冊，p714。

（四）對厚葬陋俗的批判

神宗時程頤代父上書曰：

臣觀秦漢而下，為帝王者居天下之尊，有四海之富，其生也奉養之如之何，其亡也安厝之如之何，然而鮮克保完其陵墓者，其故何哉？獨魏文帝唐太宗所傳嗣君能盡孝道，為之永慮，至今安全。事蹟昭然存諸簡策。嗚呼！二嗣君不苟為崇侈以徇己意，乃以安親為心。可謂至孝矣。漢武之葬，霍光秉政。暗於大體，奢侈過度。至使陵中不復容物。赤眉之亂，遂見發掘。識者謂赤眉之暴，無異光自為之。謂其不能深慮以致後害也。二君從儉，後世不謂其不孝。霍光厚葬，千古不免為罪人。自古以來，觀此明鑒而不能行之者，無他，眾議難違，人情所迫爾！苟若務合常情，遂忘遠慮。是乃厚於人情而薄於先君也。不亦惑乎？魏文帝所作終制，及唐虞世南所上封事，皆足取法。其指陳深切，非所忍言。願陛下取而觀之。可以見明君賢臣所慮深遠。古人有言曰：死者無終極，國家有廢興。自昔人臣當大事之際，乃以興廢之言為忌諱。莫敢議及於此。苟循人情，辜負往者，不忠之大者也。臣竊慮陛下追念先帝聖情罔極，必欲崇厚陵寢以盡孝心。臣愚以為違先帝之儉德，損陛下之孝道，無益於實，有累於後。非所宜也。伏願陛下損抑至情深為永慮。承奉遺詔，嚴飭有司。凡百規模，盡依魏文之制。明器所須，皆以瓦木為之。金銀銅鐵，珍寶奇異之物，無得入壙。然後昭示遐邇。刊之金石。如是則陛下之孝顯於無窮，陛下之明高於曠古。至於紈帛易朽之物，亦能為患於數百年之後。漢薄后陵是也。或曰山陵崇大，雖使無藏。安能信於後世？臣以為不然。天下既知之，後世必知之。臣嘗遊秦中，歷觀漢唐諸陵無有完者。惟昭陵不犯。陵旁居人尚能道當日儉素之事。此所以歷數百年屢經寇亂而獨全也。夫臣之於君，猶子之於父。豈有陛下欲厚其親而臣反欲薄於其君乎？誠以厚於先帝，無厚於此者也。遺簪墜履，尚當保而藏之。不敢不恭。況於國陵得不窮深極遠以慮之乎？陛下嗣位方初，羣臣畏威。臣苟不言，必慮無敢言者。陛下以臣言為妄而罪之，則臣死且不悔；以臣言為是而從之，則可以為先帝之福，大陛下之孝，安天下之心，垂萬世之法。所補豈不厚哉？臣哀誠內激，言意狂率。願陛下詳覽而深察

之，天下不勝大願。〔註7〕

朱熹和程頤同為宋代大儒。程頤不信風水，朱熹深信風水。也正因此，朱熹在宋元明清以來，沒有少受譏諷和批評。實際上，他們二人特別是朱熹所相信的風水和術家的風水還是有些區別的。這就是王逸之、朱漢民兩位先生所秉持的觀點，即朱熹和程頤所堅持的對風水術進行的儒化改造。因程頤「謬而不信」的堪輿和朱熹「酷以為然」的堪輿，並非是同一意義上的堪輿。即程頤「謬而不信」乃術家之堪輿，而朱熹「酷以為然」為「儒化」之堪輿。若進而「以儒為本」為參照，則程、朱堪輿思想實乃一脈相承，對「以儒為本」之堪輿皆「酷以為然」。兩位作者認為，程頤和朱熹實際上是用孝葬替代蔭葬。〔註8〕實際上，朱熹的風水觀和術士要接近些。若論風水觀的純粹儒家色彩，那還是程頤。

蔭葬是本人發明的一個名詞，即用於指代風水葬法的一種說法。風水葬的要害是借助葬者乘生氣，遺骨得生氣而福蔭後人。程、朱二賢的觀點，若細論還是有差別的。這就是程頤的葬埋思想可以稱之為不折不扣的孝葬思想。但朱熹的葬埋思想就沒有這麼純粹了。關於這個問題，我在下一章將有論列，茲不贅述。

三、程頤、朱熹風水思想的區別

程頤（1033～1107）與朱熹（1130～1200），是宋代儒學史上的兩位大家，學術史上習稱程朱理學。兩人學術上的同異，是個大題目。本書不涉及。在這本書裏，我想結合兩人的葬埋觀或曰風水思想的異同，做一點分析。

翻開程朱二人的著作，我們發現，在祖述孔孟儒家孝道思想和孝葬理念方面，兩人前後如出一轍。世人言宋代理學，必程朱合稱，確有事實根據。

區別在於：程頤極其堅決地反對風水術士的所謂蔭葬說。程頤主張遵循先儒喪禮「葬之穴，尊者居中，左昭右穆，而次後則或東或西，亦左右相對而啟穴也」。「乃若葬者，藏也，欲人之不得見也……豈藉此以求子孫富貴乎？」朱熹和程頤一樣，也高度認同程頤選址的五大原則。即不能選擇大路邊，有可能被後世農民開墾為農田，有可能成為城市開發用地之類的「風順

〔註7〕（明）楊士奇、黃淮等奉敕編《歷代名臣奏議》，卷一百二十五，第436冊，p490～491。

〔註8〕王逸之、朱漢民《以儒為本：程朱對堪輿的改造》，見《原道》，第33輯，陳明、朱漢民主編，湖南大學出版社，2017年，p157、168。

地厚」之地塊，朱熹解釋說：「然孝子之心慮患深遠，恐淺則為人所扣，深則濕潤速朽，故必求土厚水深之地而葬之。」並提出了與（程頤）「五患」相似的說法，「其或擇之不精，地之不吉，則必有水泉、螻蟻、地風之屬以賊其內，使其形神不安，而子孫亦有死亡滅絕之憂，甚可畏也。……其或雖得吉地，而葬之不厚，藏之不深，則兵戈離亂之際，無不遭罹發掘暴露之變，此又其所當慮之大者也」，〔註 9〕

朱熹卻擔心葬地選擇不善，逝者形神不安，會禍及子孫。這一點顧慮，上面引用的文字意思很清楚。和程頤有很大的不同。這種不同在於，程頤擔心葬埋地址沒選好，會讓後人心不安，而不是擔心死者影響生者。

另外，程頤和他兄長程顥，不僅有自己的風水理論，而且有自己的風水實踐。他們處理自己父母的葬埋問題，根本不聽風水師的擺佈。在這方面，他們兄弟和司馬光兄弟處理家族葬事做法相同，屬堅定不移的反風水蔭葬一族。

我們再回過頭來看看朱熹，你就會明白。雖然朱熹也堅守孔孟之道的葬埋文化傳統。但他的風水思想雖然也主張孝葬，一如程頤。但他的選擇風水，對龍脈穴位，安葬日期，墓穴埋葬淺深等都非常在意。說得再明白一點，他對風水蔭葬是看重的，也是接受的。希冀好的墓穴能得地之生氣從而福蔭子孫。這是他的追求。可以說，他將儒家的風水思想從孝葬的道路帶向了蔭葬的道路。他不僅理論上有這方面的表述，在安葬自己的父母妻子的葬埋實踐中也彰顯了他的蔭葬企圖。

朱熹這方面的言論不少。反映出他是郭璞葬者乘生氣為代表的蔭葬理論的追隨者。他為了自己的家人選擇葬地，為了謀求風水福蔭，將父母的墓葬改葬幾次，且將父母墳墓分隔在百里之外。這些做法作為一代大儒，即使在當時，就有朋友頗有微詞。至於宋以後元明清各代，批評朱熹這方面的文字也並不少見。

王逸之、朱漢民撰寫的《以儒為本：程朱對堪輿的改造》對朱熹加以維護：

> 諸多學者皆從朱熹為親人擇改葬上，來證明其篤信堪輿，信則即「大儒之疵」。他們認為儒學和堪輿是對立的「非此即彼」，這恰恰與朱熹統一的「亦此亦彼」堪輿觀相左，其實，歷史的比較朱熹對於自己家人安葬的全過程，不難發現朱熹正在把一個「俗」的風水思想，往儒家的傳統孝道方向靠攏，朱熹是這種努力的踐行

〔註 9〕（宋）宋熹撰《山陵議狀》，《晦庵集》，卷十五，文淵閣四庫全書，臺灣商務印書館景印本，第 1143 冊，p274～277。

> 者。……朱熹通過葬法和葬禮，為打破風水與儒學之間的壁壘顯然做出了一些有意義的嘗試。正如朱熹所云：「通天地人曰儒。地理之學雖一藝，然上以盡送終之孝，下為啟後之謀，其為事亦重矣」，即言把地理（堪輿）之學作為儒者「通天地人」三大標準之一。又因「親之生身體髮膚，皆當保愛，況親之沒也？奉親之體厝諸地，固乃付之庸師俗巫，使父母體魄不得其安，則孝安在哉」，故「而為人子者，目不閱地理之書，心不念父母之體，敬然窀穸，則與委而棄諸溝壑者何以異」。如此便以儒家的孝道觀打通了堪輿和儒學壁壘，使之契合「古賢垂訓」「聖人之意」。〔註 10〕

王、朱二位專家的判斷我是認同的。但這種定位改變不了朱熹的風水思想十分接近術士路數之事實。

我的觀點，朱熹在風水領域所做的努力和取得的成績，對於元明清以來的中國風水學產生了重大的影響。這種影響表現在三個方面：其一，結束了儒生論葬埋問題只能停留在義理層面的缺憾，從朱熹開始，儒家風水開始有理論有實踐了。其二，風水術的地位提高了，因為選擇風水，安葬父母，是孝親的一個重要方面。風水在唐代經過呂才等人整頓，總的看來，否定批判的多，總結推進的少。宋人鄭所南已經指出其不足。因為朱熹這樣的大儒出面，使風水從術士的茅屋走向了雅俗共賞的大殿。其三，術士隊伍成分改變了，或曰文化水準提高了。大量的儒生因為科舉無望或其他原因，理直氣壯地走上風水之路。因為對於人子而言，學習醫藥和學習風水都是履行孝道。學習醫藥，是為了盡孝於父母生前，而研習風水則為了盡孝於父母身後。更重要的是第四條，風水術在宋代經朱熹、蔡元定等的提升，成為民間自看風水的參考。我們知道，就像家譜編修宋以前是官修，宋以後是民修一樣。風水在唐朝以前也是官方掌握。但晚唐五代動亂大，朝廷的國師們紛紛逃難進入民間，風水術從此進入民間。儘管歷史上早在六朝時期就有民間風水師謀反的記載。儘管風水師從朝廷到民間，這種風氣轉移從晚唐五代時的楊筠松、曾文辿等就開始了。但在儒生中和朝廷認同方面，可能還是應該以宋代朱熹為標誌。

總之，朱熹是大儒中風水思想和風水實踐最近術士的一人。在南宋以後歷代風水著作中，喜歡拿朱夫子說事的人越來越多，原因或許就在這裡。

〔註 10〕見《原道》，第 33 輯，陳明、朱漢民主編，湖南大學出版社，2017 年，p157、168。

結語

程頤朱熹是宋代大儒。代表中國文化孔子以後的鼎盛時期。在傳統儒家心目中，許多人對朱子迷信堪輿都頗有微詞。不可否認的事實是，南宋以後，風水術士的隊伍中儒生數量大增。為朱熹辯護的也越來越多。此不可不說是朱熹對中國文化的貢獻。這裡舉個例子。程頤的風水觀要旨是把父母葬在環境好一點的地方，乾燥一點的地方，距離交通要道和農田村舍遠一點的地方，為的是讓父母的遺體安寧。這就是傳統的死葬之孝。在歷代對風水葬術的責難者中，很多人批評後人為了得到一塊吉壤，或者為了兄弟之間禍福不均的爭議，往往把逝者遺體擱置在柩屋，數年甚至數十年不能入土為安的做法是不孝。這當然是以朱熹為靶子的。對程頤一般都是高度認可的。清代有位風水名家李三素卻主張尋求好的風水吉壤，讓逝者的遺體因為葬得生氣而福蔭後人的追求，是大孝的體現。他說：

> 或問葬者藏也。期安其祖、父。故程子五患皆為祖父起見。今必富貴之利祿誘其子孫，是安親之年不勝其求福之念也。忘親僥倖，皆從此起。古之孝子慈孫果有是乎？答曰：不孝有三，無後為大。是子孫之有無，關係祖父也。推之而事君不重，戰陣無勇，皆為不孝。使吾之子孫暫然繁衍，而上能致君，下可澤民。獨非孝乎？今葬法不審，而破旺沖生，禍不旋踵。貽祖父之羞，莫大於此。五患之說，程子猶淺之耳。古人所重，固在積德於冥冥之中。然積德之外，又能安其祖父，以安其子孫，尤為大孝。若謂妄想僥倖皆從此起，然則學也祿在其中是教人干祿也。以德行仁者王，是叫人圖王也。充類至義之盡無一可為，又不止風水而已也。〔註 11〕

李三素的說法在邏輯上並無什麼問題。

宋人程頤《上富鄭公書》就仁宗的皇后與仁宗合葬問題發表意見：一個要點是對當時信任術士，朝廷大臣主事者不負責任的行為進行批評。另一個要點是駁斥術士所說的神宗夫妻合葬有忌諱的謬論。

> 頤頃歲見治昭陵，制度規畫一出匠者之拙謀，中人之私意，宰執受命而已，莫敢置思。以巨木架石為之屋，計不百年必當損墜。既又觀陵中之物，見所謂鐵罩者幾萬斤，以木為骨，大不及三寸，其相穿

〔註 11〕《求福即大孝》，見增補四庫青烏輯要《天機貫旨紅囊經》，卷三，九州出版社線裝本，第 3 函，下冊，p14～15。

叩之處厚才寸餘。遠不過二三十年決須摧朽壓於梓宮。」〔註 12〕

元豐三年程頤代富弼《上神宗皇帝論永昭陵疏》中提醒皇帝不要聽信術士夫妻不能合葬的謬論：「但恐有以陰陽拘忌之說上惑聰明者。在陛下睿斷不難辨也。不遵聖訓不度時宜而規規於拘忌者為賢乎？為愚乎？且陰陽之說設為可信，吉凶之應貴賤當同。今天下臣庶之家夫婦莫不同穴，未聞以為忌也。獨國家忌之，有何義理！唐中宗庸昏之主，尚能守禮法盡孝心。責嚴善思愚惑之論。卒祔乾陵。其為高宗子孫歷世延永是合葬，非不利也。」〔註 13〕

可見，朱熹的前輩程頤真可謂鐵杆儒家。

〔註 12〕（宋）程頤《上富鄭公書》，《二程文集》，卷十，文淵閣四庫全書，臺灣商務印書館景印本，第 1345 冊，p695～696。

〔註 13〕（宋）程頤《代富弼上神宗皇帝疏稿》，《二程文集》，卷六，文淵閣四庫全書，臺灣商務印書館景印本，第 1345 冊，p644～645。

第四章　儒家孝葬思想批判（下）——以朱熹為代表

一、朱熹對古都形式格局的評價

讀朱熹的著作，我們發現他比較喜歡風水地理之說。比如：

（一）論冀都

冀都是正天地中間，好個風水。山脈從雲中發來，雲中正高脊處。自脊以西之水，則西流入於龍門西河；自脊以東之水，則東流入於海。前面一條黃河環繞，右畔是華山聳立，為虎。自華來至中，為嵩山。是為前案。遂過去為泰山，聳於左，是為龍，淮南諸山是為第二重案，江南五嶺諸山及五嶺，又為第三、四重案。〔註1〕

（二）論河中府

河中府乃堯舜禹之故都所在地。朱熹評價說：「堯都中原，風水極佳。左河東，太行諸山相繞，海島諸山亦皆相向。右河南繞，直至泰山湊海。第二重自蜀中出湖南，出廬山諸山，第三重自五嶺至明越。又黑水之類自北纏繞至南海。河東地形極好，乃堯舜禹故都，今晉州河中府是也。左右多山，黃河繞之。嵩、華列其前。」有學生問朱熹：「平陽蒲阪，自堯舜後何故無人建都？朱熹答曰：其地磽瘠不生物，人民樸陋儉嗇。故唯堯舜能都之。後世侈

〔註 1〕（宋）黎靖德編、楊繩其、周嫻君校點《朱子語類》，卷第二，《理氣下》，嶽麓書社，1996 年版，第一冊，p25。

泰，如何都得？」〔註2〕

（三）論天下主要山脈

天下之山西北最高。自關中一支生下函谷，以至嵩山，東盡泰山。此是一支。又自嶓冢漢水之北生下一支，至揚州而盡。江南諸山則又自岷山分一支，以盡乎兩浙閩廣。仙霞嶺在信州分水之右，其脊脈發去為臨安，又發去為建康。〔註3〕

二、朱熹論人心之氣與天地之氣相感通

朱熹認為，天地間無非氣。所謂鬼神，也是氣。意思是說所謂鬼神，就是自然界萬事萬物活動過程的起始和終結。如風雨晦明，變化莫測。他說，「風雨雷電初發時神也；及至風止雨過，雷住電息，則鬼也。」他說：「天地間無非氣。人之氣與天地之氣常相接，無間斷。人自不見。人心才動，必達於氣。便與這屈伸往來相感通，如卜筮之類，皆是心自有此物，只說你心上事，才動必應也。」〔註4〕朱熹的這一觀點實際就埋下了他相信冢中枯骨可以福蔭子孫的種子。也就是說為他的風水論奠定了哲學基礎。

我們接著來看朱熹論生死與祭祀感通。朱熹說「人所以生，精氣聚也。人只有許多氣，須有個盡時。盡則魂氣歸於天，形魄歸於地而死矣。人將死時，熱氣上出，所以魂升也；下體漸冷，所謂魄降也。此所以有生必有死，有始必有終也。夫聚散者，氣也。若理，則只泊在氣上。初不是凝結自為一物。但人分上所合當然者便是理。不可以聚散言也。然人死雖終歸於散，然亦未便於散盡，故祭祀有感格之理。先祖世次遠者，氣之有無不可知。然奉祀者既是他子孫，畢竟只是一氣。所以有感通之理。然已散者不可聚。」〔註5〕

朱熹的見解是：人之生，是氣之聚；人之死，是氣之散。但這氣不可能散盡。故死者的子孫如果極其誠敬地祭祀祖先，子孫的氣和祖先的氣或者說祖先沒有散盡的氣就有和子孫之氣感通的機會。孔子回答學生的話中有「祭如在」之說，

〔註2〕（宋）黎靖德編、楊繩其、周嫻君校點《朱子語類》，卷第二，《理氣下》，嶽麓書社，1996年版，第一冊，p26。

〔註3〕（宋）黎靖德編、楊繩其、周嫻君校點《朱子語類》，卷第二，《理氣下》，嶽麓書社，1996年版，第一冊，p26。

〔註4〕（宋）黎靖德編、楊繩其、周嫻君校點《朱子語類》，卷第二，《理氣下》，嶽麓書社，1996年版，第一冊，p30。

〔註5〕（宋）黎靖德編、楊繩其、周嫻君校點《朱子語類》，卷第二，《理氣下》，嶽麓書社，1996年版，第一冊，p32～33。

也即民間所言信則有，不信則無。但重要的是，朱熹這個子孫祭祀可以感通祖先的見解，可以理解為朱熹風水觀的第二個層次。它的第一個層次是萬物皆元氣化生。人亦不例外。第二個層次，由元氣化生的活人和已經死去的祖先之氣可以感通。也就是祖先的亡靈可以給與後代信息傳遞。我們常見古書記載的祖宗託夢、祖宗顯靈等記載就屬這個層次。第三個層次就是朱熹相信地下的元氣通過氣脈運行，在某些特殊的節點形成吉祥的氣場。這就像人體有許多穴位的道理，我們生存其上的大地，包括山和水其中都有氣在流動。高明的人要找到地氣的吉祥點，將死者埋葬其中，以期吉穴的地氣滋潤死者所留下之元氣，借助祖宗與子孫血緣之關係，將這種吉穴的正氣傳輸給子孫，從而達到蔭庇子孫富貴平安等目的。朱熹有沒有迷信好風水可以蔭庇子孫的言論或行動？我們接著往下看。

三、時人和後人對朱熹喜談地理的記載

朱熹與風水的話題，在當時和稍後的宋末元初，就有不少人質疑。

元初曹涇曾指出：

> 惟近世朱晦庵先生喜談地理，而楊誠齋頗譏郭景純葬書。夷考景純傳其所注爾雅、三蒼方言經楚辭等，皆大儒事。既儒矣，於葬書何譏？其子仕至太守貴矣，未知其學之必傳與否？若務德君承家也遠，著書也獨，為儒也的。〔註 6〕

曹涇所提到的楊誠齋即楊萬里，他和朱熹有交往，不認同朱熹的蔭葬思想，本書後面還會提到。這裡作者稱道的「承家也遠，著書也獨，為儒也的」的務德即游務德，是休寧縣著名的地師。屬南唐國師何令通風水術的宋末元初傳承者。

四、朱熹回答弟子提問談灰隔葬法

朱熹對葬埋之事特別在意。很多細節他都注意，例如：他和弟子討論隔灰葬法就是一個例子：

> 所問葬法大概得之，但後來講究木槨瀝青，似亦無益。但於穴底先鋪炭屑，築之厚一寸許，其上之中即鋪沙灰，四傍即用炭屑側厚寸許，下與先所鋪者相接，築之既平，然後安石槨於其上，四傍又下三物如前，槨底及棺四傍上面復用沙灰實之，俟滿加蓋，復布

〔註 6〕（元）曹涇撰《游君務德克敬墓誌銘》，（明）程敏政編《新安文獻志》，卷一百下，文淵閣四庫全書，臺灣商務印書館景印本，第 1375 冊，p706～708。

沙灰而加炭屑於其上，然後以土築之，盈坎而止。蓋沙灰以隔螻蟻，愈厚愈佳。頃嘗見籍溪先生說嘗見用灰葬者，後因遷葬則見灰已化為石矣。炭屑則以隔木根之自外入者，亦里人改葬者所親見。故須令嘗在沙灰之外四面周密都無縫隙，然後可以為固。但法中不許用石槨。故此不敢用全石，只以數片合成，庶幾不戾法意耳。〔註7〕

我們從朱熹回答弟子有關葬法的詳盡介紹中，不難看出南方中國，南宋時期的葬埋習俗中還是有很多防潮防蟻防樹根之類的對遺體保存環境的講究，不僅僅是對吉壤蔭後的追求。由此已可看出朱熹孝葬思想的包容性，即既有關於相信風水改葬父母以求吉壤的術士思維的一面，也有孝葬思想中程頤所提倡的重視葬埋環境的一面。和程頤不同的是，朱熹對於墓內的安排關注更多一些。

五、朱熹的風水思想

朱熹有個好朋友叫蔡元定（1135～1198），字季通，學者稱西山先生，建寧府建陽縣（今屬福建）人。蔡發之子。南宋著名理學家、律呂學家、堪輿學家，朱熹理學的主要創建者之一，被譽為「朱門領袖」、「閩學干城」。幼從其父學，及長，師事朱熹，熹視為講友，博涉群書，探究義理，一生不涉仕途，不干利祿，潛心著書立說。為學長於天文、地理、樂律、曆數、兵陣之說，精識博聞。著有《律呂新書》、《西山公集》等。

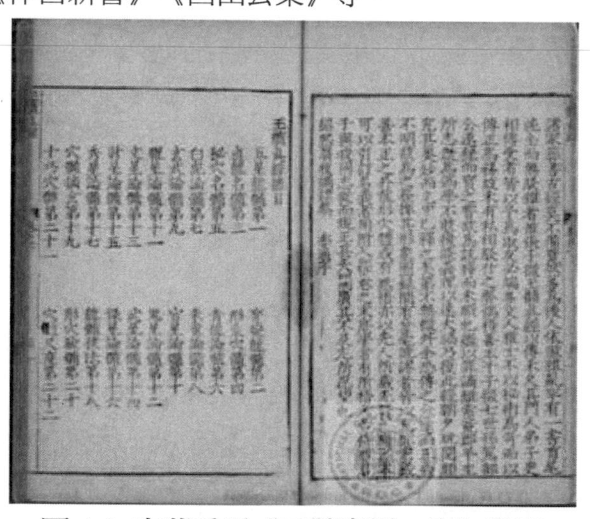

圖 4-1 宋蔡季通《玉髓真經・序》書影

〔註 7〕（宋）朱熹《答廖子晦》，《晦庵集》，卷四十五，文淵閣四庫全書，臺灣商務印書館景印本，第 1143 冊，p341。

朱熹是一個對家族文化貢獻很大的人。他考中進士後即回老家婺源給列祖列宗掃墓。還把自家先業田百畝的租金獻出作為族人守墓以及春秋祭掃聚會的資金來源。他還制定家禮。供普通家庭參照，包括祠堂形制，春秋二季祭祖的儀式，甚至他還關注墳墓制度埋葬技術等問題，且都有文字和圖件傳世。

朱熹對風水比較上心。他曾在《答程允夫書二》中寫道：「某家中自先人以來，不用浮屠法，今謹用。但卜地未能免俗，然亦只求一半穩處。尚未有定論，計不出今冬也。」〔註8〕這裡所說還沒有定論，指的是朱熹為母親祝氏尋覓葬地還沒有定論。查年譜，朱熹母親祝氏卒於乾道五年九月。葬地直到乾道五年十二月才在蔡季通幫助下落實。乾道五年（1169）十二月，朱熹往返建陽，請精於堪輿的友人蔡季通幫他選擇葬母之地。我們從他《與劉晦伯書》的內容可以明白，朱熹用十千錢託友人蔡季通為其母親選擇吉穴寒泉塢。〔註9〕我們從元代大儒吳澄《吳文正公集》，卷三十二《又跋朱子墨蹟》知道，朱熹請蔡季通選址也是他母親祝氏生前的意思：「朱子葬母祝令人之地，得自西山（蔡季通號蔡西山）。蓋其母每欲得葬地，則必友之西山也。」朱熹於乾道六年（1170）正月葬母於建陽崇泰里後山天湖之陽寒泉塢。紹興十三年，朱熹父朱松卒，紹興十四年朱熹十五歲時葬父於崇安縣五夫里之西塔山。當時朱熹年幼，沒有找人選擇墓地。乾道六年七月五日，朱熹將父親朱松遺骨遷葬到五夫里之白水鵝子峰下。〔註10〕淳熙元年（1174），朱熹曾投書進士同年王佐，時王佐任福建路轉運副使。因他得知族祖朱弁當年亡故時家境貧困，厝於西湖智果院三十年。他想借助同年之力，資助一筆經費，選個墓地將族祖朱弁安葬。未能如願。〔註11〕淳熙三年（1176），朱熹妻劉夫人卒。次年淳熙四年（1177）朱熹為其卜葬地於建陽縣唐石大林谷。朱熹在給朋友的書信中說自己「熹杜門忽忽，意緒殊不佳，卜葬至今未定。更旬日間，且出謝親知，並看一兩處。若可用，即就近卜日也」〔註12〕其別集答劉共甫書說得更清楚，朱熹妹夫劉子翔他們開掘的墓地雖然「所開地岡巒形勢，目前無大虧缺，而水泉湧溢，殊不可曉。問之邑人，亦無一人能言其所以為病者，但謂開壙太深使然。

〔註8〕束景南《朱熹年譜長編》上，p418。引用《別集》，卷三。

〔註9〕束景南《朱熹年譜長編》上，p421。引用《別集》，卷三。

〔註10〕束景南，《朱熹年譜長編》上冊，p415。

〔註11〕束景南，《朱熹年譜長編》，上冊，p515。

〔註12〕《答呂伯恭書五》，見《晦庵集》，卷三十四，文淵閣四庫全書，臺灣商務印書館景印本，第1143冊，p764。

今若移穴近高而淺其壙，則無患矣。」但朱熹不敢相信，因此他找到劉彥集，要他「更呼術人別卜他處。此數日亦聞有定議，正恐不易得耳。然留彼三日，三往諦視，亦覺形勢有可疑處，所以致水，蓋非偶然。」〔註13〕朱熹在決定劉氏葬地的問題上一定很是糾結。拖延了不少時日。以致要好的朋友都勸他不要在這個問題上耗費太多時間。

朱熹是孟子、二程之後的大儒，其人對宋以後中國文化影響至巨。我們知道，孔子是不語怪力亂神的。孔孟之後，正宗儒家也多不信怪力亂神。但朱子比較另類。他不僅和術士蔡季通做朋友，相處在師友之間。甚至他還親自為妻子和自己選擇墓地。「劉氏及朱熹葬地，或以為是蔡元定所卜，或以為是術人所選；或以為是朱熹自定。」〔註14〕年譜作者之所以會有這樣的歸納，說明朱熹本人很關注風水。不然也就不會被時人和後人往親自堪輿選地上面想。戴銑寫道：「太史徽國文公朱子墓，在建陽嘉禾里塘石之大林谷九頓峰下。按其地又名龍歸後塘，乃朱子與蔡元定所卜，風吹羅帶型。初，朱子嘗夢神人報云：龍歸後塘。」既得此地，果後塘也。〔註15〕

朱熹之信奉陰陽風水，他的好友張栻、呂祖謙皆有規勸。張栻在信中勸朱熹「尊嫂已遂葬事否？卜其宅兆固當審處，然古人居是邦，即葬是邦。蓋無處無可葬地。似不必越它境，費時月，泛觀而廣求也。」張栻自然考慮到朱熹的社會影響和歷史影響，他進而規勸說：「君子舉動，人所師仰。近世風俗，深泥陰陽家之論，君子固不必耳。」〔註16〕朱熹選擇的這處自己和妻子劉氏的合葬墓地，要麼是他自己選擇，要麼就另外找的術士。因為該段時間蔡季通也在家裏守孝，不能外出。

明代大儒丘濬認同朱熹的風水觀點：

> 愚案風水一節，其希覬求富貴之說雖不可信，若夫乘生氣以安祖考之遺體，蓋有合於伊川本根枝葉之論。先儒往往取之。文公先生與蔡季通豫卜藏穴，門人裹糗行紼，六日始至。蓋亦慎擇也。昔朱子論擇地，謂必先論其主勢之強弱，風氣之聚散，水土之淺深，穴道之偏正，力量之全否，然後可以較其地之美惡。(學才按；朱子

〔註13〕束景南《朱熹年譜長編》，上冊，p581。

〔註14〕束景南，《朱熹年譜長編》，上冊，p581。

〔註15〕束景南《朱熹年譜長編》上冊，p582。引用《朱子實紀》。

〔註16〕（宋）張栻撰《答朱元晦秘書》，見《南軒集》，卷二十三，文淵閣四庫全書，臺灣商務印書館影印本，第1167冊，p614。

論葬地原文，見於朱熹《山陵議狀》，出自《晦庵集》卷十五）後之擇葬地者誠本朱子是說而參以伊川光潤茂盛之驗及五患之防庶幾得之矣。〔註 17〕

朱熹在崇安任職期間，曾經錯判一件大姓吉地被小民霸佔的案件：

朱文公知崇安日，有小民貪大姓吉地。預埋石碑於墳前，數年之後突以強佔為詞訟之官。雙方爭於庭，不決。文公親至其地觀之，見山明水秀，鳳舞龍飛。意大姓侵奪之情真也。及去其浮泥驗其故土，則有碑記，所書皆小民之祖先名字。文公遂斷還之。後公隱居武夷山，偶經過其地，閒步往閱，問其居民，則備言埋石誑告罔上事。文公惱悔無及，乃題壁曰：此地不發，是無地理；此地若發，是無天理。是夜大雨如傾，雷電交作，霹靂一聲，瓦屋皆響。次日視之，其墳已毀成一潭，連石槨都不見矣。〔註 18〕

這個故事反映出朱熹認識的跨越，即作為大儒，不僅重視天理的遵循，而且還重視地理的研究。這一點恰好就是朱熹之所以為朱熹的地方。當然，故事的真實性在於，即使像朱熹這樣的大聖人，處理問題也照樣會犯常人一樣的錯誤。

六、朱熹的堪輿實踐

朱熹信風水，是確定無疑的。

「朱子之同安，過莆田，望見壺公山，曰：莆田多人才，此公作怪。」此公，自然是指壺公山。

朱子曰：祖塋之側，數興土功，以致驚動。亦能兆災。〔註 19〕

朱熹葬母所選地形，風水業界稱之為仰天湖形。即湖水注於墓穴前。朱熹的母親祝氏葬地。地理位置在建陽崇泰里寒泉嶺田湖陽，曾親自前往實地考察的徐善繼、徐善述兄弟對該墓所在風水有一個比較完整的描述：「龍自高山脫脈穿田，起為平岡。又逶迤數節，為湖田。雙脈合而為穴。穴居湖水。而本身

〔註 17〕（清）徐乾學《讀禮通考》，卷八十三，文淵閣四庫全書，臺灣商務印書館影印本，第 114 冊，p32。

〔註 18〕（明）劉宗周《人譜．人譜類記》，卷下，文淵閣四庫全書，臺灣商務印書館影印本，第 717 冊，p249。

〔註 19〕（明）徐善繼、徐善述撰《地理人子須知》，卷六，華齡出版社，2012 年版，p308。

前起成高阜，為太陰文星之案。外洋暗拱，左右映帶，大溪橫繞，真得水藏風之美地也。」他們記述所調查的結果：「文公子在、孫鑒皆官侍郎。曾孫濬尚理宗公主。至今徽州、建寧兩地世襲博士。」又云：「文公三子塾、野、在。塾居徽之婺源，今襲博士；野居考亭，今富盛有科甲；在居建寧府城，今世襲博士。皆人丁大旺。」〔註20〕

朱熹也曾為義烏劉氏撰寫過相地鈐記。名曰《朱晦庵成數》。本地志書記載說：

> 縣南東平山有宋平昌刺史劉公墓。隆慶戊辰長至，裔孫尚恭行重修墓碑，掘數尺，見壙臺。臺上有磚方尺許，刻晦庵卜數云：天聖戊辰葬此丘，蔭十八紀出公侯。子子孫孫垂不替，繩繩武武永無休。五百四十一年損，十六七歲裔孫修。戊辰戊辰新一石，重修重修千八秋。秘書郎朱熹書刻。後呂祖謙為之記。記難俱載。其要云：右數八句為卜劉公之墓。天聖六年十月三日卜葬東平山先塋之原。公諱豪，字有開。裔出漢光武封太孫於烏傷，國除，因家縣治南，遂為烏傷人。逮晉寧公萬章始為王官唐曰珊者翰林學士。南門劉氏，非他族比。公以文學遷平昌刺史致仕，曾孫光輝熹同登乾道進士第，遊東萊，晦庵二先生門，故晦庵卜其祖墓之蔭。有裔衍家昌千載之久。予因識大略而納壙臺上以俟後日之驗云。按天聖戊辰至隆慶戊辰年數良是。而長至又恰戊辰。仍孫劉公仕龍在宋贈武節侯，修墓孫果十六七歲矣。吁！數亦奇哉！〔註21〕

這個鈐記的真實性沒法證明。但有幾點是肯定的，第一，墓主人劉某是義烏當地人，子孫後代義烏縣志還有科舉檔案記載。第二，呂祖謙和朱熹是同時代人。第三，浙江義烏和江西婺源相距不遠。第四，也是最主要的，朱熹性格裏有好奇的一面。不信，請接著欣賞他的懸棺葬法：宋周密說：孔應得云「朱晦庵之葬用懸棺法。術家云：斯文不墜。可謂好奇。」〔註22〕可見，朱熹希望死者枯骨蔭及子孫，企圖世代書香，斯文不墜的用意，在宋末士林就廣為流傳。

〔註20〕（明）徐善繼、徐善述撰《地理人子須知》，卷六，華齡出版社，2012年版，p309～310。

〔註21〕（明）熊人霖撰《崇禎義烏縣志》，卷十九《雜述考》。

〔註22〕（宋）周密撰《癸辛雜識·別集》，卷上，文淵閣四庫全書，臺灣商務印書館景印本，第1040冊，p120。

最集中展示朱熹風水思想見解的文獻是他作為煥章閣待制侍講時給宋寧宗所上的一份關於為前皇帝宋光宗陵墓選址等問題的那份奏摺〔註 23〕。摺子大體分以下幾個層次闡述了他的風水見解：

首先，奏摺披露了光宗病逝後，朝廷派人選擇陵址的情景：「因山之卜，累月於茲，議論紛紜，訖無定說。」朱熹分析之所以會這樣幾個月還定不下來，實乃因為朝廷決策失誤。失誤在哪裏？失誤在朝廷不該「專信臺史，而不廣求術士；必取國音坐丙向壬之穴，而不博訪名山。是以粗略苟簡，惟欲祔於紹興諸陵之旁。」他批評當時決策階層三大失誤：首先是只相信欽天監，即主管部門的意見，不邀請民間風水師參與其事。

其次，朝廷風水觀念陳舊，還堅持用五音姓利的風水術選擇帝王陵墓的朝向即丙山壬向。他說，朝廷主管部門不僅選擇陵墓沒找到好的吉地，甚至連墓穴有地下水等不吉之物都沒有看出來。

第三，將陵址選在紹興諸陵之旁，位勢低下，空間促狹。根本不宜用作帝王陵墓。

值得注意的是，朱熹作為朝廷命官，卻瞧不起欽天監的主管官員的作為，而力主到民間訪求風水術士來為宋光宗尋訪陵墓。奏摺中朱熹的這個態度至少說明以下四點：（1）朝廷風水師的水準已經不為世人認可，有需要就會想到民間高手。（2）朱熹本人和風水術士的聯繫密切。（3）朱熹認為，安葬父母等長輩，從態度上說，「必致其謹重誠敬之心，以為安固久遠之計。使其形體全而神靈得安，此自然之理也。」從結果判斷，他認為安葬如果能做到「形體全而神靈得安」，則必然「且認為這是自然之理。」（4）朱熹介紹當時的社會風氣變化：「古人之葬必擇其地而卜筮以決之。不吉則更擇而再卜焉。近世以來卜筮之法雖廢而擇地之說猶存。士庶稍有事力之家，欲葬其先者無不廣招術士，博訪名山，參互比較，擇其善之尤者然後用之。」他介紹時人擇之不精或葬之不深的那些人，大多後人遭遇死亡絕滅之憂。朱熹還認為：「至於穿鑿已多之處，地氣已泄。雖有吉地，亦無全力。」這是說光宗陵墓選址不能這裡挖挖，那裡挖挖。「而祖塋之側數興土功，以致驚動，亦能挻災。此雖術家之說，然亦不為無理。以此而論，則今日明詔之所詢者，其得失大概已可見矣。」

〔註23〕（宋）宋熹撰《山陵議狀》，《晦庵集》，卷十五，文淵閣四庫全書，臺灣商務印書館景印本，第 1143 冊，p274～277。

朱熹對風水問題有定見，故批評朝廷的諸多錯誤做法：如迷信祖宗舊制，堅守五音姓利。安葬光宗的方案，朝廷風水師們整理的方案是坐南向北，丟棄了傳統坐北朝南的選向傳統。他說：「死者北首，生者南向。皆從其朔。又曰葬於北方北首，三代之達禮也。即是古之葬者必坐北而南向，蓋南陽而北陰，孝子之心不忍死其親，故雖葬之於墓，猶欲其負陰而抱陽也。豈有坐南向北，反背陽而向陰之理乎？若以術言則凡擇地者必先論其主勢之強弱，風氣之聚散，水土之淺深，穴道之偏正，力量之全否，然後可以較其地之美惡。」他用歷史事實批駁朝廷風水師們所堅守的五音姓利方案不足為訓：「蓋自永安遷奉以來，已遵用此法。而九世之間國統再絕。靖康之變，宗社為墟。高宗中興，匹馬南渡。壽皇復自旁支入繼大統，至於思陵亦用其法，而壽皇倦勤之後旋即昇遐。太上違豫日久，以至遜位。赤山亦用其法，而莊文魏邸相繼薨謝。則其謬不攻而自破矣。」他又以洛陽鞏義和紹興兩處的宋帝陵墓為例，告訴皇帝說，那些帝陵都是按照五音姓利以及坐南朝北的方位安葬的，為什麼安葬以來並未獲福而是凶禍連連？

以下則直接揭露朝廷負責光宗陵墓選擇工程的趙彥逾和荊大聲兩人種種不稱職的表現：

> 若以地言，則紹興諸陵臣所未覩，不敢輕議。然趙彥逾固謂舊定神穴土肉淺薄，開深五尺下有水石，難以安建矣。而荊大聲者乃謂新定東頭之穴，比之先定神穴，高一尺一寸五分。開深九尺，即無水石，臣嘗詳考二人之言，反覆計度，新穴比之舊穴只高一尺一寸五分。則是新穴至六尺一寸五分，則與舊穴五尺之下有水石處高低齊等，如何卻可開至九尺而其下二尺八寸五分者無水石耶？且大聲既知有此無水吉穴，當時便當指定。何故卻定土肉淺薄下有水石之處以為神穴直至今日前說漏露無地可逃然後乃言之耶？其反覆謬妄，小人常態，雖若不足深責，然其奸心乃欲奉壽皇梓宮置之水中而略不顧忌，則其罔上迷國，大逆無道之罪不容誅矣。脫使其言別有曲折，然一阪之地其廣幾何？而昭慈聖獻皇后已用之矣。徽宗一帝二后又用之矣。高宗一帝一后又用之矣。計其地氣已發洩而無餘，行圍巡路下宮之屬又以迫狹之甚不可移減，今但就其空處即以為穴，東西趲那，或遠或近，初無定論。蓋地理之法，譬如針灸，自有一定之穴而不可有毫釐之差。使醫者之施砭艾，皆如今日臺史之定宅

兆，則攻一穴而遍身皆創矣。是又安能得其穴道之正乎？若果此外別無可求，則亦無可奈何。而今兩浙數州皆為近甸，三二百里豈無一處可備選擇而獨遷就偪仄於此數步之間耶？政使必欲求得離山坐南向北之地，亦當且先泛求壯厚高平可葬之處，然後擇其合於此法者。況其謬妄不經之說初不足信也耶？

這段話中一則以地氣有一定存量使用過度就會枯竭的風水見解來批評前述兩位負責選擇陵址的高官不懂這個道理，一直在狹窄的紹興宋帝陵園裏找地方，而不肯到兩浙數州之地去尋覓。二則以風水師看地一如醫生用針灸，穴位是不能搞錯的。諷刺這兩位大員之選擇陵址，就像庸醫給人扎針，到處扎的都是針眼，就是找不到穴位。

最後他以自己見聞為依據，說明朝廷到下面去訪求風水名師的必要性。苦勸寧宗皇帝不要「偏信臺史之言，固執紹興之說，」並告訴皇帝「臣竊見近年地理之學，出於江西福建者為尤盛。政使未必皆精，然亦豈無一人粗知梗槩大略平穩優於一二臺史者？欲望聖明深察此理，斥去荊大聲，置之於法，即日行下兩浙帥臣監司疾速搜訪，量支路費，多差人兵轎馬津遣赴闕，令於近甸廣行相視，得五七處然後遣官按行，命使覆按。不拘官品，但取通曉地理之人，參互考校，擇一最吉之處，以奉壽皇神靈萬世之安。雖已迫近七月之期，然事大體重，不容苟簡。其孫逢吉所謂少寬日月別求吉兆為上。」你看，朱熹勸說寧宗派人到民間去選擇風水師，然後在各地尋覓陵址，他的思路是找些江西福建的風水師，朝廷給他們提供一些經費和車馬交通的便利，讓他們現在各自熟悉的區域裏尋找，找出五六處，然後再進一步篩選。從這篇奏摺不難看出，朱熹之前我們從來沒看到哪個臣子如此系統闡發其風水見解，沒有看到哪個臣子如此明確地重視和不遺餘力的推薦地方風水術士。且向皇帝建議尋訪的風水術士也鎖定在江西福建兩地。凡此種種，說明朱熹這個人是一個轉移風氣的人。風水術由在朝廷而完全走向民間，或者說，連朝廷給帝王看風水選陵墓都得靠民間風水師。此前人們一直說風水從朝廷走向民間，時間在晚唐五代時節，標誌性人物是楊筠松、曾文辿等人。但那是亂世的情況。太平治世的南宋，轉移風氣的歷史人物應該非朱熹莫屬。

朱熹還曾就宋孝宗陵寢擇地問題應宋光宗詔書上言批駁五音姓利說：

自永安遷奉以來，已遵用此法：東南地穹，西北地垂。而九世之間，國該再絕（仁宗、哲宗無子嗣）；靖康之變，宗社為墟。高宗中興，匹馬南渡，壽皇（孝宗）復自帝宗入繼大統，至於思陵亦用其法。而壽皇倦勤之後旋而昇遐。太上違豫日久，以至遜位。赤山亦用此法，而莊文魏邸相繼薨謝。若曰吉凶由人，不在於地，不有所廢，其何以興？則國音之說自為無用之談。從之未必有福，不從之未必有禍矣！何為信之若是其篤，守之若是其嚴哉？若曰其法果驗，不可改易，則鞏洛諸陵無不坐南而面北，故已合於國音矣。又何吉之少而凶之多耶？〔註24〕

明代項喬，對朱熹的風水觀就明確持批評立場：

或曰：子之言詳矣，則吾既得聞命矣。胡程子大儒也，謂培其根而枝自茂；朱子大儒也，兆二親於百里之遠，而再遷不已。子以程、朱為不足法乎？曰：程朱信大儒也，然以其事其言論之，則亦何能無疑？其曰地之善者，則其神靈安，子孫盛。若培其根而枝葉自茂，不知所謂根者果有生氣者乎？抑既朽者乎？如曰既朽之根而培之以求枝葉之茂不可得矣。兆二親於百里之遠而再遷不已，謂朱子純孝之心，惟恐一置其親於不善之地可矣。若謂緣此求蔭，恐非聖賢明道正誼之本心也。況生則同室，死則同穴。中古以來未之有改也。使二親而有靈，夫豈安於百里之睽離而不抱長夜之恨乎？其所以屢遷者，或亦藉以求蔭焉耳。嗚呼！其求之也力矣。何後世子孫受蔭不過世襲五經博士而已。豈若孔子合父母於防，崇封四尺，未嘗有意蔭應之求，而至今子孫世世為衍聖公耶。是故蔭應之說本不難辯，奈何聰明智巧者既援程、朱以為口實，其冥頑者又附和而雷同焉。宜其說之熾行於後世也。自生民以來未有盛於孔子。事親如孔子足以立人極矣。不師孔子而必師程、朱乎？雖然程、朱實善學孔子者，其嘉言善行足以佑啟後世者多矣。此特賢者之過，偶一之失焉耳。率其素履而略其一節，又豈非善學程、朱者乎？或曰程、朱不忍以朽骨視其親，故示人培植而極力以遷移之。子無乃忍死其親而不得為孝乎？曰：事親不可不孝，論理不可不詳。不以便安其親而動求利其子孫，或貪地而暴柩；或爭地以破家；或兄弟惑於某山某枝之說而反為仇讎，至有終身累世不葬，遂失屍柩，不知其處者。吾懼天下後世之無孝子也。故憂之深

〔註24〕（明）楊士奇、黃淮等奉敕撰《歷代名臣奏議》，卷一百二十五，文淵閣四庫全書，臺灣商務印書館景印本，第433冊，p497～498。

而言之切，慮之遠而說之詳耳〔註25〕

邱濬闡發朱熹冀州風水宜建都之說，實際上就是為北京建都進行合理性論證：

> 臣按朱熹語錄：冀都正是天地中間好風水，山脈從雲中發來，雲中正高脊處，自脊以西之水則西流入於龍門西河，自脊以東之水則東流入於海，前面一條黃河環繞，右畔是華山。自華山來至中為嵩山，是謂前案。遂過去為泰山，聳於左。淮南諸山為第二重案。江南諸山為第三重案。觀是言也，則知古今建都之地，皆莫有過於冀州可知矣。

緊接著，丘濬又從郭璞風水定義的角度展開，進一步論證明成祖定都北京符合中國傳統風水學說：

> 就朱子所謂風水之說觀之，風水之說起於郭璞。謂無風以散之，有水以界之也。冀州之中三面距河處是為平陽蒲阪，乃堯舜建都之地，其所分東北之境，是為幽州太行；自西來演迤而北綿亙魏晉燕趙之境，東而極於醫無閭重岡疊阜鸞鳳峙而蛟龍走，所以擁護而圍繞之者，不知其幾千萬重也。形勢全，風氣密，堪輿家所謂藏風聚氣者，茲地實有之。其東一帶則汪洋大海，稍北乃古碣石淪入海處；稍南則九河既道所歸宿之地。浴日月而浸乾坤，所以界之者。又如此其直截而廣大也。

不僅此也，丘濬還指出，北京這個地方建都，還和天上的紫薇垣對應。紫薇，即天文學語境中的三垣之一。所謂三垣，即紫微垣（purple Forbidden Enclosure）、太微垣（Supreme，palace Enclosure）、天市垣（Heavenly Market Enclosure）。與黃道帶上之二十八宿合稱三垣二十八宿。紫微垣是三垣的中垣，居於北天中央，所以又稱中宮，或紫微宮。紫微宮即皇宮的意思，各星多數以官名命名。在北斗東北，有星15顆，東西列，以北極星為中樞，成屏藩形狀。古人看風水，都要天地結合看。仰觀天象，俯察地理。他們認為，天上的三垣中的紫微垣被古代風水術士們認為是天上星宿的宮殿區，是最高主宰的工作休息區。也就是人間的帝京皇宮區域。中國文化強調天人感應。這種認識根深蒂固。因此，丘濬才會認為北京作為帝都上應天象。是最恰當的選擇。

〔註25〕（明）項喬《風水辨》，《稗編》，卷五十八，文淵閣四庫全書，臺灣商務印書館景印本，第953冊，p331～332。

我們接著往下看，作者所講的就是這個意思：

> 況居直北之地，上應天垣之紫微。其對面之案，以地勢度之，則泰岱萬山之宗，正當其前也。夫天之象以北為極，則地之勢亦當以北為極。易曰：艮者，東北之卦也。萬物之所以成終而成始也。艮為山，水為地之津液而委於海，天下萬山皆成於北，天下萬水皆宗於東。於此乎建都，是為萬物所以成終成始之地。自古所未有也。茲蓋天造地設，藏之以有待我太宗文皇帝。初，建藩於此，既而，入正大統，乃循成王宅洛故事，而又於此建都焉。蓋天下王氣所在也。前乎元而為宋，宋都於汴；前乎宋而為唐，唐都於秦；在唐之前則兩漢也，前都秦而後洛，然皆非冀州境也。雖曰宅中圖治，道里適均，而天下郡國乃有偕之而不面焉者。我朝得國之正，同乎堯舜；拓地之廣，過於漢唐。書所為東漸西被朔南暨聲教訖於四海，僅再見也。猗歟盛哉。孔子曰為政以德，譬如北辰，居其所而眾星共之。易曰：離，萬物皆相見，南方之卦也。聖人南面而聽天下，嚮明而治。夫以北辰為天之樞，居微垣之中而受眾星之環拱，天之道固在北也；天之道在北而面之所向則在乎南焉。今日京師居乎艮位，成始成終之地。介乎震、坎之間，出乎震而勞乎坎，以受萬物之所歸。體乎北極之尊，向乎離明之光。使夫萬方之廣億兆之多，莫不面焉以相見。則凡舟車所至，人力所通者，無不在於照臨之中。自古建都之地，上得天時，下得地勢，中得人心，未有如今日者也。〔註 26〕

這一大段話，丘濬無非利用古代天文學知識和風水學知識論證朱棣建都北京的合理性。自然更是論證宋朝的朱熹這位理學權威的遠見卓識。從風水學的角度肯定朱熹對冀州建都的判斷之正確。

關於朱熹祖居井水的說法

清李三素在《天機貫旨紅囊經》中論察水的部分寫道：「水味可以知地脈之美惡。故有嘗水之法。平陽平岡，不出澗水，須嘗其井水。高山則嘗其溪澗，須於多晴後嘗之，嶗山之中難以登臨須逐澗嘗其水。其水香甜，則上有好穴。

〔註 26〕（明）丘濬撰《大學衍義補》，卷八十五，文淵閣四庫全書，臺灣商務印書館景印本，第 713 冊，p2～3。

若水淡無味，其中不結穴也。凡水以香甜為貴。甜為富厚人丁。若甜而帶辣，則出武貴；若味帶酸苦，皆為不吉之所也。又水喜清忌濁。冬宜溫，夏宜冷為妙。「昔吳公嘗朱子祖地有翰墨香，為朱氏扦此地，斷曰：當出一賢人，聰明如孔子。」〔註27〕

李三素所說的吳公，按時代推算，當指吳澄。查《吳文正集》不見記載。又，據清人李光地《榕村集》卷十二，《南溪書院志・序》知李三素所言事載《南溪書院志》中。

七、儒家反陰謀風水：穴本天成，福由心生

在儒家孝葬理念中，有一個很重要的思想，值得特別提出。這就是雖重孝葬，但戒陰謀。這就是過去風水文化中的第一風水是人心的思想。

我們知道，人是高級動物，但有私心是共同的。不過，接受過高層次文化洗禮的人，動物本能日少，人倫光輝日多。也就是說，私心日損，公心日增。

明代理學大家曹端反對風水的詩歌：

修身豈止一身休，要為兒孫後代留。

但有活人心地在，何須更問鬼神求。〔註28〕

可惜世人真悟者少，捨近求遠，放著本心不修，卻一門心事求鬼神賜福！

宋代大儒，朱熹的朋友和學生蔡元定所著《發微論》十四篇，最後一篇名曰《感應篇》，講的就是人心是最大的風水這個道理：

感應者，言乎其天道也。夫天道不言而響應。福善禍淫，皆是物也。諺云：陰地好，不如心地好。此善言感應之理也。是故求地者必以積德為本。若其德果厚，天必以吉地應之。是所以福其子孫者心也。而地之吉亦將以符之也。其惡果盈天，必以凶地應之。是所以禍其子孫者亦本於心也。而地之凶亦將以符之也。蓋心者氣之主。氣者德之符。天未嘗有心於人而人之一心一氣感應自相符合耳。郭氏云：吉凶感應，鬼神及人。人於先骸固不可不擇其所而安厝之。然不修其本，惟末是圖。則不累祖宗者寡矣。況欲有以福其子孫哉？地理之微，吾既發明之。故述此於篇末以明天道之不可誣、人心之

〔註27〕（清）李三素撰《天機貫旨紅囊經》，九州出版社《增補四庫青烏輯要》線裝本，第3函，下冊，p13。

〔註28〕（明）曹端《續家訓》，《曹月川集》，文淵閣四庫全書，臺灣商務印書館景印本，第1243冊，p17。

所當謹。噫！觀是書者其知所戒哉！〔註 29〕

明代徐善繼、徐善述兄弟所著《地理人子須知》中有「十不可不修陰德」條。蔡文節公（即蔡元定）曰：「積德為求地之本也。凡人慾為子孫永遠計者，當以公心處世，方便行事。一念合理，百神歸向，擇地論穴又其次也。不然，吾德之不修，而徒責効於祖宗父母之遺骨，朝移夕改，愈更愈謬，其悖逆不孝之罪，適足以取誅譴於造物，顧何益哉！」吳文正公（即吳澄）曰：「嘗見人家求得吉地，而後不蒙其福，反見凶禍者，何哉？若非立穴之誤，便是立向之差。又有掘鑿大過，傷龍傷穴，變吉成凶。又有已得吉地，又得明師，而乃固執己見，移穴易向。相地者惟務承順，不復執術，遂至防誤。又或術者憸心詭行，不肯盡術。又有既得吉地，葬之不差，而子孫輕信人言，輒遷改，他姓得之，因以獲福。凡此未必盡皆術者之過，往往冥冥中有使然者，由不積德之故也。不積德而求地，譬之不耕而求獲，寧有是理哉！」按：二公所論切當。蓋欲陰地好，先要心地好。先大父存耕公嘗勸人不可以勢力營風水，因作詩云：踏破鐵鞋無覓處，得來全不費工夫，牛眠鶴舉獲奇遇，只存方寸地中求。〔註 30〕鄉達松軒葉先生以之為名言。又宋謙父詩曰：世人盡知穴在山，豈知穴在方寸間。好山好水世不欠，尚非其人尋不見。我見富貴人家墳，往往葬時皆貧賤。迨其富貴力可求，人事極時天理變。故得吉地，必有德可以膺福，然後神以吉地畀之。神之俾以吉地，即天之報善故也。欲求吉地，為祖父宅兆，俾先人之體魄安而後世之榮盛不替者，當先積德以端其本焉。或曰：求地必本於德，則亦修德而已，擇地之術，又焉用哉？予曰：擇地以藏親為計。人子之於親也，固當無所不用其極。苟慮夫親魄之安危，則豈容不慎重而廣擇之哉！修德以俟天，擇地以盡人，並行而不悖，仁人孝子之為心也。〔註 31〕

徐氏兄弟在書中還舉了戚繼光《止止堂集》中的例子。戚繼光是相信風水的。他認為風水是可信的。有些人費盡心機巧取豪奪搞來的風水寶地之所以沒有給他的後人帶來好處，甚至還帶來厄運，那是因為當事人「不修厥德，惟以是為務。」他說：有的人為了得到風水寶地，甚至「傾人身家，忍心害理，

〔註 29〕（宋）蔡元定《發微論》，九州出版社線裝本，《增補四庫青烏輯要》，第 12 函，p11～12。

〔註 30〕（明）徐善繼、徐善述撰《地理人子須知》，卷一，華齡出版社，2012 年版，上冊，p15。

〔註 31〕（明）徐善繼、徐善述撰《地理人子須知》，卷一，華齡出版社，2012 年版，上冊，p15。

專謀風水，以昌子孫者。卻不知地理與天理相為流通，茲一等人，又在天理處責他，而非地理之不驗也。」〔註 32〕

袁安（？～92），字邵公（一作召公）。汝南郡汝陽縣（今河南商水西南）人。東漢名臣。

袁安自少承襲家學，研習《孟氏易》。初任汝陽縣功曹，後以孝廉獲舉，升為陰平縣長、任城縣令。他御下極嚴，能使官民畏愛。漢明帝時，屢遷為楚郡太守、河南尹，政號嚴明，斷獄公平。在京畿十餘年，京師肅然，名重朝廷。後歷任太僕、司空、司徒等職。漢和帝時，竇太后臨朝，外戚竇憲兄弟掌權，民怨沸騰，袁安不畏權貴，守正不移，多次直言上書，彈劾竇氏種種不法行為，為竇太后忌恨。在是否出擊北匈奴的辯論中，袁安與司空任隗力主懷柔，反對勞師遠涉、徼功萬里。為此問題，他免冠上朝力爭達十餘次。永元四年（92 年），袁安逝世。

袁安的後代（汝南袁氏）繁榮興盛，與弘農楊氏並為東漢「四世三公」的世家大族。

范曄在《後漢書》中記載了袁安蒙三異人指點得吉壤的故事，自然會本能地理解為後人肯定會讀袁安傳。因為袁安是東漢名臣，剛正不阿，大公無私，敢說敢行。

其中，最為後世理學家稱道的是治處楚獄和放還契丹俘虜兩件事情：先說治處楚獄：

> 永平十三年，楚王英謀為逆事，下郡覆考。明年三府舉安能理劇，拜楚郡太守。是時英辭所連及繫者數千人。顯宗怒甚，吏案之急。迫痛自誣死者甚眾。安到郡，不入府，先往案獄，理其無明驗者條上，出之。府丞掾史皆叩頭爭，以為阿附反虜，法與同罪。不可。安曰：如有不合，太守自當坐之。不以相及也。遂分別具奏。帝感悟，即報許，得出者四百餘家。〔註 33〕

四百多家是個什麼概念？古代的家比現在的家規模要大許多倍。這些受楚王牽連的家庭，即使按三代同居的規模算，每家平均 10 人，也是 4000 多條人命啊。

〔註 32〕（明）徐善繼、徐善述撰《地理人子須知》，卷一，華齡出版社，2012 年版，上冊，p15。

〔註 33〕（南朝宋）范曄《後漢書》，卷四十五，中華書局，1965 年版，第六冊，p1517～1522。

次說放還契丹俘虜。

元和二年（85 年），武威太守孟雲上書，大意云：北匈奴已與我們和親，可是南匈奴又去搶劫他們，北單于說大漢欺騙他們，想進犯邊疆。臣認為應該將俘虜發還北匈奴，藉此來安慰他們。章帝下詔召集百官到朝廷商議，公卿們都認為夷狄狡詐，貪心不足，得到俘虜以後，還會妄自誇大，不能開這個例。袁安卻說：北匈奴派使者進貢請求和親，還把被擄去的人歸還大漢，這說明他們害怕大漢聲威，而不是先違背條約。孟雲以大臣的身份守衛邊疆，不應對夷狄不講信用。讓俘虜回去，足以表明中國對他們的寬大，而使邊境百姓得到安寧，這真是太好了。司徒桓虞也改變主意聽從袁安，太尉鄭弘、司空第五倫等人都恨袁安。鄭弘還大聲激怒桓虞說：但凡是主張釋放俘虜的，都是對陛下不忠。桓虞當場叱責他。第五倫和大鴻臚韋彪都惱怒得臉上變了顏色，司隸校尉把所有情況奏明章帝，袁安等都把印綬交給章帝請罪。章帝下詔道：議政時間很長，說明各人看法不同。朝廷大事應該多聽議論，計策靠大家商定。說話時態度中正和悅，符合禮節，固然很好；但遇事不敢吱聲，絕對不是朝廷的福氣，你們有何過錯值得引咎自責的呢？還是把帽子戴上，鞋子穿上吧！最後章帝還是聽從了袁安的建議。這批匈奴俘虜，史書沒有說明數量。但估計也不會太少。

即此兩件事情，就不難看出袁安是何等境界。為了維護民族團結，堅持發還匈奴俘虜，竟然搞到上十次冒著罷官殺頭的危險堅持不懈。這是一種愛護國家形象，深明民族大義的做法。普通人貪戀富貴，如何做得來？

《後漢書》寫袁安傳記時插入了三異人指點吉壤這麼一個民間傳說。本意是想告訴讀者積善之家必有餘慶的道理。但術士們斷章取義，脫離袁安生平忠君愛民，正道直行，抑惡揚善的大臣風範，孤立地利用袁安葬父尋找墓地，得三異人指點得吉壤的傳說。目的自然是為了故意神化自己所從事的行當。而此種伎倆卻為許多風水術士所慣用。他們儘量淡化當事人平素為人處世的積德表現，而無限誇大術士所點龍穴的感應之神奇精準。

風水問題，最初是和墓葬相聯繫，為的是使死者安葬，生者心安。後來演變為置死者不顧，為生者謀利。其瘋狂程度大損人倫，這裡再舉個例子：

國人寧肯多捐錢造塔提升科舉命中率，也不肯少花錢修復郡縣學宮以改善儒生學習環境。

王士禎（1634～1711）在《揚州文峯塔記》文中談到為甚麼國家提倡的儒教載體——文廟壞了要修復弄不到錢，而只要說造某個塔可以振興文運興旺科甲，如楊天祥造文峰塔，大家都很快就慷慨解囊？且修復文廟只不過千金之費，無人肯捐贈。楊天祥這個和尚一倡議，很快就籌集到三萬金。這筆錢可以修復三十個揚州文廟。楊天祥這個典型案例值得分析。因為人情好逸而惡勞。走儒家道路修身齊家治國平天下，太耗時間，等不得。道家的成仙昇天之說又無法驗證其真偽。於是大家會認為地方上每年多考取幾個人才，金榜題名才是看得見摸得著的，這也許與我們國民性中急功近利的心理有關。當然，可能也和楊天祥這個少林寺和尚出身的奇人善於武術能以武術表演吸引大眾有關。用今天的人話說，就是宣傳也需要借助有吸引力的載體。當然，這是次要的原因。主因還是急功近利的民族心理所致。〔註 34〕

海鹽陳氏的興盛因為早先有個叫陳四腳子的祖先，靠給人挑東西糊口，但卻是個孝子，家貧無法葬父母，夜裏抱著裝有父母骨殖的包袱睡覺。他的孝心感動了一個風水先生，風水先生給他指示了一塊地，安葬了父母后，子孫後代便接二連三地出人才：

> 一道人自遠來，雇夫擔囊，爭價曰：「必如命，除卻陳四無人矣。」蓋陳四平日為人傭雇，不甚計較也。適陳至，果不爭。夜不及宿店，即次陳舍。破壁間支一鋪，陳讓焉。道人不得已就寢。牴觸有聲，詢之，乃其父母骨殖，欲葬無地。夜則抱持以睡者。道人為歎息。詰朝，指一善地示之。陳遂得以葬其親。迭遇歲旱，里人開濬至十八潭，適拱其穴。有堪輿家過此云：此處當出十八公。其後陳果大發。按術正未艾也。不知果有是事否？人無貴賤，盡倫即賢。子孫定不以此為諱。〔註 35〕

下面這段引文討論了地理和天理的關係。也就是說，一個有錢人為富不仁，做盡壞事，其心已死。即使埋骨吉壤，也如同枯木朽株，地雖有生氣，爭奈本體無生氣何？

> 興國曾生惟重精於堪輿家之學，挾其術來遊吾邑。邑有嚴氏者葬其母廿餘年矣，其子邀視之。生曰：亟遷之！不爾遺骸且消盡矣。眾未之信。其子啟之，棺已腐。遺骸僅存半焉。吾弟之葬亦餘十年。諸侄邀生視之，生登隴諦視良久，謂吾侄瑛同、璘同曰：此於葬法當有

〔註 34〕（明）《王士禎《揚州文峯塔記》，《弇州續稿》，卷六十五，文淵閣四庫全書，臺灣商務印書館景印本，第 1282 冊，p855～856。

〔註 35〕（清）龔煒《巢林筆談》，卷二《海鹽陳氏之興》條，中華書局，1981 年版，p33。

水且將有蚍蜉之患，宜改卜吉壤。啟之，水及半壙，蚍蜉齧其棺，未穿也。又為吾擇樂邱，得二處。吾雖未能必其吉凶，然岡阜起伏，風氣蜿蟺，有可觀者。吾因詰之曰：地何為而吉？何為而凶？生曰：生氣所萃為吉。然擇地非難，擇穴為難。穴太淺則氣散；太深則氣不及。淺深之間，察其生氣所止而穴焉，猶醫師之診脈也。猶琴師之調弦也。猶匠人之斲輪也。微乎！微乎！可以心悟而不可以言傳也。吾曰：世有暴傲恣睢，人惡之如梟獍者，使葬得吉兆，其子孫亦將蕃且昌乎？富且顯乎？生愀然曰：地理固不能勝天理也。彼為善者率禮蹈義，是循天理者也；葬又得其地焉，譬之木有生意者，自將暢茂榮碩而不可遏矣。為不善者毀信賊仁，是絕天理者也。葬雖得其地焉，譬之枯株朽櫱，生意已盡。雖植之膏腴之壤，其能發生乎？予挾術以遊富貴之家有年矣。有再過之，其門巷已蕭索矣。有三過之，其血淚已澌盡矣。其葬豈不擇地哉？抑豈青囊之術不驗哉？彼悖天理者，其心已死。枯朽之骨，雖乘生氣亦無益也。吾曰：生之術精矣，世之論地理者類以禍福之說誑誘愚蚩。生既知穴法之為難，又以全順天理之為貴。非俗師比也。生將歸，所與往還者攜酒肴餞於銀江之上，而吾從孫豐請吾言以張之，吾因述其所嘗論者贈之。〔註36〕

明何喬新記錄下來的這個案例，風水師和當事人的對話栩栩如生。其所提到的地理和天理的問題，值得讀者深思。戰國時期著名軍事家吳起的「在德不在險」說更是耐人尋味：

魏武侯浮西河而下，中流顧而謂吳起曰：「美哉乎山河之固，此魏國之寶也！」起對曰：「在德不在險。昔三苗氏左洞庭，右彭蠡，德義不修，禹滅之；夏桀之居，左河濟右，泰華伊闕在其南，羊腸在其北，修政不仁，湯放之；殷紂之國左孟門，右太行，常山在其北，大河經其南，修政不德，武王殺之。由此觀之，在德不在險。若君不修德，舟中之人盡為敵國也。」武侯曰：「善」。即封吳起為西河守。〔註37〕

這段引文中的吳起和魏武侯君臣之間的對話，充分體現了我中華民族主流

〔註36〕（明）何喬新《送曾惟重歸贛序》，《椒邱文集》，卷十一，文淵閣四庫全書，臺灣商務印書館景印本，第1249冊，p181～182。

〔註37〕（漢）司馬遷撰《史記》，卷六十五《孫子吳起列傳》，中華書局，1959年版，第7冊，p2166。

價值觀的重人事而輕天命的個性。風水之奧妙雖在地，而禍福之機關實在人。

清代東莞著名風水師鄧穎出告誡風水界同仁要堅決拒絕富貴人家陰謀吉壤的要求。他說：

> 古云陰地不如心地好。欲得陰地，當以心地求之。得失皆有冥冥主權，務必存其正理，順其自然。且不可以利動人，以勢遏人，發人舊冢而葬祖父。余親見有三事：有陰鬼當場擊斃者，有入家作祟而敗亡者，有受囚刑而殞命者。發冢之禍，如此之烈。推而論之，侵人祖墓，占人山場，逆理必遭天譴。欲以邀福氣，反以召禍。〔註38〕

我們相信，鄧穎出不會說假話。做風水師也好，作為安葬祖父的當事人也好。不管有沒有天譴這回事存在。總之應該順其自然，存其正理。不能幹那種傷天害理，損人又不利己的蠢事！

唐卜則巍所撰《地理雪心賦注解》卷一第七章末作者寫道：「雖得吉地，苟非其主，必有神物變易以致反吉為凶。變易者或被洪水沖傷，或山崩地裂，或原有陰砂交鎖，今被開通。有滄海桑田陵谷變遷之端。」〔註39〕書末又云：「欲求滕公之佳城，須積叔敖之陰德。」滕公是滕侯嬰，古書上記載說：滕公駕至東都門，馬鳴不前。乃以足跪地。使人掘地三尺，得石槨，銘曰：「佳城鬱鬱三千年。吁嗟滕公居此室。」滕公曰：「天！吾葬此事皆天定。豈其偶然也哉？」叔敖，指孫叔敖。古書上記載說：楚國孫叔敖幼時出遊，見兩頭蛇，殺而埋之。歸，憂不食。母問其故。則曰：「人言見蛇者必死也。兒今日見之，而恐他人又見，殺之，已埋矣。」母曰；「無憂！吾聞有陰德必有陽報。德勝百祥，除百殃。爾必興楚。」及長，為楚相。享壽考流芳百世。作者並進而寫道：「積善必獲吉抱。積惡還招凶地。莫損人而利己，勿喪善而欺天。穴本天成，福由心造。」〔註40〕

不僅陰宅，陽宅也是這樣。「《地理雪心賦》云欲求宅葬之平安，須積陰德於悠久。」〔註41〕

〔註38〕（清）鄧穎出撰《戒陰謀》，《陰宅井明》，九州出版社線裝本，《增補四庫青烏輯要》本，第9函，卷下，p16。

〔註39〕（唐）卜則巍《地理雪心賦注解》，九州出版社線裝版《增補四庫青烏輯要》，第17函，下冊，p28。

〔註40〕（唐）卜則巍《地理雪心賦注解》，九州出版社線裝版《增補四庫青烏輯要》，第17函，下冊，p34～36。

〔註41〕（唐）卜則巍《地理雪心賦注解》，九州出版社線裝版《增補四庫青烏輯要》，第17函，下冊，p34。

第五章　風水概念與哲學基礎

一、何謂風水

「風水」一詞，晉朝學者郭璞首創。廣義的風水，應該包括相宅和相墓兩大板塊。相宅方面還應包括城市選址這種放大了的相宅活動。狹義的風水，主要指相墓方面的理論和技巧。郭璞筆下的風水，屬狹義範疇。在歷史上受到熱捧、引起爭議，遭到抵制的主要也是相墓這一塊。郭璞葬書，開宗明義就開示著者的風水觀：「葬者，乘生氣也。五氣行乎地中，發而生乎萬物。人受體於父母。本骸得氣，遺體受蔭。」「蓋生者氣之聚凝，結者成骨。死而獨留。故葬者反氣入骨，以蔭所生之法也。」「五氣」，就是五行之氣。以上說的是所謂蔭葬概念的基本原理，即地球土壤層中存在著類似人體經絡的生氣組織。這種生氣在地下不是靜止的，而是流動的。當死者埋入地下，遺骨和地中生氣相遭遇，就會將生氣傳遞給死者的子孫，使其接受生氣的滋養。這是說的地下的遺體受蔭部分；而風水之術除了這個理論上的生氣蔭庇後人的理論外，還有風水術士的技術操作層面。「經曰：氣乘風則散，界水則止。古人聚之使不散，行之使有止。故謂之風水。」〔註1〕

風水術最初本是為活人選擇理想的居住環境而發展起來的相地之術。比如說，建設住所要選擇向陽的方向，地勢相對高敞一點，背後要有靠山，前面要有河流等等。

後來出現了孝道理念。特別是到了漢朝以孝治天下，為死者營造墓地成為一個很重要的工作。與漢代中後期的厚葬之風相伴隨，風水學說因孝親而受到

〔註 1〕（晉）郭璞《葬書》，九州出版社線裝本，《增補四庫青烏輯要》第 1 函，p1～2，4，5。

重視和發展。最後它又使本為孝親的目的走到自己的反面——由追求讓死者安葬得宜到後來追求讓生者得到蔭庇。因為人們迷信風水可以禍福後人。故有親死數十年久厝不葬，等待尋得吉壤，以致棺材被火燒毀，被水沖走，或者因為風水選穴有所謂利長房不利二房之類的說法導致兄弟反目等悲劇發生。

明人徐善繼、徐善述兄弟曾有《論風水名義》在剔除了和葬埋文化無關的兩種風水概念即「天地初分，混沌之始，只有風與水，兩相推蕩，故曰風水」的風水概念以及「風所以揚萬物，水所以滋萬物，故曰風水」之後，對如何察生氣作了說明：「氣之來有水以導之，氣之止有水以界之，氣之聚無風以散之。故曰要得水，要藏風。又曰；氣乃水之母。有氣斯有水。又曰：噫氣唯能散生氣。又曰；外氣橫行，內氣止生。又曰：得水為上，藏風次之。皆言風與水，所以察生氣之來與止聚云耳爾。總而言之，無風則氣聚，得水則氣融。」〔註2〕這些理論認識是風水術士操作前必須具備的認知。也可以說是用肉眼考察風水寶地的指南。

二、風水說的三大理論基礎

風水說的成長，有三個理論來源。或曰哲學基礎。一，源於元氣論。二，源於卦氣說。三，源自五行學。請分別論之。

（一）元氣論

「元氣」，是中國古代的哲學概念，指產生和構成天地萬物的原始物質。「元，始也。從一從兀。」〔註3〕指天地萬物之本原。在中國古代哲學史上，元氣學說是人們認識自然的世界觀，其產生可追溯至老子之「道」，基本形成於戰國時期宋鈃、尹文派的「心氣說」（即「氣一元論」），發展於東漢末年王充的「元氣自然論」及北宋張載所倡之「元氣本體論」。元氣學說以元氣作為構成世界的基本物質，以元氣的運動變化來解釋宇宙萬物的生成、發展、變化、消亡等現象。這種樸素的唯物主義哲學思想，在中國古代哲學史上佔有極重要的地位，並對自然科學的發展產生了深刻的影響。元氣學說作為一種自然觀，是對整個物質世界的總體認識。因為人的生命活動是物質運動的一種特殊形態，故元氣學說在對天地人萬物的生成和各種自然現象作唯物主義解釋的同時，還對人類生命的起源以及有關生理現象提出了樸素的見解。基於元氣學說的對人

〔註2〕（明）徐善繼承、徐善述《地理人子須知》，華齡出版社，2012年鄭同點校本上冊，p16。

〔註3〕（漢）許慎《說文解字》，中華書局本，1963年版，p7。

類生命的認識，即是「元氣論」。元氣論對中醫學、氣功學乃至文章寫作書法繪畫理論體系的形成和發展，都產生了極大的促進作用。風水術也不例外。它的哲學基礎也是元氣論。元代大學者吳澄解釋郭璞《葬書》「生氣」時寫道；「生氣，即一元運行之氣。在天則周流六虛，在地則發生萬物。天無此則氣無以資，地無此則形無以載。故磅礴乎大化，貫通乎品匯，無處無之而無時不運也。」他解釋說：這種元氣，或曰生氣，「先天地而長存，後天地而固有」。這種生氣「藏於地中，人不可見。唯循地之理以求之，然後能知其所在。」安葬死者的人如果「能知其所在，使枯骨得以乘之，則地理之能事畢矣。」〔註4〕風水術士們為了找到這生氣之所在，使枯骨得以乘之，千百年來，不斷地進行探究，積累了林林總總頗為豐富的風水遺產，亟待我們進行加以總結。

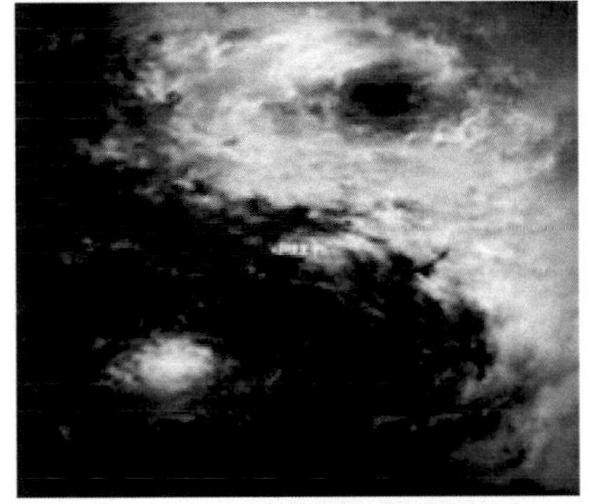

圖 5-1 元氣流轉示意圖

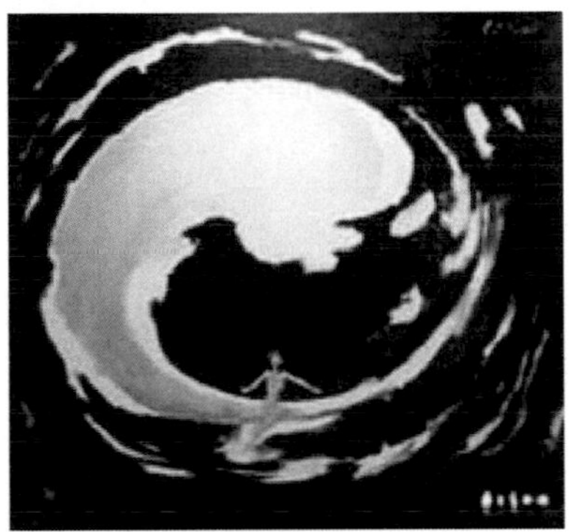

圖 5-2 天地生成之初想像圖

圖 5-3 天地生成示意圖

〔註 4〕（晉）郭璞《葬書》，九州出版社線裝本，《增補四庫青烏輯要》第 1 函，p1～2。

1. 張君房的《元氣論》

宋代名道士張君房在《元氣論》中對元氣形成的過程有十分複雜的細微形態描寫。

> 混沌之先，太無空焉；混沌之始，太和寄焉。寂兮寥兮，無適無莫。三一合元，六一合氣，都無形象，窈窈冥冥，是為太易。元氣未形，漸為太初。元氣始萌，次謂泰始。形氣始端，又謂太素。形氣有質，復謂太極。質變有氣，氣未分形。結胎象卵，氣圓形備，謂之太一元氣，先清升上為天元氣；後濁降下為地，太無虛空之道已生焉。道既無生，自然之本，不可名宣。乃知自然者道之父母，氣之根本也。夫自然本一，大道本一，元氣本一。一者，真正至元純陽一氣，與太無合體，與大道同心，與自然同性。無始無終，無形無象。清濁一體，混沌未質，莫可紀其窮極。
>
> 洎乎元氣蒙鴻，萌芽茲始。啟陰感陽，分布元氣，乃孕中和，是為人矣。首生盤古，垂死化身。氣成風雲，聲為雷霆。左眼為日，右眼為月，四肢五體為四極五嶽，血液為江河，筋脈為地里，肌肉為田土，髮髭為星辰。皮毛為草木，齒骨為金石，精髓為珠玉，汗流為雨澤，身之諸蟲，因風所感，化為黎甿。以天之生，稱曰蒼生。以其首黑，謂其黔首。亦曰黔黎。其下品者名為蒼頭。今人自名稱黑頭蟲也。或為倮蟲。蓋盤古之後，三皇之前，皆倮形焉。三王之代，乃裁革結莎，巢橹營窟，多食草木之實，啖鳥獸之肉。飲血茹毛，蠢然無悶。既興燔黍捭豚抔飲窊樽，蕢桴土鼓，火化之利。絲麻之益，范金合土。大壯宮室，重門擊柝。戶牖庖廚，以炮以烹。以煮以炙。養生送死，以事鬼神。自太無太古至於是世，不可備紀。爰從伏羲迄於今日凡四千餘載。其中生死變化，裁成人倫，為君為臣，為父為子，興亡損益，進退成敗，前儒志之，後儒承之。結結紛紛，不可一時殫論也。且天地溟涬之後，天經地緯，五羅二曜，黃赤交道，五嶽百川，白黑晝夜，產生萬物，亭育萬匯，其為羽毛鱗介各三百六十之數。凡一千八百類。人為倮蟲之長，預其一焉。人與物類皆稟一元之氣，而得生成。生成長養，最尊最貴。諸無過人之氣也。某叨預一倮，忝竊三才。漁獵百家，披尋萬古。備論元氣，盡述本根。委質自然，歸心大道。求諸精義，纂集玄譚，記諸

真經，永傳來哲。達士遇者，慎勿輕生。以日以時，勤煉勤行。鶴棲華髮，無至噬臍。同好受之，常為寶耳。〔註5〕

張君房，字允方。湖北安陸人。北宋藏書家、道藏目錄學家。景德二年（1005）進士，官尚書員外郎、充集賢校理。大中祥符中從御史臺謫官至浙江寧海、錢塘縣令。當時宋真宗崇尚道教，盡以秘閣所藏道教經書交付杭州，令戚綸等人校正。戚綸推薦他主其事。於是朝中所降道書及蘇州、越州、台州舊道藏，有道士10餘人從事修校之事，編次為《大宋天宮寶藏》，共4565卷。又擇其精要，纂成《雲經七籤》122卷，為北宋道經目錄中的代表。家中藏書甚富，居安陸時，同鄉令狐揆常騎瘦馬，攜小童，冒積雪入城至君房家借書。因此令狐揆曾作有「借書離近廓，冒雪度寒溪」的詩句。後歷任隨州、郢州、信陽軍知軍。著有《乘異論》、《野語脞說》、《科名分定錄》、《麗情集》、《潮說》等。我們今天看張君房的這篇專門談元氣的文章，感覺特別驚奇。因為這篇元氣論，實際也就是一部極簡人類社會演化史。我們看該篇文章，整個都在講元氣自然演化萬物，包括人以及人類社會如何逐步從野蠻而進化為文明。其中除開有一個盤古開天地生人類的神話故事外，是不是就是一篇中國版的《進化論》呢？須知張君房比達爾文早生800多年。當然，他的研究不是考察得來，而是推演出來的。它是通過描述，在元氣誕生之前，還存在從太易而泰始，而太素，而太極的幾個階段演化。到了太極階段，陰陽二氣開始互動，這才產生了萬物和人。而後人在自然狀態下逐步進化成有文化的動物。

2. 蔡元定的天地觀

蔡氏在《發微論》，第一章《剛柔篇》裏寫道：

> 天地之初，固若漾沙之勢。未有山川之可言也。既而風氣相摩，水土相蕩。則剛者歧屹而獨存，柔者洶而漸去。於是乎山川形焉。山體剛而用柔，故高聳而凝定；水體柔而用剛，故卑下而流行。此又剛中有柔柔中有剛也。〔註6〕

蔡元定和朱熹亦師亦友，關係十分密切。在促成朱熹這個大儒由傳統的儒生走向和術士結合的道路上，蔡氏起了關鍵的作用。我們看蔡氏的觀點，便知道他是繼承了先秦儒家樸素的自然觀。

〔註5〕（宋）張君房撰《元氣論並序》，（宋）張君房撰《雲笈七籤》，卷五十六。文淵閣四庫全書，臺灣商務印書館景印本，第1060冊，p586～587。

〔註6〕（宋）蔡元定《發微論》，九州出版社線裝本，增補四庫青烏輯要，第12函，p1～2。

3. 文天祥的《正氣歌》

宋代民族英雄文天祥所寫的《正氣歌》就是用詩歌的語言來描述元氣論。詩曰：

> 天地有正氣，雜然賦流形。下則為河嶽，上則為日星。於人曰浩然，沛乎塞蒼冥。皇路當清夷，含和吐明庭。時窮節乃見，一一垂丹青：在齊太史簡，在晉董狐筆，在秦張良椎，在漢蘇武節；為嚴將軍頭，為嵇侍中血，為張睢陽齒，為顏常山舌；或為遼東帽，清操厲冰雪；或為出師表，鬼神泣壯烈。或為渡江楫，慷慨吞胡羯，或為擊賊笏，逆豎頭破裂。是氣所磅礴，凜然萬古存。當其貫日月，生死安足論！地維賴以立，天柱賴以尊。三綱實係命，道義為之根。嗟予遘陽九，隸也實不力。楚囚纓其冠，傳車送窮北。鼎鑊甘如飴，求之不可得。陰房闃鬼火，春院閟天黑。牛驥同一皂，雞棲鳳凰食。一朝蒙霧露，分作溝中瘠。如此再寒暑，百沴自辟易。哀哉沮洳場，為我安樂國。豈有他謬巧，陰陽不能賊！顧此耿耿在，仰視浮雲白。悠悠我心憂，蒼天曷有極！哲人日已遠，典刑在夙昔。風簷展書讀，古道照顏色。

文天祥在詩中所描述的「下則為河嶽，上則為日星。於人曰浩然，沛乎塞蒼冥」的正氣就是元氣中的精華部分。其實，早在張君房、文天祥之前許多個世紀的西漢時期，就有一個叫楊泉的，在他的名著《物理論》中就曾明確指出，世界的本原是元氣。他說：

> 所以立天地者，水也；成天地者，氣也。水土之氣升而為天，天者君也。夫地有形而天無體，譬如火焉，煙在上，灰在下也。又儒家立渾天以追天形，猶車輪焉。周髀立蓋天言天氣循邊而行，猶磨石焉。斗極，天之中也。言天者必擬之人，故自臍以上，人之陽也；自臍以下，人之陰也。自極以南，天之陽也；自極以北，天之陰也。〔註7〕

郭璞《葬書》中的「葬者乘生氣也」的「生氣」也就是元氣。儘管確實存在不少風水術士故意將風水學複雜化的現象，但無論如何，郭璞所重視的生氣，楊筠松等所重視的尋龍點穴，閩派風水師們所重視的「理氣」，乃至現代

〔註7〕（明）孫瑴編《古微書》，卷一。文淵閣四庫全書，臺灣商務印書館景印本，第194冊，p813～814。

地理學家們所重視的生態環境美學，其實都是基於同一個古老的元氣說來的。

元氣學說是以元氣作為構成世界的基本物質，以元氣的運動變化來解釋宇宙萬物的生成、發展、變化、消亡等現象的學說。因為人的生命活動是物質運動的一種特殊形態，故元氣學說在對人地萬物的生成和各種自然現象作出解釋的同時，還對人類生命的起源以及有關生理現象提出了樸素的見解。元氣學說對人類生命的認識，即是「元氣論」。元氣論對中醫學、氣功學理論體系的形成和發展，都產生了極大的促進作用。實際上，元氣論對堪輿之學，也就風水術的形成，也有重大的理論支撐作用。簡言之，地靈孕育人傑。成為堪輿學的理論基礎。

我們來看看中醫學是如何論元氣的：首先：元氣是由元精（父母之精）所化生，由後天水谷精氣和自然清氣結合而成陰氣（精、血、津、液）與陽氣（衛氣、宗氣、營氣、臟腑之氣、經脈之氣）。可見，元氣是陰陽二氣的結晶。其次：「氣聚則生，氣壯則康、氣衰則弱，氣散則亡。」氣聚則塞，氣散則通。陰氣主物質，陽氣主功能，陰陽二氣相互轉化。所以，中醫有養氣一說。

我們再來看看堪輿學中的元氣：首先，堪輿學中的氣分氣脈和氣場兩個層次。可統稱為山川靈氣。所謂尋龍捉脈，其實就是指尋找氣脈和氣場。通常堪輿家口中的來龍，指的是地氣行走的線路，而所謂吉穴凶穴，其實就是相關氣脈交匯形成的一個個吉凶不等的氣場。當然，這中間又有山龍、水龍、平陽龍等不同的類型。其實，按照萬物生於元氣的說法，則無論鑾頭派，還是理氣派，都可歸入地氣派。因為鑾頭派所看重的山脈又何嘗不是元氣凝聚的結果呢？

4. 元氣與反氣納骨以蔭所生問題

翻開古代中國的堪輿書，風水與元氣相關性論述比比皆是。如清人蔣大鴻認為：「泰始唯一氣耳，究其所先，莫先於水。水中渣濁，積而成土。水土震盪，水落石出，山川以成。是以山有聳翠之觀，而水遂有波浪之勢。《經》云：『氣者，水之母；水者，氣之子。氣行則水隨，水止則氣畜。子母同情，水氣相逐。猶影之隨形也』夫氣一也。溢於地外而有跡者為水，行於地中而無形者為氣。水，其表也；氣，其裏也。內外同流，表裏同運。此造化自然之妙用。故欲知地氣之趨東趨西，即水之或來或去，可以得其概也……夫觀氣機之運者，必觀諸水。川上之歎，宣聖所以見道於逝者乎？然行龍必有水輔，止龍必有水界，行龍氣者唯在於水，故察其水之自來，即以知龍氣發源之始。止龍氣者亦在於水，故察其水之交會，即以知龍氣融結之處。《經》云：界水則止。

又曰；外氣橫行，內氣止生。旨哉斯言歟？」〔註8〕

涉及人的生死，先賢亦多有論述。《漢書·五行志》云：「人命終而行藏，精神散越。聖人為之宗廟，以收魂氣，春秋祭祀，以修孝道。」意思是人死後精神離開肉體。離開肉體的魂氣自由游蕩，聖人發明孝道，建造宗廟。讓子孫在廟內設立神主，春秋祭祀，以寄託對先人的孝思。《禮記·郊特牲》：「凡祭慎諸此，魂氣歸乎天，形魄歸乎地。故祭求諸陰陽之義。」這是正統儒家的觀點。《淮南子》則曰：「人精神者，天之有也；骸骨者，地之有也。精氣入其門，而骸骨反其根。」這屬陰陽家的觀點。若論淵源，郭璞《葬書》「故葬者反氣內骨，以蔭所生之道也」的觀點，〔註9〕當發源於西漢時期的《淮南子》一書。

值得注意的是，我們讀史志書，還發現了不靠譜的風水附會。大家知道，按照郭璞的理論，地下生氣因為接觸到死者的骨頭，反氣納骨，以蔭所生。這是郭璞風水論的理論基礎。但後世居然有人將反氣納骨附會為可以將墓中生氣反氣納骨到別人的骨頭裏，福蔭另一具枯骨的後人。故事是這樣的：

> 新昌石氏之祖，本山東人。因適越挈家徙居焉。時有韶國師善地理，每經從，石必迎佇致敬。其妻嘗出拜曰：夫婦皆年老，欲從師求一藏骨地。韶許之。與往近山，得一處五峯如蓮花，溪流平過其下。回抱環揖。指示之，且䌽識窆穴而去。翁媪葬焉。其後數十年，孫曾登科相仍，至以百數。宣和以後頓衰。越五舉，略無齒鄉書者。而里中一民家產寖豐，生四子。容質如玉，或告石氏，是人竊以父骨埋於君祖塋之上。故致此。密引石往發土，得木桶藏枯骸其中。棄之。民家自此遂微。四子相繼夭逝。先是石塋有棠梨一本，每抽新枝，則族系一人必策名。若改秩，或一枝萎折，則有當其咎者。民思報怨，夜往伐其樹，自是科級視昔年弗逮云。〔註10〕

我們來分析一下，這個很有吸引力的故事站不住腳的地方在於：

（1）它不符合郭璞的反氣納骨理論。郭璞並沒有說同一個墓葬裏生氣可以福蔭多位死者的後人。（2）即使同意墓穴內的地下生氣可以福蔭多具枯骨的

〔註8〕（清）蔣大鴻撰《秘傳水龍經·氣極妙韻論》，中州古籍出版社，1994年版，下冊，p11。

〔註9〕（晉）郭璞撰《古本葬經》，重慶出版社，《堪輿集成》，第一冊，p340。

〔註10〕（宋）施宿撰（續志由張淏撰）《會稽志·會稽續志》，卷七，文淵閣四庫全書，臺灣商務印書館景印本，第486冊，p540。

子孫，那也不應該後來居上，喧賓奪主。讓地氣只蔭盜葬者之家，而居然不管前面的老闆。導致後榮前枯的局面。

還有一位《地理四書》的編纂者潘文虎亦認同郭璞所提出的葬者乘生氣，骨納生氣蔭庇子孫的理論。他引用清人沈彤的理解說：

> 天地之生氣必和，和氣致祥。祖考子孫本一氣，苟葬乘生氣，則生氣漸涵入骨，其骨氣與子孫之氣相感通，安有不致福於子孫者？即後有變故，不皆獲福，而以天地生氣養吾祖考之體魄而使久存，於我心不已恔乎！夫葬為慎終之事，義主於安祖考體魄也。

對於古代葬不擇地問題，清人沈彤則不做機械的理解。他說：「古之葬誠不擇地，然西北土厚水深，葬及數丈，且族於國都之北，不在山隴，無剛氣烈風暴水蟲蟻濕壤壞屍沖棺之虞。蓋因地定制，不擇而擇也。設古聖復作，而雜葬山隴或都東南，安得尚襲其故而捨所謂形勢乘氣者？彼地之吉者誠少，然為大為小，未嘗或乏。且稱人功德生命而默畀者存乎天，天無畀，雖小不出；天有畀，雖大不藏。何不足之慮？」

關於葬期。這也是古代中國特別是明清以來的一個很大的問題。很多喪家子孫迷信葬師，覬覦吉壤。加之術士的挑唆，兄弟不齊心。曠日持久尋覓風水寶地。佔便宜的是葬師，因為它們可以由主家供養，到處尋找美穴。針對這一時代病態，潘文虎在書中提醒喪家如果實在找不到，最多三個月內必須安葬。不要妄圖富貴。富貴不是你想要就有的，而是你自己包括祖宗積德所成：「葬期今不能如古，亦必在喪自踰月至再期皆其日也。再期而不得吉地，則取其無禍患者葬之不俟終日矣。尚不安命而妄圖哉？」〔註 11〕

（二）卦氣說

研究中國古代的風水現象，我們會發現：東漢以前，墓葬沒有和吉凶禍福掛鉤。但我們在《後漢書》中看到了袁安父親去世，母親讓他去找葬地。巧遇三位白衣青年指點他到某處葬父，說可以出大人物。這是我們迄今所能看到的把墓葬選擇跟吉凶禍福掛鉤的最早文獻記載。〔註 12〕

自後漢以來，關於墓葬選擇與吉凶禍福相聯繫的風水記載便日漸多起來。

〔註 11〕（清）沈彤《書地學正書後》《果堂集》，卷八，文淵閣四庫全書，臺灣商務印書館景印本，第 1328 冊，p346。

〔註 12〕（南朝宋）范曄，《後漢書》，卷四十五，中華書局，1965 年版，第六冊，p1517～1522。

若問風水學的理論基礎為何？前已言之，元氣論是一個重要的支柱。但光元氣論不足以建構起風水學的大廈。風水學還有一個理論來源，這就是卦氣學。

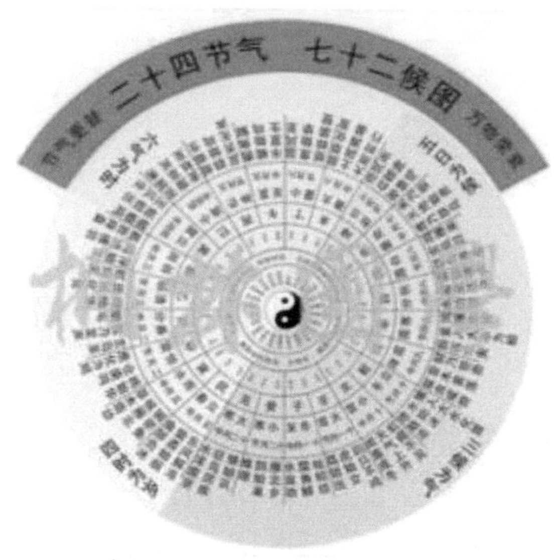

圖 5-4 十二辟卦圖（一）

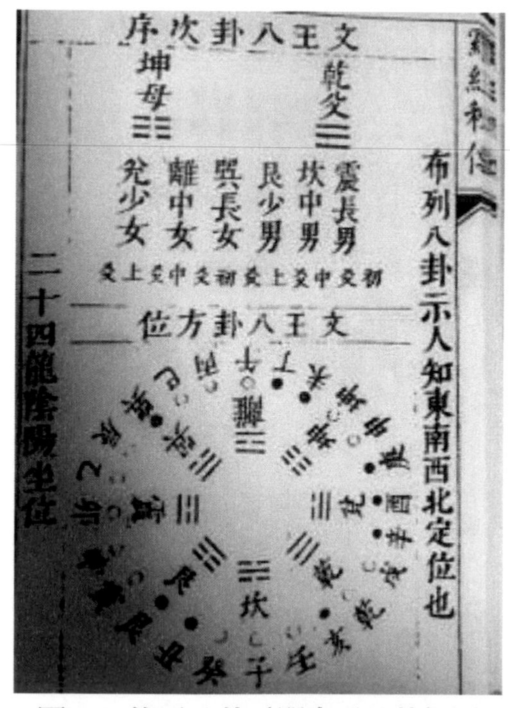

圖 5-5 後天八卦（即文王八卦）圖

圖 5-6 十二辟卦圖（二）

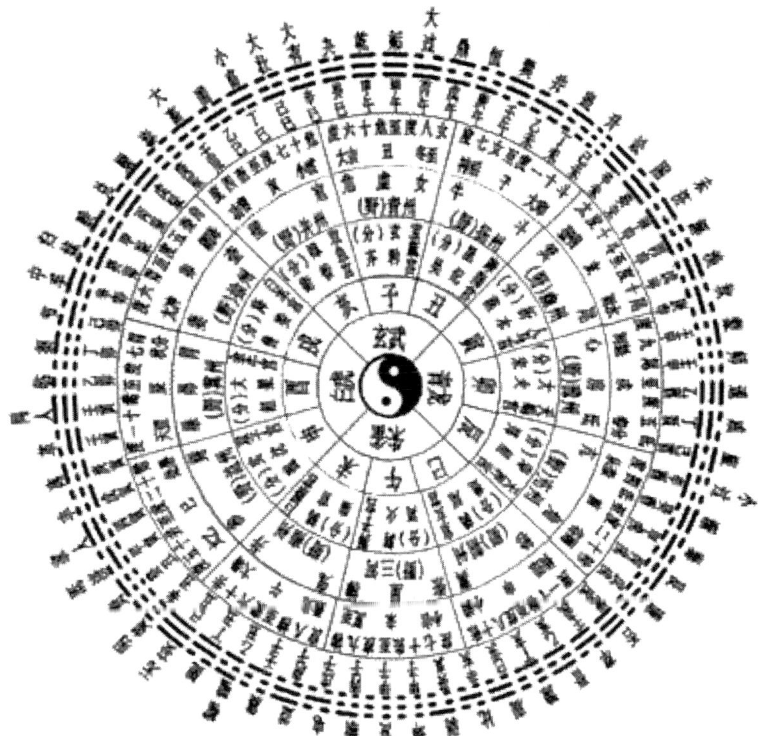

圖 5-7 十二辟卦圖（三）

所謂卦氣學，是從漢代齊地易經研究流派孟喜那裡傳承和發展形成的。孟喜，東海（今山東蒼山縣西南）人，齊地自戰國以來就盛產方士。即使研究周易這樣的學問，也會打上方士文化的烙印。孟喜的周易研究是從海上研究周易的學者那裡傳下來的，該周易研究有個特點，就是從陰陽災變的角度來解說周易。因為戰國以來，鄒衍的陰陽五行說對文化界影響很大，以致漢朝建立後，朝廷獨尊儒術。學者們研究六經，圍繞六經形成了一個新的解說系統。這個系統後世一般將其歸納為七緯，即圍繞《詩》、《書》、《易》、《禮》、《樂》、《春秋》，《孝經》，還有《河圖》、《洛書》、《論語》這些儒家經典所形成的說經文獻。孟喜所傳易（以下我們簡稱「孟氏易」）即是緯書中的一種，也稱「易緯」。孟氏易有個特點，就是把《易經》的卦爻和天文曆法以及人事變化結合起來說經。例如：「當至不至，邦有大殃。陰陽並傷，口咽痛。未當至而至，人手陽脈盛，多病肩痛」〔註 13〕這是說夏至或冬至這兩個節氣如果不准時就會有災殃。我們再看古人怎麼過冬至節日的：「冬至日始，人主不出。」「賈人眾不行者五日。兵革伏匿不起。」〔註 14〕「冬至之日，立八神，樹八尺之表。日中規，其晷之如度者，則歲美，人民和順。晷不如度者，則其歲惡，人民為偽言，政令為之不平。晷進則水，晷退則旱。進尺二寸則月食，退尺則日食。月食糴貴，臣下不忠，日食則害王命。道傾側，故月食則正臣下之行，日食則正人主之道。晷不如度數，則陰陽不和，舉措不得，發號施令，置官立吏，使民不得其時，則晷為之進退，風雨寒暑為之不時。」〔註 15〕至於夏至、冬至日如果出現日晷不中不正的情況，就會有很多災異表徵。書中一一分條陳述，如「當至不至，則兵起，來年麥不成。人足少陽脈虛，多病疫瘧。」「未當至而至，則人足少陽脈盛，人多病粟疾疫，應在立秋。」〔註 16〕

孟氏的貢獻在於他將六十四卦同一年四季，十二個月，二十四節氣，七十二侯三百六十日互相配合起來進行占驗。以坎、震、離、兌四正卦配春夏秋冬四季，每卦六爻，四卦二十四爻，配二十四節氣。其餘六十卦從中孚卦開端，而以頤卦結尾。中孚卦為冬至，冬至一陽生，為卦氣之始。我們因此要記住，卦氣是從中孚開始的。但如此分配一年 365 天的圓周刻度，還有分不完的。因

〔註 13〕（漢）鄭玄，《易緯通卦驗》，卷下，見（日）安居香山、中村璋八輯佚之《緯書集成》，河北人民出版社，1994 年版，p234。

〔註 14〕（日）安居香山、中村璋八輯佚之《緯書集成》，p199。

〔註 15〕（日）安居香山、中村璋八輯佚之《緯書集成》，p204。

〔註 16〕（日）安居香山、中村璋八輯佚之《緯書集成》，p224～225。

為六十卦共三百六十爻，只能配一年中的三百六十天。每爻主一天。實際上一年為三百六十五日四分之一，所以除開六十卦所分的三百六十日外，還剩下五又四分之一天。以每天八十分計算，得四百二十分。以六十卦除之，得七分。故六十卦只有每卦主六天七分，這個圓周即一年三百六十五日才可分配平均。孟氏又從六十卦中選出由坤卦至復卦共十二卦每卦各主一月。稱十二辟卦。十二辟卦總計七十二爻，孟氏又將其與七十二候相配。如此這般，四正卦，十二辟卦、六十雜卦就同一年四季、十二月、二十四節氣、七十二候、三百六十五日又四分天全面配合，用每天每侯卦氣的寒溫清濁來附會人事善惡，占驗吉凶禍福。

從學術傳承而言，從孟喜，經焦贛，再京房，其主要精神都是一致的。京房字君明，東郡頓丘（今河南濮陽市清豐縣）人。事梁人焦贛，贛字延壽。焦贛貧賤，因好學得梁王器重，梁王供給他費用，讓他恣意研學。

為甚麼說孟氏易，也可以說就是卦氣學就是風水學的一個理論基礎呢？因為風水的尋覓，一靠雙腿工夫，肉眼觀察，此即所謂尋龍察砂點穴。但古人沒有現代的無人機可以航拍，尋龍這樣的事情，動輒千里百里，莫說沒有無人機，就是有無人機，也無法拍到從崑崙山到南通入海口的山脈啊。那麼怎麼辦？中國古代人很早就發現了天體運行的一些規律，諸如《春秋元命苞》上記載的「天左旋，地右動。」《文選勵志詩》注釋引用的《春秋元命苞》上還說：「地常動不止而人不知，譬如閉舟而行，不覺舟之動也。」〔註17〕還有的古人注意到「地動則見於天象」〔註18〕當然，《尚書》等上古文獻早就記載了古代中國人觀察天象發明曆法的事實。而後世被不斷改進不斷增加圈層信息的羅盤其實最早就對太極、陰陽、八卦、十二月，二十四節氣，七十二侯，三百六十五日等信息的整合。其中八卦還做方位用，地支名稱的嵌入，做月份用。二十四節氣的相關刻度又可做二十四山向使用。也就是民間常說的二十四龍，羅盤上還整合了對中國文化產生過深遠影響的金木水火土五行信息，等等。風水師學會了使用羅盤，就可以輔佐尋龍點穴察砂等堪輿活動。雖然有淺薄的風水術士以為有了羅盤，就可以格龍。但你不得不承認，沒有羅盤，風水將不成其為風水。風水界雖然有巒頭派和理氣派的分歧，但毫無

〔註17〕（宋）祝穆，《古今事文類聚》前集卷十三引，文淵閣四庫全書，臺灣商務印書館景印本，第925冊，p203。

〔註18〕（明）孫瑴，《古微書》卷九，文淵閣四庫全書，臺灣商務印書館景印本，第194冊，p876。

疑問最初他們是一個來源就是元氣說，問題是即使承認地中有那種能夠改變天命的生氣，如何才能找到也是一個很大的困難。有了羅盤，空間定向等工作就簡單多了。

考慮到孟氏易的卦氣學之以災異說易，其將古代八卦、曆法、五行等整合成為體系，對後世的風水學說產生了重大的影響。因此我們將卦氣學作為風水學的另一根理論支柱來看待。

（三）五行學

風水學的理論支柱，除開元氣論和卦氣說，還有五行學。

所謂五行，其最早的學術淵源是戰國鄒衍的五德終始學說和大九州學說。鄒衍（約前 324～前 250）活了 70 餘歲。著有《鄒子》一書。提倡的主要學說是五行說、「五德終始說」和「大九州說」，鄒衍是稷下學宮著名學者，因他「盡言天事」，當時人們稱他「談天衍」，又稱鄒子。他活動的時代後於孟子，與公孫龍、魯仲連是同時代人。鄒衍在戰國時期是一個影響很大的以「談天」著稱的學者。鄒衍的學說最初在齊地受到重視。隨後，他「適梁，梁惠王郊迎，執賓主禮。適趙，平原君側行襒席。昭王用彗先驅，請列弟子之座而受業。築碣石宮，身親往師之。作《主運》。其遊諸侯見尊禮如此。」〔註 19〕「鄒衍以陰陽主運顯於諸侯，而燕齊海上之方士傳其術不能通，然則怪迂阿諛苟合之徒自此興，不可勝數也。」〔註 20〕

所謂五行，是我們的祖先對我們所生活的這個星球上之物質屬性的循環相生的認識。這種認識，概括起來就是；五行，即金、木、水、火、土。這五種物質之間存在著循環相生和相剋的關係，即水生木，木生火，火生土，土生金，金生水。此為五行相生之關係。水剋火，火剋金，金克木，木剋土，土剋水。此為五行相剋之關係。鄒衍認為；這種五行相生相剋的關係或曰規律，不僅存在於自然界，而且也存在於人類社會。他認為，歷史上每一王朝的出現都體現了一種必然性。《呂氏春秋．應同》講得非常具體：「凡帝王之將興也，天必先見祥乎下民。黃帝之時，天先見大螾大螻。黃帝曰：『土氣勝！』土氣勝，故其色尚黃，其事則土。及禹之時，天先見草木秋冬不殺。禹曰：『木氣勝！』木氣勝，故其色尚青，其事則木。及湯之時，天先見金刃生於水。湯曰，『金氣勝！』金氣勝，故其色尚白，其事則金。及文王之時，天先見火，赤鳥銜丹

〔註 19〕（漢）司馬遷撰《史記．孟荀列傳》，中華書局，1959 年版，第 7 冊，p2345。
〔註 20〕（漢）司馬遷撰《史記．封禪書》，中華書局，1959 年版，第 4 冊，p1369。

書集於周社。文王曰；『火氣勝！』火氣勝，故其色尚赤，其事則火。代火者必將水，天且先見水氣勝。水氣勝，故其色尚黑，其事則水。」上述引文據近代學者考證，應屬鄒衍的佚文，至少體現了鄒衍的學說精神。鄒衍的這種學說為齊閔王稱東帝，燕昭王稱北帝奠定了理論基礎，因而受到他們的禮遇和重用是不難理解的。這種學說後來被秦始皇接了過去，為他的稱帝及其統治服務。《史記．封禪書》說：「鄒子之徒論著終始五德之運，及秦帝而齊人奏之，故始皇採用之。〔註21〕

實際上，在鄒衍之前，就有不少和五行思想很接近的觀點，如銀雀山漢墓出土的《孫臏兵法．地葆》中的「五壤相勝」理論，論述五種土壤相生相剋的問題。雖然他是從軍事的角度，但對於風水術士認識土壤顯然也是有幫助的。晉國史官史墨的政權相勝理論，還有，就是漢代以來說《春秋》的緯書中大量出現的前兆性預言。即依據史官們一句歷史經驗，對他們所面對的某些人事做出的超前預測。〔註22〕

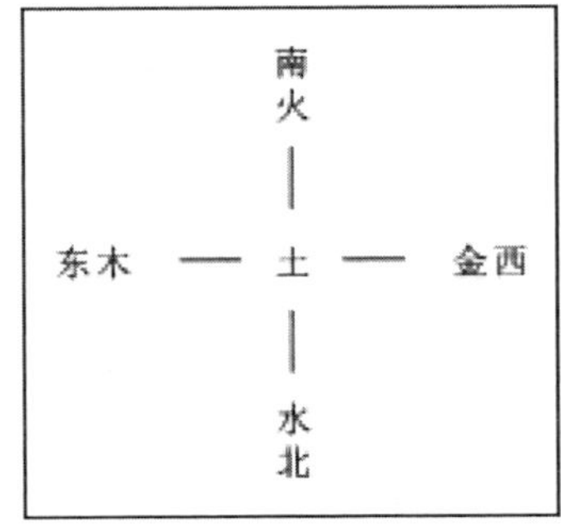

圖 5-8　五行方位圖

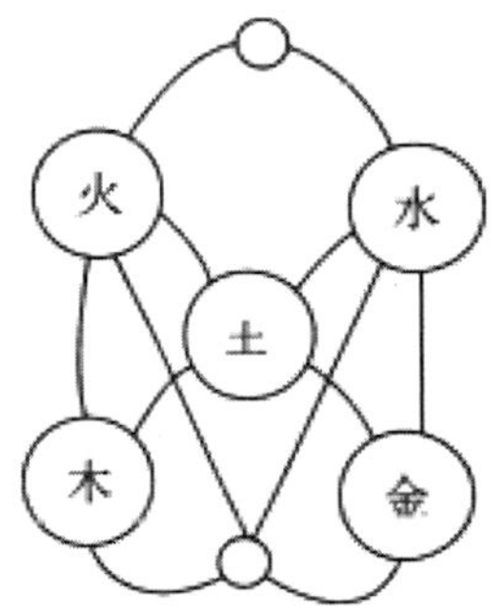

圖 5-9　五行生剋圖

風水學中住宅選擇，墓地選擇既然被稱作選擇，則必然有一個擇吉避凶的問題。於是，聰明的古人又把五行生剋和天干地支（黃帝臣子大橈為構建曆法而發明的序數字）結合起來。具體說就是：

天干（10字）：甲、乙、丙、丁、戊、己、庚、辛、壬、癸。

天干的五行屬性是：甲、乙木，丙、丁火，戊、己土，庚、辛金，壬、癸水。（意思是甲、乙具有木的屬性，丙、丁具有火的屬性，餘類推。）

〔註21〕（漢）司馬遷撰《史記》，卷二十八，中華書局，1959年版，第4冊，p1368。

〔註22〕這類預測讀者如欲瞭解，可翻閱清趙在翰輯錄，鍾肇鵬、蕭文郁點校的《七緯》，中華書局2012年版下冊《春秋緯》。或日本學者安居香山、中村璋八輯錄的《緯書集成》，河北人民出版社，1994年版中的春秋緯部分。還有，就是中國人的方位觀，中國人的陽宅陰宅選址指導思想都與五行學說密不可分。

天干相生者：甲、己相生，乙、庚相生，丙、辛相生，丁、壬相生。戊、癸相生。

天干相剋者：甲剋戊；乙剋巳；丙剋庚；丁剋辛；戊剋壬；己剋癸；庚剋甲；辛剋乙；壬剋丙；癸剋丁。

在古代風水典籍中，五音也是一個經常碰到的概念。那麼十天干是如何和五音角徵宮商羽匹配的呢？是這樣的：甲乙，角也；丙午，徵也；戊巳，宮也；庚辛，商也；壬癸，羽也。

地支（古書中很多時候稱為辰）（12 字）：子、丑、寅、卯、辰、巳、午、未、申、酉、戌、亥。

地支的五行屬性：寅、卯木，巳、午火，申、酉金，亥、子水，辰、戌、丑、未土。

此外，地支還有六合、三會、三合、三刑、六沖等關係。還有地支和農曆月份的對應關係，包括由天干地支組合而成的六十甲子序數詞等，這些在過去，都屬常識層面的知識，為擇吉者所必備的知識。茲不贅述。

讀者欲系統瞭解五行學說，可閱隋朝蕭吉的《五行大義》。

第六章 《五行大義》批判

據《史記》作者之一的褚少孫記載，漢代當時的曆卜共七家，即五行家、堪輿家，建除家，叢辰家，曆家，天人家，太一家。五行家居於首位。《漢書·藝文志》記載了當時列入《漢書》的書目，我們做了個統計，結果如下：天文、曆譜、五行、蓍龜、雜占、形法六種術數各自被收入漢書的書目數量分別是：天文 21 家，曆譜 18 家；雜占 18 家；蓍龜 15 家，形法 6 家。五行自太乙陰陽至五音定名，凡 31 家；居六術之首。在中國，五行是一個影響國人精神生活既深且廣的術數。說它深，是因為一部中國古代歷史，就是帝王家族的興衰史。或者也可以理解為金木水火土生剋替代的歷史。說他廣，是因為上到帝王將相，下到販夫走卒。從娶妻嫁女到造房葬墳，都離不開五行生剋的知識。我們喜歡說，易經是經中之經。我們也可以說，五行是術中之術。

《洪範》《月令》《大禹謨》三書是中國傳世的三種古代經典。三本經典都和五行相關：《洪範》言天地生五行之序，《月令》言五行相生之序，《禹謨》言五行相剋之序。至於古代王朝，一個個其興也勃焉，其亡也忽焉。而他們幾乎都是按照五行生剋來給自己的朝代定位的。夏金；商水；周木（相生之說）；秦水（以周為火相勝之說）；漢（張蒼以漢水勝周火；賈誼、公孫臣以漢土勝秦水）光武始正火德；魏土；晉金；宋水；齊木；梁火；陳土；後魏水（繼西晉金）；後周木；隋火；唐土；後唐土；晉金；漢水；周木；宋火。〔註 1〕

明人張養蒙在《五德之運考》中寫道：

〔註 1〕（清）宮夢仁編《讀書紀數略》，卷一。文淵閣四庫全書，臺灣商務印書館景印本，第 1033 冊，p16。

> 自古帝王受命而興，其嬗代之序載在史策，可考而知也。逮戰國鄒衍始推言五德之運，以決帝王相乘之統。劉向復推廣其義，作《五行傳》。自今考之，有主於相剋者，則曰夏得木德，商以金勝之；商得金德，周以火勝之。此衍之說也。有主於相生者，則曰：太昊氏始出震，以木德王；次而神農以火，黃帝以土，少昊以金，顓頊以水，帝嚳以木，堯以火，舜以土。此向之說也。若夫配以五方，分以五色，屬以五音，貫以五數。世代循環，相尋不已。術士家咸祖談之。在儒先則直斥其不經見矣。

張養蒙對於傳統歷史觀中的五德終始論並不盲從。他認為，鄒衍和劉向的觀點雖然各有不同，但兩者正好可以互補。作為統治者，應該做的事情不是爭論鄒衍的觀點對還是劉向的觀點對，這樣爭論永遠沒有完，因為這兩種說法其實強調的都是人應該順應自然，不應該違天行事。相生也好，相剋也好，都不是絕對真理。兩種歷史觀應用到對歷史史實的考察後我們發現，兩種觀點都有不周延的地方，又都有正確的地方。因此不必拘泥，一定要非此即彼。他說：

> 漢以後術士謂唐用火德，宋用土德，我朝受命，有謂其尚火德，有謂其尚土德，紛紛無定。若必拘拘於此，則六朝之更姓，五代之分裂，豈五德遂絕而無所乘耶？契丹之滅晉，劉石之亂華，元之代宋，又乘夫何德耶？故愚斷以為不可廢衍、向之說，亦不必拘衍、向之說也。若夫探五行之精，敬五行之用，以斡造化轉移之微權，使吾之德足以當天之運，而天之運不至於爽吾之德，此在今日所當兢兢者也，衍向之說存而弗論可也。〔註2〕

也就是說，不必硬生生地非要在鄒衍和劉向的五行相剋和五行相生的兩種對立的觀點之間決出勝負。關鍵是帝王治國，要既不違背天道，也能順應仁道。這才是帝王所應該特別重視的要點所在。

歷史上隋朝術士蕭吉撰寫了一本關於五行術數的總結性著作，名曰《五行大義》。然而，就是這樣一種對影響中國國民生活既深且廣的術數進行總結的大著作，由於歷史的原因，竟然在元末失傳，（元初脫脫等修《宋史》時其書尚存）直到清代後期才從日本傳回。《五行大義》這本中國文化史上分量極重的著作，在經歷了 6 個多世紀，才重新回到她的故鄉中國。

〔註 2〕（清）黃宗羲編《明文海》，卷一百二十一，文淵閣四庫全書，臺灣商務印書館景印本，第 1453 冊，p340～341。

一、《五行大義》作者考

《五行大義》的作者蕭吉，字文休。是梁武帝兄長沙宣武王蕭懿的孫子。其人博學多通，尤精陰陽算術。梁元帝蕭繹江陵亡國之後，蕭吉轉到北魏朝廷，為儀同。周宣帝宇文贇時，蕭吉以朝政日亂，上書切諫。帝不納。及隋受禪，進上儀同。以本官太常考定古今陰陽書。吉性孤峭，不與公卿相浮沉。又與楊素不協，由是擯落，鬱鬱不得志。蕭吉政治上很能投機。當他看準了隋文帝喜歡徵祥，便刻意接近。他用這種辦法，先後得到楊堅和楊廣兩代君王的信任。其人之多心機不難想像。他是在深得隋煬帝信任的背景下，死在工作崗位上的官員。我們看《北史》本傳，傳末詳細記載其傳世著作清單：「著《金海》三十卷，《相經要錄》一卷，《宅經》八卷，《葬經》六卷，《樂譜》二十卷及《帝王養生方》二卷，《相手版要決》一卷，《太一立成》一卷，並行於時。」〔註3〕但著作清單裏不見有《五行大義》一書。這就是說，《五行大義》的作者不一定是蕭吉。五代劉煦《舊唐書》，卷二十四和宋王溥《唐會要》，卷十引用《五行大義》時稱該書作者為蕭嵩。但查唐玄宗時的蕭嵩其人，在對吐蕃的戰爭中確實建有大功，卻未見其人有任何著作傳世的記載。雖然蕭嵩出身蘭陵蕭氏南梁房，是梁武帝蕭衍的後裔。和蕭吉關係並不遠。但不可能寫出《五行大義》是肯定的。因為術數之學，不是政務奏摺，詩歌創作。他屬專門之學，不是隨便什麼官員都可以撰寫的。因此，蕭嵩說肯定是劉、王二人引用文獻所依據的版本之筆誤。而宋人馬端臨《文獻通考》卷八十則作蕭吉。宋王欽若《冊府元龜》卷五百九十二也作蕭吉。大約宋末元初流傳日本的《五行大義》作者也作蕭吉。則《五行大義》作者為蕭吉當為定論。

也許有人會說，那為什麼隋書蕭吉傳不見《五行大義》的信息。答案是；蕭吉雖然和隋文帝、隋煬帝關係不錯。但蕭吉死在隋煬帝之前。隋煬帝是反對讖緯之學的。即所謂只許州官放火，不許百姓點燈。隋煬帝明明是靠讖緯之學走上歷史舞臺，但他害怕別人也如法炮製，將他推下歷史舞臺。歷史上像隋煬帝這樣的統治者並不少見。隋朝當時主管機構在蕭吉死後肯定清點或曰記錄過他的著作。但《五行大義》獨獨漏記，個中原因不言自明：政治上有忌諱。

二、《五行大義》版本考

《五行大義》的作者為蕭吉，當無問題。劉煦的《舊唐書》，王溥的《唐

〔註3〕（唐）李延壽撰《北史》，卷八十九。中華書局，1974年版，p2955。

會要》，將《五行大義》的著作權歸於蕭嵩，是錯誤的。因為蕭衍的後人中確實有一個叫蕭嵩的，他是唐玄宗朝的宰相，但卻是虛有其表的宰相。起草一份用人文件，玄宗讓他改一句話，他都費很大的勁。後來玄宗看了還發脾氣，說出那句「虛有其表」的話來。可見這個蕭嵩在處理少數民族關係方面，在打仗上確有一套，但文采就不值一提了。根本不可能撰寫《五行大義》這樣自成體系的大著作了。但我發現，宋代馬端臨的《文獻通考》和《唐會要》所引用的蕭吉的《九宮論》一段和傳世的版本區別甚大，我是說，文字加工方面，宋人引用的本子和中州古籍出版社排印的本子內容相同部分的文字區別很大。一個像初稿，一個像定本。茲將王溥等宋朝人引文抄錄於下：

> 武宗會昌元年中書門下奏曰：謹按黃帝《九宮經》及蕭吉《五行大義》：一宮：其神太一，其星天逢，其卦坎，其行水，其方白；二宮：其神攝提，其星天內，其卦坤，其行土，其方黑；三宮：其神軒轅，其星天沖，其卦震，其行木，其方碧；四宮：其神招搖，其星天輔，其卦巽，其行木，其方綠；五宮：其神天符，其星天禽，其卦坤，其行土，其方黃；六宮：其神青龍，其星天心，其卦乾，其行金，其方白；七宮：其神咸池，其星天柱，其卦兑，其行金，其方赤；八宮：其神太陰，其星天任，其卦艮，其行土，其方白；九宮：其神天一，其星天英，其卦離，其行火，其方紫。統八卦運五行，土飛於中，數轉於極，雖敬事迎釐，不聞經見，而範圍亭育，期助昌時。以兩朝親祀而臻百祥也。然以萬物之情上為列星，星之運行，畢繫於物，貴而居者則必司八歲總萬神，干化權於混茫，賦品匯於陰騭與？

《五行大義》有《五者論九宮數》，但文字和傳世本《五行大義》差異很大。茲引錄於下：

> 九宮數一，起自北方。始者，坎一正北，應天之始。始無二，故一。北方五行之始，所以五行在北方。故云：「陽氣之始，萬物將萌。」五事數二，在西南者。五事：貌、言、視、聽、思也。別在後篇解。因五行而有五事次之。故二。又云：坤二在西南，應地之數。西南，林鍾之管。氣之次，二也。五事。人事之先也。故曰。「謙虛就德，朝謁嘉慶」。並五事所主也。八政之數三，在東方者。八政：食、貨、祀、司空、司徒、司寇、賓、師也。既有五事。次修八政。

故三。又云：震三正東。應人之數。三才義畢東方。春，農之始也。食者，耕種炊烹也；貨者，畜積儲博。錢布金兵也；祀者，祭祀供神也；司空者，土地畝也；司徒者，民戶口大小數也；司寇者，禁備盜賊，糾察非常也；賓者，注籍往來，受容嘉慶也；師者，教訓農夫，耒耜設法也。故云「耕種百穀。麻枲蠶桑也」。五紀數四，在東南者。五紀：歲、日月、奉化、日辰、曆數也。八政既修。非歲時日月，無以敷播植。次之故四。又云：巽四東南。風行四時。以應四時之數。東南巳。純乾用事。乾主天。巽主號令。故居東南。歲者，以四時有序，盛衰始終也；日月者，照明萬物，氣候遠近也；奉化者，即仰王化，須建功貢寶也；日辰者，次序陰陽，斷制產物也；曆數者，記綴度數，農夫候望，賦斂隨時也。故曰「王者惟歲，稅數握成。以化下也，卿士惟月，奉化行道。立寶。」師允惟日，陳列眾職，製作於萬品。歲月日時。無易修務。敬時以順紀也。故云「日月星辰。雲雨並興也。」皇極數五，在中央者。皇王建萬國，處中。分別四方、百官以治。萬事畢理；歲時成就，職貢均等，租稅五穀，以供王事。故在其中央。中央之數本五也。又云「土居中央。應五行之數。若王者動不得中。則不能建萬事。」故曰「皇之不極。是謂不建也。」故曰「百官立表。政化公卿也。」三德數六，在西北者。三德：正直。剛克。柔克。乾為天位，人君之象。過五故數六。又云：乾在西北。陰陽氣分於西北。故應六律之數也。西北，乾之所處。故人君居之。正直者。人德也。君子方正以義，無所曲私。故云：平康正直，不疑其德。剛克者。天德也。法度不失。輕重罪服。故曰「沉潛剛克。」柔克者，地德也。有德秩祿。安定眾職。賞賜萬國。故曰「高明柔克。」故云：抑服強暴。斷制獄訟也。稽疑數七，在西方者。稽疑者。建立卜筮，問疑擇善。占天地之象，以定吉凶。蓍圓卦方，龜筮共知可否。三人占。從二人之言。昔者聖人慎謀重始，動事作業。樹本開基，決嫌定疑。必謀以賢知，諮以耆艾，參以蓍龜。故舉無過事，慮無失計。蠻夷雖無君臣之序，亦有決疑之卜。或以金石，或以木草。故知稽疑之事，聖人所尚。以其次乾之後。故數七也。又云：兌正西。卯、酉為天地之門。卯主始。酉主終。故斗指卯，則萬物皆出；指酉，則萬物皆入。兌應七星之數。兑為金。主悦言，故在西方。故云：決定吉凶。分別所疑也。庶徵數八，在東北者。庶徵者。眾徵也。王者以及眾庶，莫不內省咎過，外察徵祥。順徵知機，則無禍患。不審其過，不念庶徵，則禍至不悟，敗亡無日矣。有機徵見者，必恭事上帝。用不為過，則降以福應。詩云「昭事上帝。聿懷多福。」如不共御善，不畏上帝，群神乃怒，必有譴罰。數八者。次七後也。又云：艮八在東北。艮是止義。艮為徑路。萬物大出於震，小出於艮。震為眾男之長。艮為眾男之少。故應八卦之數。艮既為止。令止惡就善也。故在東北。故云：肅敬德方，狂僭亂行。五福六極。數九在南方。五福：壽、富、康寧、攸好德、考終命。壽者，孝悌道德備，然後修神丹，延壽命；富者，德化所及，豐穰無闕；康寧者，國化安寧，長樂無事；攸好德者，論理比類，進善抑惡；考終命者，順時成務，可以壽命。統著善德。六極者：凶短折、疾、憂、惡、貧、弱。凶短折者，斬梟誅裂。大罪也。疾者，榜笞毆擊，疾臥養視也。憂，論作望，兢朝日也。惡，髡鉗赭剝戮辱錮棄也。貧，償贓賦。沒財產也。弱，離邑里。徙邊地。以戒後也。此罪罰之理居後，故數九。又云：離既在午，以為子沖。極則還反。故離最其末。以為九宮之數。離為明。人君南面以聽政。象離之明。刑罰須明。故在南方。故云：萬物率盈實也。宮唯有九，不十者。八方與中央。數終於九。上配九天。九星。二十八宿。下配五嶽。四瀆。九州島也。《九宮經》言：一主恒山，二主三江，三主太山，四主淮，五主嵩高，六主河，七主華山，八主濟，九主霍山。又：一為冀州，二為荊州，三為青州，四為徐州，五為豫州，六為雍州，七為梁州，八為兖州，九為揚州。九州島之名。互有改變。禹貢九州島。即此配。唐時名同者。以堯命禹治洪水，分九州島，因而不易。故周虞有十二州，加幽、并、營。舜以青州越海。分齊為營州。冀州南北太遠，分衛為并州。燕以北分置幽州。殷時九州島，有幽、營。無青、梁。周官九州島，有幽、并，無徐、梁。漢立十二州，增交、益焉。冀州者，釋名云：冀州取地為名。有險易，帝王所都。《太康地記》曰：「冀，近其氣相近也。其地自太行東至碣石王屋底柱。《禹貢》云：冀州既載。《呂氏春秋》云：兩河之間為冀州，正北方。荊州者，《釋名》云：荊，警也。南蠻數為寇逆，州道先強。當警備之也。」其地北據荊山。南及衡山之陽。《禹貢》云：荊及衡陽惟荊州。《爾雅》云：「漢南曰荊州。」《呂氏》曰：「荊。楚也。」青州者，《釋名》云「青，在東生也。」《太康地記》曰：少陽色青，歲始事首。即以為名。其地東北據海，西距岱。《禹貢》云：「海岱惟青州。」《呂氏》云：「東方海隅青州。齊也。」徐州者，《釋名》曰「徐，舒也。土氣舒緩也。其地東至海。北至岱。南及淮。」《禹貢》云：「海岱及淮惟徐州。」《呂氏》云：「泗上為徐州。」魯也。《爾雅》云：「濟東曰徐州。」豫州者，《釋名》曰：「豫，在九州島之中。安，豫也。」《太康地記》云：「稟中和之氣。性理安舒。其地南據荊，北距河。」《禹貢》云：「荊河惟豫州。」呂氏云：「河漢之間為豫州。」《爾雅》云：「河南曰豫州。」雍州者，《太康地記》云：「雍居西北之位，陽所不至。陰氣壅閼。取以為名。其地西據黑水。東距西河。《禹貢》云。「黑水西河惟雍州。」呂氏云：「雍州。秦也。」《爾雅》云：「河西曰雍州。梁州者，《太康地記》云：「梁者。剛也。取西方金剛之氣。剛強以為名也。其地東據華山。西距黑水。」《禹貢》曰：「華陽黑水惟梁州。」兗州者，《釋名》云：「取兗水為名。」《太康地記》曰：辨其履信稟貞正之意也。其地東南據濟，西北距河。《禹貢》曰：「濟河惟兗州。」揚州者，《釋名》云。「揚州多水，水波揚也。其地北據淮。東距海。」《禹貢》云「淮海惟揚州。」呂氏曰「揚州。越也。」《爾雅》曰「江南曰揚州。」今依九宮之位。冀州正北。在坎宮；荊州西南，在坤宮；青州正東，在震宮；徐州東南，在巽宮；豫州中央，在中宮；雍州西北，在乾宮；梁州正西，在兑宮；兗州東北，在艮宮；揚州正南，在離宮。其位與此解相似。太一以兗州在正北，坎位。青州在東北，艮位。徐州在正東，震位。揚州在東南，巽位。荊州在正南，離位。梁州在西南，坤位。雍州在正西，兑位。冀州在西北，乾位。此並從五行本始之氣。西北亥地，故坎水居之。東北寅地，故震木居之。西南巳地，故離火居之。西南申地，故兑金居之。乾為金，故從本金位。巽為木，故從本木位。坤艮俱土，故取地之經，居正南正北。此並依《周禮》職方之始位。雖宮位微移。五行氣一。此九州島上對九天分，二十八宿屬焉。《淮南子》云：中央鈞天，數五。其星角亢氐。韓、鄭分。鈞，極也。布極四方，亦曰極天。為四行主。對中宮豫州。東方蒼天，數三，其星房心尾。房心，宋分。尾，燕分。東方色青也。對震宮青州。東北變天，數八，其星箕斗牛。箕，燕分；斗，吳分；牛，岱分。水之季，陰氣盡。陽始作，萬物將變。對艮宮兗州。北方玄天，數一。其星女、虛、危、室。女，越分。虛、危，齊分。室，衛分。水色黑。故云玄天。對坎宮冀州。西北幽天，數六。其星壁、奎、婁。壁，衛分。奎、婁，魯分。金之季。即太陰幽暗也。對乾宮雍州，西方昊天，數七。其星胃、昴、畢。胃，魯分。畢、昴，趙分。金色白。故曰昊天。對兑宮梁州。西南朱天，數二。其星觜、參、井。觜、參，晉分。井，秦分。居火之季。陽色朱也。對坤宮荊州。南方炎天，數九。其星鬼、柳、星。鬼，秦分也。柳、星，周分也。火性炎上。故曰炎天也。對離宮揚州，東南陽天，數四。其星張、翼、軫。張，周分。翼、軫，楚分。木之季。將即太陽。故曰陽天也。對巽宮徐州。此九天。亦屬北斗九星之數。故下對九州島。炎天數九，屬斗第一樞星。應離宮，對揚州。變天數八，屬斗第二璿星，應艮宮。對兗州。昊天數七，屬斗第三璣星。應兑宮，對梁州。幽天數六，屬斗第四權星。應乾宮，對雍州。鈞天數五，屬斗第五衡星，應中宮。對豫州。陽天數四，屬斗第六開陽星。應巽宮。對徐州。蒼天數三，屬斗第七瑤光星，應震宮。對青州。朱天數二，屬斗第八星，應坤宮，對荊州。玄天數一。屬斗第九星，應坎宮，對冀州。屬斗第八第九二星。陰而不見以其對陰宮也。又郭璞易占云：乾一。坤二。震三。巽四。坎五。離六。艮七。兑八。占人及物數皆準此。蓋以父母男女為次也。此九宮八卦之數。故以備釋。〔註4〕

觀《文獻通考》、《唐會要》等書所引蕭吉八卦九宮之神，比較傳世本（這裡以王雲五叢書集成本為例。就版本而言，國內《五行大義》版本均來自清人盛宣懷的常州先哲本，而盛本來自日本存佚叢書）所言九宮神，第一，傳世本沒有宋人引用的九宮介紹有序，清晰。其二，沒有宋人引用的完整。宋人引用的版本其撰述者思路清晰，表述簡潔，每一宮介紹都是按照宮序、神

〔註4〕（隋）蕭吉《五行大義》，見中州古籍出版社排印叢書集成珍庫術數全書本，下冊，1994年版，p209。

名、星名，卦名，五行順序名，該方色彩這樣一個程序說明的。而傳世本沒有這樣有序。文字囉嗦許多。其中有些內容如顏色、宮的卦位等又放在後面第 210～211 頁介紹。也許叢書集成所據本《五行大義》是未定稿。而被宋人徵引較多的是另一個比較完備的本子。本人推測，因為隋文帝、隋煬帝對讖緯之學打壓比較厲害。也許是這個原因，蕭吉所撰寫的《五行大義》一開始沒有署名，蕭吉身後，隋滅唐興，從事天文律曆方面工作的官員將其發布，而初稿本則從另外的渠道流傳民間。這就是我們所看到的《五行大義》。《舊唐書·藝文志》載：「《五行記》五卷，蕭吉撰」。唯蕭吉在自序只說了該書內容總計二十四段，今傳本內容與序言相符。《宋史·藝文志》已經明確蕭吉《五行大義》五卷。

我推測叢書集成所收錄的來自常州先哲叢書本《五行大義》是作者按照自己的寫書提綱抄錄的資料，也可以說是初步的書稿。這個你甚至可以從該書目錄即可看出：

第一釋名，就此分為二段：一者釋五行名，二者論干支名。該書目錄標注有個規律。凡是不需要分幾個層次敘述的，就沒有二級目錄，如第二辨體法。第五論配支干。第七論德。第八論合。但只要需要分層次敘述的，就有二級目錄。且在一級目錄那裡就明確標注「就此分為五段」如第三論數；第四論相生；第六，論五行相雜。

其目錄標注顯示出作者寫作提綱的章節安排。思路很清晰。但若係定稿，一般不會把這種提綱式的目錄計劃照抄做定稿。很大可能這是初稿。後來蕭吉在此基礎上有修改潤色的定本，因為隋朝禁止讖緯之學。故蕭吉《五行大義》之傳承當係循先官府傳承，後民間傳承的道路而來。《五行大義》《舊唐書》《宋史》均有記載，而自元以後就不見蹤影。南宋亡國，當時蒙古侵略者曾主張一把火將宋朝檔案燒掉了事。是一位和蒙古侵略軍上層有關係的南宋文臣陳述文獻檔案的價值和重要性。那位蒙古將軍才改變主意。當時南宋朝廷的檔案圖書，蒙古人用很多馬車源源不斷的運往北方他們的上京保存。後來脫脫主持修《宋史》，沒有遇到文獻上的太多困難。跟那位南宋文臣關鍵時刻的提醒有絕大的關係。但在那樣國破家亡的當口，誰能保證南宋朝廷豐富的檔案和藏書沒有遺失？類似的情況，在蒙元亡國時也會發生。朱元璋驅逐韃虜，恢復中華。在蒙古人佔領中國不足百年的時節，將其趕到漠北。蒙元朝廷在大都的圖書檔案雖然由朱元璋大將徐達接管，但誰能保證元朝滅亡時，國家檔案館的藏書不外流遺失？這也許就是為什麼《五行大義》那麼重要的一本書，自元朝史官們修撰《宋史》時將其著錄後，中國大陸從此再也不見此書。最後還是日本國德川幕府後期主政者將他們收藏的《五行大義》送給清朝朝廷，蕭吉此書從此才失而復回。而對《五行大義》一書研究貢獻最大的也是一個叫中村璋八的日本學者。他的著作叫《五行大義校注》。他還和一個叫安居香山的學者合作撰著了一部輯佚大著作，即《緯書集成》。中村璋八教授的《五行大義校注》，1998年有增訂本出版。

鑒於《五行大義》是一本不容易讀懂，但對於術數研究者而言又是一本十分重要的著作，我們有必要將中村璋八教授所做的開創性工作和國內第一本研究《五行大義》的著作，學者劉國忠的《五行大義研究》所做的工作做一介紹：

日本國內最早提到《五行大義》的文獻，是成書於西元 797 年（延曆十六年，唐德宗貞元十三年）的《續日本紀》。該書卷二十「天平寶字元年十一月」條（757）記載孝謙（稱德）天皇主持制定《諸國博士醫師任用法》。其文是：敕曰：如聞。頃年諸國博士醫師，多非其才，託請得選，非唯損政，亦無益民，自今已（以）後，不得更然。其須講經生者《三經》，傳生者《三史》；醫生者《太素》、《甲乙》、《脈經》、《本草》；針生者《素問》、《針經》、《明堂》、《脈決》；天文生者《天官書》、《漢晉天文志》、《三色簿贊》、《韓楊要集》；陰陽生者《周易》、《新撰陰陽書》、《黃帝金匱》、《五行大義》；曆算生者《漢晉律曆志》、《大衍曆議》、《九章》、《六章》、《周髀》、《定天論》，並應任用。天平寶字元年（757）提到的《五行大義》顯然是日本最早的一個版本（以下略稱為「天平本」），並且它也可能是最接近蕭吉未刊原稿的一個本子，對日本平安時代（794～1192）以後宗教思想與學術文化產生了深遠影響的，或許就是這個本子。成書於宇多天皇寬平三年至九年（891～897）的《日本國見在書目錄》17 在第 36 類中著錄了「五行家」漢籍 919 卷，其中有「《五行大義》一」（未提及作者）。「一」，當為一冊、一部之意（如現存清人盛宣懷組織編印的《常州先哲叢書》中的《五行大義》就是五卷一冊），應該也是指天平本。當時日本的貴族、僧侶和政治家，多以能直接從《五行大義》中摘錄文句，作為政治、觀物、養生、服色、醫療、禮節、儀式的權威依據為時髦。中村璋八經過艱苦的努力，從日本許多古代典籍中搜尋《五行大義》的蹤影，發現了大量的線索。如平安前期，在《三代實錄》清和天皇貞觀十七年（875）陰陽僚的奏言中有「蕭吉九篇」的記載；在菅原為長的《管蠡抄》（成書於 901～930 年）中有《五行大義》四條引文；在具平親王的《弘決外典抄》（成書於 991 年）中有十二條引文；在惟宗允亮的《政事要略》（成書於一條天皇年間，986～1011）殘卷中有四條引文和重要的發揮；在漢文詩人藤原公任（966～1041）的《北山抄》中有一條引文。平安後期，在藤原賴長（1120～1156）的日記中有他閱讀和引用《五行人義》的多次記載。進入鎌倉時代（1192～1331），引用《五行大義》的範圍更為擴大，如在《諸道勘文》（平安末年輯，《群書類從》本）中有八條引文；在沙門信瑞的《淨土三部經音義集》（大正新修大藏經本）中有七條引文；在素寂的《紫明抄》（內閣文庫本）中有一條引文；在《醫家千字文注》（續群書類從本）中有三條引文；在賀茂在方的《歷林問答集》（群書類從本）中有一條引文；在在盛的《吉日考秘傳》（續群書類從本）中有三條引文；在豐原統秋的《體源抄》（古典全集本）中有四條引文，等等。鎌倉後期至南北朝時期（1331～1392），菅原、藤原兩個貴族集團甚至競相利用《五行大義》中的文句來確立年號，作為政治鬥爭的一個重要手段。如菅原在兼根據《五行大義》「國家安寧，長樂無事」之句提出「安長」年號，藤原資名則根據《五行大義》「順天之化，長養萬物」之句提出「長養」年號。據《元秘抄》、《改元部類》（宮內廳書陵部）等文獻的記載，從花園天皇慶長元年（1311）開始，此類爭鬥共發生了 15 次。天平本的原本估計已經失傳，但在流傳過程中派生了一系列抄本。其中最重要的有以下四個本子：第一，元弘相傳本五卷（略稱「元弘本」）；第二，天文抄本五卷（略稱「天文本」）；第三，高野山舊三寶院本（略稱「高野本」），僅存第五卷第四，舊寶玲文庫本（略稱「寶玲本」），僅存第五卷後半部分。日本的《五行大義》在傳播過程中共產生了天平本、元弘本、神宮本、天文本、陽明本、卜部本、高野本、寶玲本、元祿本、佚存本等 10 種主要的抄本和刊本。其中最接近蕭吉所著、因而版本價值最高的天平本已經失傳。其餘版本各有千秋，可互作參校。對中國文化界影響最大的，是屬元弘本系統的佚存本。根據當時德川幕府的命令，《佚存叢書》被專程送到中國。中國現存的幾種《五行大義》版本，就是根據佚存本發展而來的。中國最後一次正式著錄《五行大義》的文獻目錄，是《宋史・藝文志》，時間在 1343～1345 年間。在這之後，《五行大義》就銷聲匿跡，不見了蹤影。一直到十九世紀初日本《佚存叢書》進入中國，人們才重新發現這一與故土闊別 460 年之久的珍貴典籍所具有的巨大價值，於是迅速作出了反應。清嘉慶九年（1804），浙江德清許宗彥根據佚存本翻刻《五行大義》五卷（范氏古歡堂），這是自《宋志》著錄《五行大義》以來中國人第一次正式印行此書。此時距《佚存叢書》的印行僅僅 5 年。許氏《敘錄》稱：《唐志》「蕭吉《五行記》五卷」；《宋志》「蕭吉《五行大義》五卷」，藏書家均未著錄。近日本國人刻《佚存叢書》，此書在焉，用活字印行，多誤舛。宗彥校其可知者，改定數十字，余仍其舊，俟知者而別梓之。……觀吉之書，文樸義質，徵事咸有條理；秘文墜簡，多世希覯。推五行之數，合諸辰日、音律、性情、年命，曲而不枝，約而不僻。雖其粗涉津涯，未足究神秘、探奧跡，融暢於大道；以視術家所誦習，則倜然遠矣，豈可以傳世無緒、來自遠方而忽之哉？嘉慶本以佚存本為底本，版式也與佚存本大致相同。雖然自稱「改定數十字」，但實際改動多達 407 處。嘉慶十二年（1807），阮元編選《宛委別藏》進呈。原稿共 174 種，總目中有：「《五行大義》五卷，隋蕭吉撰，日本《佚存叢書》本」。據阮元為《宛委別藏》各書所撰之提要，22 稱：是編日本人用活字板排印。前有自序，稱「博採經緯，搜窮簡牒，略談大義，凡二十四段。別而分之，合四十段。二十四者，節數之氣；總四十者，五行之成數」云云。……今觀其書，文義質樸，徵引讖緯諸籍，有條不紊。且多佚亡之秘籍，尤非隋唐以後所能偽為也。據《故宮善本書目》，《宛委別藏》160 種藏於養心殿（目二函，書百函，共 160 種，其中由阮元所進者 157 種，與諸家所記不符，疑中有亡佚）；但民國二十四年（1935）故宮博物院編輯、上海商務印書館影印出版《選印宛委別藏》40 種時，因《五行大義》一書已有嘉慶本等刊本傳世，故未收入。1988 年，江蘇古籍出版社按原目錄影印《宛委別藏》120 冊，收《五行大義》於第 70 冊。

嘉慶十八年（1813），歙縣鮑廷博編輯《知不足齋叢書》，收《五行大義》於第二十六集（略稱「知不足本」）。這是嘉慶本問世以來中國第二次正式刊刻印行《五行大義》。鮑氏作短跋於書後：隋蕭吉《五行大義》失傳已久。近德清許氏得自日本《佚存叢書》中，既校而刊之矣，惜傳之不廣。因重壽梓，以公同好云。另據嚴一萍《百部叢書・影印說明》稱：「知不足覆刊佚存而加校訂」，可知知不足本所用的底本還是佚存本。其版本的進步，體現在對底本又進行了一次修改，共比嘉慶本多了 24 處。由於《知不足齋叢書》印行數量很大，《五行大義》對學術界，特別是對清代和近代的文獻考據學產生廣泛而深刻的影響。除前引陳喬樅《齊詩翼氏學疏證》、孫詒讓《札迻》外，朱右曾《逸周書集訓校釋》、趙在翰《七緯》、黃奭《黃氏逸書考》、陳立《白虎通疏證》、王先謙《漢書補注》、汪宗沂《太公兵法逸文》、劉家立《淮南內篇》等，也都先後引用了《五行大義》。光緒八年（1882），日本《佚存叢書》在上海由黃氏出版木活字排印本；光緒二十三年（1897），盛宣懷選輯編印《常州先哲遺書》，在第一輯子部中再次收入《五行大義》（略稱「常州本」）。

《五行大義》不僅是隋以前傳統五行理論的集大成，也是研究中國整個五行思想發展歷程的必讀之書。日本權威學者中村璋八以元弘相傳本為底本，將各鈔本、高野山本和天理圖書館所藏卷五零本作了訂正，其他地方則維持元弘相本的原貌，而將各抄本、刊本的異同列於正文之上的空欄處，注解則寫在正文之下的空欄處，使人一目了然。寫成《五行大義校注》一書。堪稱是自五行大義寫成至今近 15 個世紀以來的一本集大成研究的著作。國內學者有劉國忠教授的《五行大義研究》一書。遼寧教育出版社，1999 年版。國學叢書本第 20 冊，正如李學勤先生在序言中所稱道的：「劉國忠博士的這部《五行大義研究》對《五行大義》一書進行了系統的研究介紹。他不畏原文的古奧費解，克服種種困難，做了細緻的點讀校勘，繼又對此書的源流版本、研究過程相加論述，在吸收日本、法國等方面學者成果的基礎上，抒發己見，提出了很多富於創造性的見解。」〔註 5〕

三、《五行大義》內容考

寫作動機：

我們知道，蕭吉是一個精通術數之學且深受隋文帝隋煬帝器重的術士。他性格孤僻高傲，和權臣楊素不合。因此被擯落。完全靠他的智慧取得隋文帝的重視，才得以翻身。後因幫助隋煬帝楊廣成功競爭登基而受重用。他雖然心機多，但實屬有真才實學之人。他對東晉以來術士們的作為很不滿意。這是他動手著作《五行大義》等書的根本動機：

> 昔中原喪亂，晉氏南遷。根本之書不足，枝條之學斯盛，虛談巧筆，競功於一時；碩學經邦，棄之於萬古。末代踵習，風軌遂成。雖復占候之術尚行，皆從左道之說；卜筮之法恒在，爻象之理莫分。月令靡依，時制必爽。失之毫髮，千里必差。水旱興而不辨其由，

〔註 5〕劉國忠，《五行大義研究》，遼寧教育出版社，1999 年版，p2～3。

> 妖祥作而莫知其趣。非因形象，罕徵窮者。覩其謬惑，歎其學人皆信其末而忘本，並舉其粗而漏細。古人有云：登山始見天高，臨壑方覺地厚。不聞先聖之道，無以知學者之大。況乃五行幽邃，安可斐然。今故博採經緯，搜窮簡牒，略談大義。凡二十四段。別而分之，合四十段。二十四者，節數之氣。總四十者，五行之成數。始自釋名，終於蟲鳥。凡配五行，皆在茲義。庶幾使斯道不墜，知其始焉。若能治心靜志，研其微者，豈直怡神養性，保德全身，亦可弼諧庶政，利安萬有。斯故至人之所達也。〔註6〕

這個寫作動機是真實可信的。我們看時代比較接近的其他有抱負的術士，也有類似的感慨。因為晉宋以來，南北分離，政權更替像走馬燈一樣頻繁。幾乎所有有潛在競爭力的統治者身邊，都會有一個或幾個望氣者，他們或用年庚八字，或用天象雲氣來蠱惑那些有競爭實力手握兵權的要人。這期間，蠅營狗苟者大有人在，術士而能胸懷大局，能自覺維護統一反對分裂者，我只看到了一個郭璞。寧可被王敦殺害也絕不做蠱惑他做天子夢之類的傻事蠢事。在那樣一個急功近利的時代，術士們只要能說動潛在的帝王取代前朝，自立為王，就可以富貴榮華，享受不盡。哪裏有心思去認真讀書，研究專業領域的諸多問題！蕭吉在這篇自序中措辭雖然很憤激，但所言卻屬事實，包括他，在對待隋文帝楊堅和隋煬帝楊廣的問題上，也同樣是功利主義的。不同的是，他確實有真知灼見，故能留下那麼多術數著作。借用今天的話說，蕭吉對東晉以來，對術數界輕視基礎理論研究只重應用投機的弊病很是不滿，因此才寫成這麼一本《五行大義》以及其他相關術數著作，如《宅經》、《葬經》、《帝王養生術》等。

（一）論五行屬性的相雜特性

具體說，這種相雜性的內涵就是五行中的任何「一行當體，即有五義。」蕭吉舉例說，例如「木有曲直，此是木也。木中有火，則是火也。木堪為兵杖，有積觸之能，即是金也。木中有潤，即是水也。木吐花葉子實，即是土也。」餘可類推。〔註7〕

〔註6〕（隋）蕭吉撰《五行大義·序》，中州古籍出版社，叢書集成珍庫《術數全書》排印本，1994年版，p191～192。

〔註7〕（隋）蕭吉撰《五行大義》第六《論五行相雜》，中州古籍出版社，叢書集成珍庫《術數全書》排印本，1994年版，下冊，p221。

（二）論支干雜

蕭吉指出，由於八卦和干支配位的結果，干支都很難純粹。比如說，甲乙丙丁戊巳庚辛壬癸這十天干和五行匹配後的結果：「甲為木，乙為材，丙為火，丁為灰。〔註 8〕

（三）論方位雜

蕭吉指出，五行中任何一個方位都無法純粹的由金火木等元素構成。比如說，東方，對應的干支為甲乙寅卯辰。進而分析這五個干支的五行構成，我們發現：「甲，木也。乙中有雜金。寅中有生火。辰，土也。卯中有死水。」我們從五行干支表現圖不難看出這種方位雜是客觀存在的。當然，這種方位雜是就羅盤上的方位和干支配合情況分析而言的。〔註 9〕

圖 5-10 五行生剋四時八節二十四氣示意圖

〔註 8〕（隋）蕭吉撰《五行大義》第六《論五行相雜》，中州古籍出版社，叢書集成珍庫《術數全書》排印本，1994 年版，下冊，p222。

〔註 9〕（隋）蕭吉撰《五行大義》第六《論五行相雜》，中州古籍出版社，叢書集成珍庫《術數全書》排印本，1994 年版，下冊，p223。

在中國歷史上，大約從漢朝初年董仲舒罷黜百家獨尊儒術開始，社會上開始出現研究儒學經典的熱潮。研究成果主要表現有二：一是經典本身的研究。如真偽研究，經典本身的釋讀研究，新的自成體系的著作，如楊雄的《太玄經》，馬融的《忠經》等。以及配合經典研究的小學著作，如許慎《說文解字》，劉熙《釋名》。還有《爾雅》、《方言》。二是產生了大量的輔佐儒家經典的著作。和經書相對而言，這些解經輔助材料被稱為緯書。緯書分易緯，詩緯，書緯、禮緯、春秋緯、樂緯。這些緯書現存完整的不多，董仲舒的《春秋繁露》可能是少見的完整著作，其他為經書做輔助研究的緯書，在三國之後，特別是六朝至隋遭到歷代統治者的封禁。大部分緯書都消失了。清代復興漢學，學界興起了輯佚之風。孫穀的《古微書》在緯書輯佚方面開風氣之先。後來有喬松年的《緯攟》，現代的有姜忠奎的《緯史論微》，日本學者安居香山、中村璋八的《緯書集成》。這些漢人和漢文化圈學者撰寫的《緯書》保留了大量的陰陽五行思想、結構。是研讀儒家經典必須參考的讀物。

通觀全書，《五行大義》這本書是經過精心構思的。著者從最基本的金木水火土五行定義到五行相生、相剋的原理，五行和人體構造，官制建構，帝王統治的同形同構關係，甚至細小到動物的分類，五行的表徵。實在是體大思精的大著作。說它包羅萬象，結構森嚴，說理透徹，為世間五行研究諸書之集大成之作，一點也不過分。我們這些 1400 年後的讀者和批評者，你可以批評書中的理論有這樣那樣的問題，但你改變不了的事實是，這本書，或者說陰陽五行理論和周易八卦一樣，對歷代中國人的精神生活產生了至為深遠的影響。

下面，我們分別加以說明。

蕭吉首先對五行相關的概念進行詮釋。如干支。這應該是最原真的定義，如「甲、乙、丙、丁、戊、己、庚、辛這十個天干文字，原來是描述植物從甲（發芽）乙（分蘖）、丙（長葉）、丁（長幹）成長到戊（茂盛）、己（成熟）直到結果收穫的全過程的十種狀態，直到又一輪新的生命週期的開始，即庚、辛（相當更、新）。書中用的是萬物這個詞，也就是說，這種描述事物生命週期狀態的字，它遠遠不止覆蓋植物，而是包括我們人類在內的世間萬物。一如佛教將眾生的生命週期用生老病死四字概括之一樣。我們這裡所說的植物子丑寅卯辰巳午未申酉戌亥這十二個地支字也是對植物生長過程不同時段特質的描述。只不過描述的節點狀態點分得更細一些罷了。如「子」就是萬物滋生的初始狀態，「丑」就是萬物開始成長，如植物芽蘖紐結的狀態，「寅」是萬物成長長高伸長的狀態，「卯」就是生長茂盛、茁壯成長的狀態，「辰」是快速成長，去其故體展示新姿的狀態。「巳」的意思是植物到這個階段成長就基本定性了。「午」的意思是植物枝葉交叉，亭亭而立；已經開始由旺盛走向衰朽，就像正午一過太陽就會偏西一樣。「未」同昧，意思是鮮活的事物色彩開始暗淡了。「申」的意思是植物的身軀也開始慢慢變老。「酉」的意思是植物已經呈現衰老氣象。「戌」的意思是像有人用刀砍殺過的一樣肅殺而無生氣；「亥」是植物最後的形態，即到了該收穫的季節了，植物的種子被收起來。如果用來描述人，那就是此時的人已然是一具軀殼，沒有生機。古人發明的地支十二字其實可以用來描述世間一切有生命的物質的生命週期全過程不同節點的狀態。〔註10〕只是我們研究周易，對八卦，對六十四卦不能理解得太死，對每一卦的每一個爻象也不能理解的太死。因為一切都在變動之中。對五行中的天干地支標識萬物的生命週期，也同樣不能理解得太死。太死就是拘泥。就忽略了變化的因素。跟中國陰陽五行文化的本旨就相違背了。

> 天有五行，木火土金水是也。木生火，火生土，土生金，金生水，水生木。〔註11〕

五行何以相生？蕭吉引用東漢班固的《白虎通義》之解釋，全文如下：

> 木生火者，木性溫暖，火伏其中，鑽灼而出，故木生火。火生土者，火熱，故能焚木，木焚而成灰，灰即土也，故火生土。土生金者，金居石依山津潤而生，聚土成山，山必生石，故土生金。金生水者，少陰之氣潤澤流津，銷金亦為水。所以山雲而從潤，故金生水。水生木者，因水潤而能生。故水生木也。木剋土，土剋水。水剋火，火剋金，金剋木。此即所謂五行相剋。或問：五行何以相剋？答曰：「木剋土者，專勝散。土剋水者，實勝虛。水剋火者，眾勝寡。火剋金者，精勝堅。金剋木者，剛勝柔。」〔註12〕

它如對干、支的定義，對金木水火土五行的詮釋，都非常準確到位。如對

〔註10〕（隋）蕭吉撰《五行大義》第一《釋名》，中州古籍出版社，《術數全書》本，1994年版，下冊，p193。

〔註11〕（漢）董仲舒著《春秋繁露》，卷十，文淵閣四庫全書，臺灣商務印書館景印本，第181冊，p764。

〔註12〕（漢）班固撰《白虎通義》，文淵閣四庫全書，臺灣商務印書館景印本，第850冊，p23。

金木水火土五行的闡釋，不僅定義其字的來歷，而且說明這些字的方位，物性。這樣的著述可以幫助讀者獲得十分重要的基礎知識，對後面的應用理解極其有益。

五行生剋，五德終始，揭示了天道和人道的不斷由平衡而不平衡，從而臻於新的平衡的客觀規律。實際上始終在強調人道應和天道平衡，人道應該法天而行，而不能逆天而行。這裡我們舉一個例子：

> 易以離為火，為明。重離，重明，則君臣俱明也。明則順火氣。火氣順則如其性，如其性則能成熟。順人士之用。用之則起。捨之則止。若人君不明，遠賢良，進讒佞，棄法律，疼骨肉，殺忠諫，赦罪人，廢適（嫡）立庶，以妾為妻，則火失其性，不用則起，隨風斜行，焚宗廟宮室，燎於民居。故曰火不炎上。〔註 13〕

作者以火為例，正常情況下，火的特點是「炎上」。但如果君王棄法律，遠賢良，殺忠諫，赦罪人。一句話，背離正常的軌道行事。在這種狀態下，火焰就會失去其固有的「炎上」特性，而是不用則起，隨風斜行，焚宗廟，燒民居。又如水，也是一樣。正常情況下，水的特性是就是「潤下」，生長萬物。但「若人君廢祭祀，慢鬼神，逆天時。則水失其性，水暴出，漂溢沒溺，壞城邑，為人之害。故曰水不潤下也。」也就是我們常說的會爆發大洪水。其邏輯關係是主持人道的君王行為乖戾，違背天道，因此天道也會以乖戾之面貌「為人之害」。〔註 14〕

實際上，這裡的《辨體性》雖然沒有直接說明人道若違背天道與五德終始的關係，但暗含著政權更迭中的五行生剋關係。應該是題中應有之義。

在論五行相生部分，作者通過對北南東西四象所在的卦象分析，交代一、二、三、四四個數字的來歷。然後講到五行生土，所謂土在四象的中間。實際上五這個數字是四象交叉（古書上稱交午）的中間數。無論是 1 和對角線的 4，還是 2 和對角線的 3，交叉後得數都是五。從陰陽化合的角度看，孤陰不生，獨陽不長。只有陰陽交合才能生出新的事物。五這個數字就這樣產生了。作者援引了幾種不同的解釋，後來論述了五行與人倫孝道、五行與官制結構的同形同構關係。這是五行學說的第二條規律，即揭示了金木水火土五行和五

〔註 13〕（隋）蕭吉撰《五行大義》第二，中州古籍出版社，排印叢書集成珍庫《術數全書》本，1994 年版，下冊，p197。

〔註 14〕（隋）蕭吉撰《五行大義》第二，中州古籍出版社，排印叢書集成珍庫《術數全書》本，1994 年版，下冊，p198。

倫、五刑、五官等官制刑法的同形同構關係。

論生死部分則對金木水火土五種物質中的每一種的生命週期進行剖析。揭示了金木水火土五種物質都共同遵循著：受氣—胎—養—生—沐浴—冠帶臨官—王（旺）—衰—病—死—葬十二個生命節點為特徵的生命週期。可以說，這是五行學說的第三條規律。

《龜經》云：土，木動為辰土。火動為未土。金動為戌上。水動為丑土。又：甲乙寅卯為辰土。丙丁巳午為未土。庚辛申酉為戌土。壬癸亥子為丑土。凡五行之王各七十二日。土居四季。季十八日。並七十二日。以明土有四方，生死不同。此蓋卜筮所用。若論定位王相，及生死之處。皆以季夏六月為土王之時。〔註 15〕

論四時休王部分實際上是分別揭示第一辨五行體休王、第二，論支干休王、第三，論八卦休王三個問題。

所謂五行體休王，揭示的是金木水火土五種物質在春夏秋冬四季不同的生存狀態。具體說就是：「五行體休王者。春則木王，火相，水休，金囚，土死。夏則火王，土相，木休，水囚，金死。六月則土王，金相，火休，木囚，水死。秋則金王，水相，土休，火囚，木死。冬則水王，木相，金休，土囚，火死。」

所謂「支干休王」。揭示的是春夏秋冬四季相關干支的生存狀態。這些干支遵循著王、相、休、囚、死的規律：「春則甲乙寅卯王。丙丁巳午相。壬癸亥子休。庚辛申酉囚。戊巳辰戌丑未死。夏則丙丁巳午王。戊巳辰戌丑未相。甲乙寅卯休。壬癸亥子囚。庚辛申酉死。六月則戊巳辰戌丑未王。庚辛申酉相。丙丁巳午休。甲乙寅卯囚。壬癸亥子死。秋則庚辛申酉王。壬癸亥子相。戊巳辰戌丑未休。丙丁巳午囚。甲乙寅卯死。冬則壬癸亥子王。甲乙寅卯相。庚辛申酉休。戊巳辰戌丑未囚。丙丁巳午死。」

所謂八卦休王。揭示的是二十四節氣對應的八卦各自休王狀態：「八卦休王者：立春艮王，震相，巽胎，離沒，坤死，兌囚，乾廢，坎休。春分震王，巽相，離胎，坤沒，兌死，乾囚，坎廢，艮休。立夏巽王，離相，坤胎，兌沒，乾死，坎囚，艮廢，震休。夏至離王，坤相，兌胎，乾沒，坎死，艮囚，震廢，巽休。立秋坤王，兌相，乾胎，坎沒，艮死，震囚，巽廢，離休。秋分兌王，乾相，坎胎，艮沒，震死，巽囚，離廢，坤休。立冬乾王，坎相，艮胎，震沒，

〔註 15〕（隋）蕭吉撰《五行大義》第二，排印叢書集成珍庫《術數全書》本，1994 年版，下冊，p216。

巽死，離囚，坤廢，兌休。冬至坎王，艮相，震胎，巽沒，離死，坤囚，兌廢，乾休。其卦從八節之氣，各四十五日。凡當王之時，皆以子為相者。以其子方壯，能助治事也。父母為休者，以其子當王，氣正盛。父母衰老，不能治事。如堯老。委舜以國政也。所畏為死者。以其身王。能制殺之。所克者為囚者。以其子為相。能囚讎敵也。柳世隆云：木王時，為林園竹樹。相時，為葦荻草萊。休時，為椽柱船車。囚時，為薪樵榛梗。死時，為棺槨朽株。火王時，為陶冶炎光。相時，為燈燭。休時，為煙氣。囚時，為炭燼。死時，為灰。土王時，為國邑山嶽。相時，為城社丘陵。休時，為田宅。囚時，為牆垣。死時，為糞壤。金王時，為金玉寶器。相時，為銀銅利刃。休時，為鉛錫犁鋤。囚時，為焦器釜鑊。死時，為沙礫碎鐵。水王時，為海瀆。相時，為湖澤陂泉。休時，為溝渠。囚時，為酒漿。死時，為枯池涸井。此並王時氣盛。故為洪大之物。相時氣劣，其比漸小。休時氣衰，故復轉微之。囚時於惡，所以最下。死時棄不用，故是枯朽之類也。」〔註 16〕柳世隆為金木水火土五行各自的王、相、休、囚、死五種狀態的描述，對我們現解風水術中的五行生剋很有幫助。

研究《五行大義》，可以和《尚書．洪範》篇結合著讀。因為洪範篇講的也是五行問題，只不過箕子對周武王講的是歷代傳承下來的治理國家的五行思想。其中既包括人和自然的和諧，更包括人和社會的和諧。箕子對周武王所陳述的治國君民大綱，也就是周易繫辭中所概括的聖人境界，即「與天地合其德，與日月合其明，與四時合其序，與鬼神合起吉凶。」

四、《五行大義》在中國文化史上的地位

隋煬帝自己靠讖緯上位，但卻十分忌諱這玩意兒。因此他當權後曾下令焚燒讖緯圖書。他這一次比較徹底。在他之前，梁元帝蕭繹在江陵亡國於後周宇文贇，傷心絕望之下，曾下令將所收藏數十萬卷藏書付之一炬。大家不難想見，唐前的書主要靠手寫。該有多少讖緯圖書，也就是說該有多少包含有上古科技政治文化史料的緯書和讖書就這樣永遠的消失了。值得注意的是，對於那些消失的讖緯著作，蕭吉卻因為獨特的條件（隋煬帝的皇位可以說就是蕭吉幫他策劃獲得的）因此手中保存有不少緯書和讖書。他寫《五行大義》需要參考的資料中就有大量的緯書和讖書。這個可以從他所引用書目看出。如《禮緯稽

〔註 16〕（隋）蕭吉撰《五行大義》第二，排印叢書集成珍庫《術數全書》本，1994 年版，下冊，p217～18。

命徵》、《援神契》、《春秋元命苞》。《詩緯推度災》、《春秋緯》、《春秋繁露》、《黃帝九宮經》、《洪範》、《樂緯》、《式經》。《五行書》，五行最早是在《尚書・甘誓》和《尚書・洪範》中提到過。五行是關於各種自然現象和社會現象的呈現與運行的規律之學說，但原書已經亡軼。

《五行十雜》，《陰陽說》，《樂記》，《黃帝甲乙經》，《方言》，《月令》，《黃帝養生經》，《河圖》，《春秋潛譚巴》，《漢書・五行志》，《三禮義宗》，《帝王世紀》，《律書》，《淮南子》，《感精符》，《太玄經》，《物理論》，《合誠圖》，《虞錄》，《黃帝鬥圖》，《孔子元辰經》，《遁甲經》，《運斗樞》，《天官訓解》石氏，《易通卦驗》，《錄圖》，《帝系譜》，《三五歷記》，《星經》甘公。《六壬式經》，《春秋佐助期》，《黃帝八神圖》，《孝經鉤命訣》，《禮含文嘉》，《春秋文耀鉤》，《洪範五行傳》，《相秘訣》，《左慈相訣》，《祿命訣》，《考異郵》，《衍孔圖》，《保乾圖》，《拭經》，《玉簡》，《本生經》，《禽變》，《說題辭》，《集靈經》《易緯通卦驗》。

《五行大義》中上述很多兩漢時期的緯書大多亡軼。然後依靠他當年撰寫本書時的引用，我們還是可以看到不少緯書的相關內容。綜合觀察《五行大義》的引用書目和引用內容，可以毫不誇張的說，這本書應用的緯書涵蓋了七緯的所有領域，即關於《周易》，關於《詩經》，關於《尚書》，關於《禮記》，關於《春秋》，關於《樂記》，關於《論語》的緯書都有援引。至少可以說，他這本《五行大義》搜集和保存了被隋煬帝銷毀的眾多緯書中的陰陽五行內容。而這一部分內容大多數都是上古祖先認識自然天象地理以及動植物生長規律以及社會生活中的治理經驗方面的知識。「舉係先哲之微言，與夫古史之秘記。」因此十分難得。

明清時期，我國已經有學者進行失傳的緯書輯佚工作。成果分別有明代孫穀《古微書》等成果，民初學者姜忠奎《緯史論微》、日本學者中村璋八等所撰《緯書集成》搜羅更為宏富。而蕭吉所看到的緯書毫無疑問比他身後多少個世紀的後世學者要原真，要豐富。今檢閱後世幾家緯書輯佚著作，其中大多數引書蕭吉《五行大義》都有，特別是五行書，蕭著更多。

需要說明的是，我們研究緯書，必須釐清兩個概念：一個是緯書和經書的區別，二是緯書和讖書的關係。緯書是漢朝出現的一種圍繞六經做解釋的書。經書談人道，緯書談天道。換句話說，緯書從陰陽五行，天道災祥的角度來說經。故緯書基本都是在漢代獨尊儒術成為國家戰略以後出現的以天道解經之作。而讖書或曰讖語則不同，它屬一種預測性質的斷語。比如現在傳世的推背圖、燒餅歌，就屬讖書。而圍繞詩經、易經、尚書、禮記、春秋、樂經發展起來從天道解說以上諸經之書則屬緯書。後世相城相宅相墓者所留下的鈐記，或曰鈐課，就屬讖書。地方治理收錄的某某河沙成洲出狀元之類的說法就是讖語。如《史記・趙世家》記載秦穆公生重病昏迷七天後醒來，口述昏迷時所見所聞，命公孫支記下來藏於檔案室，這就是秦讖的誕生記錄。

東漢時期，以儒家經書為外學，以緯學為內學。自桓譚、張衡之外，鮮不為其所惑。〔註 17〕楊侃云：當時「緯書之類謂之秘經，圖讖之書謂之內學，河洛之書謂之靈篇。」可以看出東漢學術界風氣之大概。

《五行大義》係中國古代經典著作中最系統論證五行學說的理論產生以及應用方法的經典。可以說，真正深入中國傳統文化，不研讀這本著作，就無法弄清楚中國文化的很多所以然。中國人從日常生活到治國理政，鮮有能避開陰陽五行者。因為在古代中國，世間萬物，皆被賦予陰陽二義，我們最常用的干支，也是首先被賦予陰陽之義：干為陽，屬天；支為地，屬陰。別而言之，干自有陰陽，（甲陽乙陰，丙陽丁陰，戊陽己陰，庚陽辛陰，壬陽癸陰。）支亦自有陰陽。（子陽丑陰，寅陽卯陰，辰陽巳陰，午陽未陰，申陽酉陰，戌陽亥陰。）各象天地，自相配合有夫婦之道。〔註 18〕陰陽之理，支干配合，也被賦予君臣含義。漢楊雄曰：配日之道，正酉五曰：甲巳為木，丙辛為火，戊癸為土，乙庚為金，丁壬為水。陰陽之理，必相配偶，以則君臣夫婦之義。「甲為君為夫，己為臣為妻。君位自在，臣位由君。故己德在甲，乙德在庚。餘四皆然，陰從陽之道。」〔註 19〕陰陽五行，從小處說，反映在我們人身這個小宇宙中。我們的五官，五臟，都離不開陰陽五行。否則中醫就沒辦法看病。而從大處說，宇宙萬象，皆不離陰陽五行。如日為陽，月為陰。晝為陽，夜為陰。就人倫而言，五倫中君、父、夫、長為陽，而相應的臣、妻、子、幼則為陰。因此，這個系統是無所不包的巨系統。

鄒衍的五行學說，在歷史上影響很大，但很遺憾的是原書失傳。我們現在所能看到的最權威，最系統的談陰陽五行的著作，也就《五行大義》這一本經典了。

〔註 17〕（清）朱彝尊《說緯》，《曝書亭集》卷六十，文淵閣四庫全書，臺灣商務印書館景印本，第 1318 冊，p323～324。

〔註 18〕（隋）蕭吉撰《五行大義》，中州古籍出版社，1994 年版，p226。

〔註 19〕（隋）蕭吉撰《五行大義》，中州古籍出版社，1994 年版，p224。

從某種意義上看，五行問題就是選擇問題。因為古人發明了五行。無論我們建造房屋以利生養還是選擇墓穴葬埋逝者，我們面臨的是方位的選擇，日期時辰的選擇，多數情況下都和五行生剋有關。而方位、時辰又無不和天體運行有關。中國古人很早就深信天地人是一個統一體。所謂在天成象，在地成形。天和地是相關聯的，身處天地之間的人又是和天地一體的，也是金木水火土五種要素構成。相學上甚至按照金木水火土把形形色色的人加以分類的，如金形人，木形人等等。命學裏又有金多，水重等五行構成的先天差異之說。

明人袁滄孺說得好：

> 夫宅兆者，地利之成功；天文者，乃選擇之妙用。宅兆無補於選擇，選擇有補於宅兆。宅兆如利舟，選擇如利楫。非舟無以載物，非楫無以行舟。此於選擇必以天文為主。更兼天遁及造命法乃可。又云：天光下臨，地德上載。藏神合朔，神逃鬼避。夫天光下臨者，乃日月星辰之照臨，有薄蝕晦朔進退伏閏最關乎世道之興替也；地德上載，乃山川融結，以及都邑城郭之建立焉。夫居人宅兆之興修也，藏神合朔者，乃六壬察驗之吉神也；神逃鬼避，乃奇門遁甲運用當時法術之妙也。〔註 20〕

這段論述實際上講的是風水選擇四個字。所謂風水，又稱地理。講的是地表上的空間格局組成，如所謂青龍白虎朱雀玄武、龍穴砂水等自然要素。而所謂選擇實在都是為了趨吉避凶，而必須注意的和地理風水匹配的時間節點。而選擇必借助羅經刻度以實現之。

五行生剋雖然一定程度上是對自然規律的認識。但就像陰陽各半，晝夜各半一樣，術數之學的準確性也最多是半對半錯的概率。這裡舉一個例子，是唐朝女皇帝武則天為太史局渾儀監尚獻甫轉官規避五行生剋的故事：

> 長安二年，獻甫奏曰；臣本命納音在金，今熒惑犯五諸侯太史之位。熒，火也。能克金土。是臣將死之徵。則天曰；為卿禳之。遽轉獻甫為水衡都尉，謂曰：水能生金。今又去太史之位，卿無憂矣。其秋，獻甫卒，則天甚嗟異惜之。〔註 21〕

顯然，五行生剋並非絕對的靈驗。只是按理推測，應該如是而已。

〔註 20〕（清）吳鼒撰，鄭同校《陽宅必用》，卷一，九州出版社線裝本第 7 函上冊，p9。

〔註 21〕（後晉）劉昫等奉敕編《舊唐書》，卷一百九十一，中華書局，1975 年點校本，第 16 冊，p5100～5101。

第七章　龍崇拜與風水

一、中國人的龍崇拜

要認識中國的風水遺產，還得認識中國龍。龍脈學說可說是中國傳統地理學的一大特色。也是中國傳統風水學說的一個重要板塊。

在中國文化傳統的構成要素中，龍崇拜是一個十分重要的存在。中國人崇拜龍，早在 8000 年前就開始了。1982 年考古工作者在遼寧省阜新縣一個叫查海的村莊發掘一處新石器早期遺址時，在該村落中心位置出土了大型擺塑圖案。該擺塑龍長達幾十米，所用材料是石頭。擺塑比較粗放。圖案美術效果不是很理想。但該遺址的出土說明早在 8000 年前，中國先民就已經開始了對龍的崇拜。1987 年，河南濮陽市在老城西南隅修建引黃工程供水調節池之前，在配合工程開展前的考古調查中發現了一處仰韶文化遺址，在其考古發掘過程中，發現四組用蚌殼擺砌而成的龍虎圖案，分布在墓主人的身之左右。龍東虎西，龍塑長 1.78 米，虎塑長 1.39 米。皆頭北尾南。這處蚌殼擺塑就時間而言，比遼河流域的考古發現要晚約 2500 年光景。但這龍虎圖案係表示方位則確切無誤，和我們熟知的遠古祖先依據地面觀測二十八宿所得出的左青龍，右白虎，前朱雀，後玄武的方位表達完全吻合。說明我們的祖先早在 6500 年前就已經懂得依據天象觀測確定方位指稱，並且用地球人肉眼可看到的二十八宿星宿組群形態來指代東西南北方位了。

大約在濮陽擺塑的祖先之後 1500 年左右，我們中華民族的人文共祖黃帝征服了炎帝和蚩尤之後，召集氏族聯盟盟主大會，會上確定了兩件大事：一是廢止各氏族原來使用的圖騰徽標，統一使用龍形圖案的徽標。二是決定在涿郡

之阿建都。這兩大決定標誌著中華民族大一統政權的新時代開啟。〔註1〕

關於龍的原型，學術界有蛇為原型和鱷魚為原型的不同說法。實際上，中華龍它是一個聚合的概念。我們知道，在中國人心目中，龍是一種靈物，它能潛伏於地底，也能飛翔於天空。它能騰雲致雨，它能福人禍人。總之，它具有極大的神通。連至聖先師孔子為了表達他對大智者老子的崇拜，也搬出龍來做比喻：「吾今見老子，其猶龍耶？」〔註2〕把哲人比喻為不可把握，能乘風雲而上天的龍，迄今為止，孔子可能是文獻中所能見到的最早的人。

中國人龍崇拜最生動的寫照是漢朝劉向《新序》裏記載的葉公好龍的故事。那個在自己住處到處畫龍刻龍的葉公，一旦真龍來垂顧他，馬上被搞得驚慌失措。故事雖然旨在嘲笑某些只圖虛名，難做實事之人。但對於當時國人崇拜龍成為風氣，卻是真實的寫照。漢朝大儒董仲舒，就是那個建議漢武帝罷黜百家獨尊儒術的人。文獻記載了他求雨的一個場景，也是和龍有關係的。他在一個廣場上按東西南北中五方分別用泥土堆塑五條不同方位大小長短不等的龍，然後開始求雨儀式。他這樣搞能否求到雨，史書沒有說。不過卻開啟了我國幾千年的封建社會向龍王祈雨的先河。〔註3〕漢代的龍崇拜流行不僅表現在求雨一事上。從漢代就開始出現天子乃龍之後裔的造神傳奇。史書上說，漢高祖劉邦的母親在大雷雨天和雲中下降的神龍交合，因此懷孕，後來生下高祖劉邦。並且這情景還是劉邦父親親眼所目睹，讀來令人忍俊不禁。〔註4〕也是自此開始，兩千多年的中國歷史上，極少帝王不神化自己的。這個頭也是漢高祖開的。和孔子不同的是，後來的龍只能是天子的專利，別人使用不得。所謂真龍天子是也。我們國家的血統論也許從那時候就正式開始了吧？

二、龍、方位與山川龍脈

中國人崇拜龍，一開始和山川並無什麼關係。從黃帝將龍形圖案作為統一的部落聯盟共同使用的「logo」開始，直到秦始皇時才開始特別重視剷除王氣。這種王氣是對獨裁專制君主最大的威脅。因為根據望氣者的理論，如果不

〔註1〕（漢）司馬遷撰《史記．五帝本紀》，中華書局，1959年版，第1冊，p6。

〔註2〕（漢）司馬遷撰《史記．老子列傳》，中華書局，1959年本，第7冊，p2140。

〔註3〕（漢）董仲舒《春秋繁露》，卷十六《求雨》第七十四，文淵閣四庫全書，臺灣商務印書館影印本，第181冊，p794～796。

〔註4〕（漢）司馬遷撰《史記》，卷八，《高祖本紀》，中華書局，1959年版，第2冊，p341。

破壞王氣，就會生出新的天子取而代己。這是任何一個獨裁君主都不願意看到的。所謂王氣，在這種語境下就是帝王之氣。因此當權的帝王必須千方百計剷除之。我們在上章已經有所討論。茲不贅述。

從秦始皇開始，和龍的身軀形態同形同構的山川就開始受到術士們的重視了。人們不僅僅需要望氣，還有必要尋龍。

在秦漢時期，長於相墓相宅的著名術士有青烏子。但文獻記載無多，漢朝以後，三國時魏國的著名術士管輅和晉朝的著名術士郭璞的記載就要清楚具體許多了。《三國志》管輅傳記載了一個故事，就是在他生命的最後一年，在隨軍過程中，經過毌丘儉墓時，他曾發表了一篇關於該墓選址不如法的議論：

> 輅隨軍西行，過毋丘儉墓下，倚樹哀吟，精神不樂。人問其故，輅曰：「林木雖茂，無形可久。碑誄雖美，無後可守。玄武藏頭，蒼龍無足。白虎銜屍，朱雀悲哭。四危以備，法當滅族。不過二載，其應至矣。」卒如其言。〔註5〕

毌丘儉是曹魏大將，功勳卓著。後來因為不滿司馬師弒高貴鄉公。因此寫文章斥責司馬師。後被司馬師追殺。毌丘儉比管輅早死一年。管輅也就是在毌丘儉墓前發感慨的這一年去世的。他自然對毌丘儉必然遭到滅族的慘禍有肯定的判斷。這個並不重要，重要的是管輅在這裡已經採用方位吉凶的理論來評價毌丘儉墓的選址失誤。我們知道，左青龍，右白虎，前朱雀，後玄武。這四象實際是東西南北四個方向的代名詞。管輅還曾和清河令徐季龍辯論龍為什麼能興雲上天的問題。說明管輅的時代龍崇拜的問題已經進入術士的視界。並且所討論的已經開始涉及具體的墓葬選址失誤問題。術士管輅已經會採用天地人三位一體的綜合研究方法來評價墓葬得失。

到了東晉郭璞的時代，情況出現新的變化。我們看到《晉書・郭璞傳》的一則記載：「璞嘗為人葬。帝微服往觀之，因問主人：何以葬龍角？此法當滅族。主人曰：郭璞云此葬龍耳，不出三年，當致天子也。帝曰：出天子邪？答曰：能致天子問耳。帝甚異之」。〔註6〕值得注意的是。當時的墓葬風水術一定已經有書籍流傳，且書上應該圖文並茂。不然的話，日理萬機的皇帝怎麼也會知道這些風水術士的事情。有意思的是，天子畢竟不是專業的水平，他誤判了

〔註5〕（晉）陳壽撰，（南朝宋）裴松之注，《三國志・魏志》，卷二十九，中華書局，1959年版，第3冊，p825。

〔註6〕（唐）房玄齡等奉敕撰《晉書》，卷七十二，中華書局，1974年版，p1909。

郭璞所選擇的墓址，以為是葬在龍角上。而郭璞的選址實際是在龍耳的位置，算是打了個擦邊球。沒有人說龍的耳朵位置上不能葬墳。並且主家還告訴微服私訪的皇帝，郭璞早就預測到這個墓安葬後會招來天子。敏感的晉元帝問：郭璞是說葬在這裡會出天子嗎？如果這話坐實，郭璞就是死路一條，還會招來滅族慘禍。但主家告訴天子，他的意思是這個墓葬會吸引天子前來參觀。我看文獻，發現明確的把龍崇拜和墓葬選址結合為一的，當自郭璞始。這或許也是許多後世的學者堅持郭璞是《葬書》作者的原因。

東晉時期如郭璞，如淳于叔平，多以卜筮手段相宅。基本是京房以周易八卦爻位論吉凶禍福的路數。相墓者記載不多，即使郭璞，相墓案例也就寥寥數條，遠不如卜筮相城方面的案例多。從歷史文獻記載看，當時的相墓也沒有尋龍點穴之說。所用手段仍為卜筮。沒有使用其他工俱如式盤等明確的記載。

韓友字景先，廬江舒人也。為書生。受易於會稽伍振，善占卜，能圖宅相冢，亦行京、費厭勝之術。晉書本傳只記載了占卜靈驗的案例。相冢的案例一個也沒有。相宅的案例有一個：

> 宣城邊洪以四月中就友卜家中安否，友曰：「卿家有兵殃，其禍甚重。可伐七十束柴積於庚地，至七月丁酉放火燒之，咎可消也。不爾，其凶難言。」洪即聚柴，至日大風，不敢發火。洪後為廣陽領校，遭母喪歸家，友來投之，時日已暮，出告從者：「速裝束，吾當夜去。」從者曰：「今日已暝，數十里草行，何急復去？」友曰：「非汝所知也。此間血覆地，寧可復住？」苦留之，不待食而去。其夜洪欻發狂，絞殺兩子，並殺婦，又斫父妾二人，皆被創，因出亡走，明日其宗族往收殯亡者，尋索洪，數日於宅前林中得之，已自經死。〔註 7〕

因為這次成功預測，韓友名聲大震，干寶請教他用什麼方法預測如此準確。韓友告訴干寶：他所採用的是五行相生殺的筮法。韓友說：這就「如案方投藥治病，以冷熱相救。其差與不差，不可必也。」我們因此可以推測他相墓採用的應該也是五行生剋的理論和方法。

趙輔和，都臨漳人也。少以明易善筮為齊神武館客。神武崩於晉陽，葬有日矣。文襄令文宣（即高歡的兒子，文宣帝高洋）與吳遵世等擇地，頻卜不吉。

〔註 7〕（唐）房玄齡等奉敕撰《晉書》，卷九十五，中華書局，1974 年版，第 8 冊，p2476～2477。

又至一所，筮，遇革，咸云凶。

> 輔和少年，最在眾人後，進云：「革卦於天下人皆凶，唯王家用之大吉。革象辭云：湯武革命，應天順人。」文宣遽登車顧云：「以此地為定，即義平陵也。」〔註8〕

此擇墓之事當發生在西元550年高洋受東魏禪讓前夕。注意：此時已經接近隋朝建立。當時朝廷擇墓，術士所用方法都是占卜。從行文看，當屬專門的選址班子有了意向後，再通過占卜以決取捨。由此可見，早在東晉初年的郭璞占墓也是使用選擇墓址形成初步意向後再占卜以決定取捨。因此當以目測為主，和後世唐宋時期所謂尋龍捉脈撥砂點穴，其操作方法迥然不同。

殷紹，長樂人。少聰敏，好陰陽術數。遊學諸方，達九章七曜。世祖時為算生博士。太安四年（389）夏上四序堪輿表，曰：

> 臣以姚氏之世，行學伊川，時遇遊遁大儒成公興，從求九章要術。興字廣明，自云膠東人也。山居隱跡，希在人間。興時將臣南到陽翟九崖岩沙門釋曇影間，興即北還，臣獨留住，依止影所，求請九章。影復將臣向長廣東山見道人法穆，法穆時共影為臣開述九章數家雜要，披釋章次意況大旨，又演隱審五臟六腑心髓血脈，商功大筭端部變化玄象，土圭、周髀，練精銳思，蘊習四年，從穆所聞，粗皆髣髴。穆等仁矜，特垂憂愍，復以先師和公所注《黃帝四序經文》三十六卷，合有三百二十四章，專說天地陰陽之本。其第一孟序，九卷八十一章，說陰陽配合之原；第二仲序，九卷八十一章，解四時氣王休殺吉凶；第三叔序，九卷八十一章，明日辰宿會相生為表裏；第四季序，九卷八十一章，具釋六甲刑克禮德。以此經文傳授於臣。山神禁嚴，不得齎出。尋究經年，粗舉綱要。山居險難，無以自供，不堪窮迫，心生懈怠，以甲寅之年，日維鶉火，月呂林鍾，景氣郁盛，感物懷歸，奉辭影等。自爾至今四十五載，歷觀時俗堪輿八會，經世已久，傳寫謬誤，吉凶禁忌，不能備悉。或考良日而值惡會，舉吉用凶，多逢殃咎。又史遷、郝振，中古大儒，亦各撰注，流行於世，配會大小，序述陰陽，依如本經，猶有所缺。臣前在東宮，以狀奏聞，被景穆皇帝聖詔，敕臣撰錄，集其要最，仰奉明旨，謹審先所見四序經文，抄撮要略。當世所須吉凶

〔註8〕（唐）李延壽撰《北史》，卷八十九，中華書局，第9冊，p2937。

舉動集成一卷，上自天子，下至庶人，又貴賤階級，尊卑差別，吉凶所用罔不畢備。未及內呈，先帝晏駕。臣時狼狽，幾至不測。停廢以來，經由八載，思欲上聞，莫能自徹。加年夕齒頹，餘齡日暮，每懼殂殞，顛仆溝壑，先帝遺志，不得宣行，夙夜悲憤，理難違匿。依先撰錄奏，謹以上聞。請付中秘通儒達士，定其得失。事若可施，乞即班用。其《四序堪輿》遂大行於世。〔註 9〕

按：《四序堪輿》就是按照東西南北四個方位所做的堪輿，也就是東蒼龍，西白虎，南朱雀，北玄武。即在管輅《管氏指蒙》、郭璞《葬經》基礎上產生的一部名異實同的著作。其國家正式頒布時間當在東晉孝武帝太元十四年（389）。我們看前面管輅過田丘儉墓所作的評論可知，管氏所採用的相墓術就是四序堪輿術。而郭璞的堪輿術則專在生氣的採集上。和《葬書》的主旨吻合。

《北史》撰著者對魏晉南北朝時期的術士，有個總體評價，基本上是否定的：

近古涉乎斯術者，鮮有存夫貞一，多肆其淫僻，厚誣天道，或變亂陰陽，曲成君欲；或假託神怪，熒惑人心，遂令時俗妖訛，不獲返其真性，身罹災毒，莫得壽終而死。」〔註 10〕

指責他們「厚誣天道，變亂陰陽」;「假託神怪，熒惑人心」;「身罹災毒，莫得壽終而死。」我們看南、北史，隋書，術士投機鑽營為自己謀富貴的例子比比皆是。其很雷同的做法是在亂世看著某人實力強，就悄悄地以術士的身份提醒當事人有帝王之相，不日當總政天下等等。一般這樣的實力派當了皇帝後，都會對當初給自己提點鼓勵的術士以豐厚的饋贈，或者讓其陞官，或者給其封賞。舉個例子，南朝陳武帝時的術士韋鼎就堪稱代表。

陳武帝在南徐州，(韋）鼎望氣，知其當王，遂寄孥焉。因謂陳武帝曰：明年有大臣誅死。後四歲梁其代終。天之曆數當歸舜後。昔周滅殷氏，封媯滿於宛丘，其裔子孫因為陳氏。僕觀明公天縱神武，繼絕統者無乃是乎？武帝陰有圖僭辯意，聞其言大喜。因而定策。及受禪拜黃門侍郎，俄遷司農卿，司徒，右長史，貞威將軍，

〔註 9〕（北齊）魏收奉敕撰《魏書》，卷九十一，中華書局，1974 年版，第 6 冊，p1955～1956。

〔註 10〕（唐）李延壽撰《北史》，卷八十九，中華書局，1974 年版，第 9 冊，p2922。

領安右晉安王長史行府。至德初，鼎盡質貨田宅，寓居僧寺。友人大匠卿毛彪問其故。答曰：江東王氣盡於此矣。吾與爾當葬長安，期運將及，故破產耳。〔註 11〕

因為一切都在他的操控之中，固能從容不迫的前往長安。

圖 7-1 中國三大幹龍位置示意圖

總之，魏晉南北朝時期，可以說是四序堪輿向乘生氣葬法過渡的歷史時期。術士尚在由方位葬向生氣葬過渡的探索途中。

清代東莞風水師鄧穎出別開生面的將高明的地師尋龍比作閱讀文章。他在《論結作文法》以閱讀文章的分段為喻，在一篇「天地文章」裏，必然有大大小小的段落停頓，「凡此大小諸結，皆於氣住處求穴。而有時龍勢雖行，而於貼脊之中，有為正氣所寄注者，亦可截氣而穴。」「是故龍之行也，必求其所聚。正身而外，又有枝腳分凝。有舒翼結者，有盤倒結者，有帳角起稍結者，有個結者，有折呼結者，有關陝結者，有劈脈結者，有卷尾結者，有餘氣結者。名目不一。而究而言之，於其氣有所停頓、意有所歸縮，真機即於聚焉。知此道也，舉山川動靜之機，聚散之勢，千形萬狀，不可勝窮。貫而通之，分而析

〔註 11〕（唐）魏徵等奉敕撰《隋書》，卷七十八，中華書局，1973 年版，第 6 冊，p1771。

之，莫不頭頭是道。古所云；日裏尋龍夜眠定穴者，以其執結作之法以為把柄也。」他說，真正認真負責的地師，總是「務必身臨湊合」，不免「精力俱疲」，「而有日不足之患。」這是大而言之。微觀一點的尋龍方法還有很多。試舉數例；「尋龍不能遠涉。每到大帳之下（有在大帳發龍者）祖山之中（有在祖山發龍者）便可起步。即於此看其出脈之處，其起頂正出。而有剛脊者雖似生動踊躍而非大龍正氣。其大龍正脈多出在側旁無頂處。其脊必渾厚不露，似有似無，令人莫測。如人抱經綸學術，必沉潛蘊藉，大智若愚。而表暴馳騁者流必不能成大器。乃俗言每以透頂高出為顯爍，而以渾淪磅礴為頑鈍。此即子貢賢於仲尼之說也。」「尋龍鬚看丁字人字轉身（是直角作帳則成丁字，在斜幅作翼則成人字）。若一直跟去必步錯於帳角、翼角直盡之處。蓋龍行必無直走，定作丁字人字轉身。其角其翼皆為正脈泄煞。正脈必在中偷閉。夫龍脈之度，不閃不陽。不陽不脫煞。不脫煞不結穴。此尋龍尋閃脈第一著工夫。俗眼則以閃落為無意。」前面說過，尋龍不僅僅是看地，還需要結合星辰的定位。

> 尋龍於高大星辰須認做什麼格，其婆娑闊大分支分派，枝腳層出，是作祖山格。其大而高聳少少支脈從兩邊閃開，是作主星格。其兩肩展翼如個字飛蛾飛鳳之形，是作蓋星格。其孤峰卓立，無手無翼。乃是龍身作閒星之峰，若端端正正一個星辰，或立或坐或眠。其開口開手開面者便是穴星。大抵祖山與主星多不是正星。唯看正定是金是火之類。若蓋星穴星，則有正星之形，認得此格而穴便可於此討消息矣。〔註 12〕

尋龍須辨此龍是貼緊祖身的，是在祖山發出的，抑或在龍身發出的。其貼緊祖身能起峰頓跌卸落，無脈亦結，亦發貴。如李同芳進士祖地。貼緊蓮花山祖山是也。若無脈而又無峰，則是山指紋而已，不能結穴。其龍自祖山發出，不用開帳，不起祖，不起主。一路平衍委曲而來。到頭一束脈高起星峰，即結穴。亦發貴。如馬鞍山陳翰林父子進士地是也。其龍在幹龍身上發出，或在高峰處出脈，抑或幹身兩頭斷開成帳然後出脈，亦不用起祖起主，但能自開枝腳來送者亦大結。如陳侍御橫崗祖地是也。若在龍身無高峰處出脈，幹身又不成帳，則必要再起主星，自開枝葉方能大結。若徒孤峰條條，則束脈開口亦小康而已。

〔註 12〕（清）鄧穎出撰，鄭同校《陰宅井明》，九州出版社線裝本，《增補四庫青烏輯要》第 9 函，卷上，p7。

尋龍於幹身分受之龍，須看起得幹身之秀氣，抑得幹身之旺氣。若從幹身蔥蔚峰巒高卓火水者分來，是得秀氣；若從幹身綿亙橫闊豐厚金土者分來，是得旺氣。得秀氣者發顯貴，得旺氣者盛人丁。

尋龍不必定要正龍搜求正穴。即旁輔之龍，無不可於此討真意。不可以輔人為嫌。蓋天下唯天子一人而已，餘皆是輔。天下唯中龍一幹而已，餘皆是輔。且為大龍所緊用之龍方有力量權勢。如人為國家不可少之人方有經綸學術，故或祖山，或帳下，在幹旁發出，而為幹貼身隨者。或在帳角起梢而為幹保障者，或為大龍轉身舒翼者，或為大龍轉身後撐者，或於大龍渡峽前後做關者，或分作迎送而收束龍身者。或為正穴主星後之漏氣者，或為正穴之下手者或為正穴作羅城水口者。其為人種種不一。果能實力為人，則自己便有才幹可以振作，特是我輔人。亦有人轉而輔我。於本衙門中書吏供役，各各聽用，便成事業。概而言之，除了為大龍出煞，剛愎之砂不可覓穴。為大龍放曜，飛揚之山不能成穴。其餘但有結脈束氣，起星凱翼，專星成穴。砂環水靜，便是美地。向如此覓，省了多少腳力！

尋龍覓地，尚關會龍的勝過尚盤腳龍的（附近祖山大帳大峽叢山中皆是盤腳，離祖山之遠而結構本龍之局者是謂之關合。）何則？盤腳龍局面狹隘，陰氣不淨。恐神煞太雜，多凶少吉。故尋山谷之龍者，要龍脊寬平豁達，四山光淨。無陰峦以射之。陰氣皆淨，乃能結穴。故結作甚少。若關會龍，乃山水會合之所，龍身脫殺。脫煞則氣和，得水則氣旺。才一擺動，便能融結。於此裁剪，亦極易得。

尋龍定穴之遠近，質之，由嫩而變老者，去尚遠；由老而變嫩者，則近矣。體之綿亙陰覆者，去尚遠；而散落陽鋪者則近矣。脈之平板闊大而長者，去尚遠，而短小陽和者則近矣。護之迎送多層者，去尚遠，而迎送短少者則近矣。〔註13〕

這位鄧穎出是少見的比較具有現代著作規範意識的清代風水師。他引用前人的文獻，均注明出處，絕不掠美他人。屬他自己觀察考驗得來的結論，他也當仁不讓的特別說明。比如說，他在尋龍這一部分後面專門加了一條按語，說明這幾條尋龍的心得都是他親歷考研古蹟體驗得來，一字不敢以臆見附會。還希望同志同道者請細按之。但後面談穴談砂談水的篇章，則只見他在

〔註13〕（清）鄧穎出撰，鄭同校《陰宅井明》，九州出版社線裝本，《增補四庫青烏輯要》第9函，卷上，p3～10。

《論穴・上》結束時夫子自道的告訴讀者這些穴位知識也是他實踐得來，皆非臆見之談也。

總之，明代的徐氏兄弟，清代的這位鄧穎出，所著著作已經相當科學了。迥異於那些隨意抄襲且王婆賣瓜自吹自擂的風水著作。

三、星野與尋龍

觀星、相地與尋龍，是不可分割的。最早的堪輿術來自古老的天文學。來源於古老的曆法探索，即兩儀、四象、八卦、十二時，二十四節氣。就大地山水尋龍而言，是從上古時期鯀禹治水走來的。因為中國的風水術說及尋龍，絕不就山談山，就龍談龍，一般都要求從業人員首先建立一個宏觀的山水大系統的概念。要對這個系統有相當清晰的認識，然後才來談尋龍點穴撥砂。就觀星而言，古代的風水術沒有孤立的只尋山水之龍而不考察星宿的對應關係者。而對星宿的觀察又是來自古老的天文學即星象觀察。我們是農業古國，農業耕種的前提是要有曆法可依。黃帝的時代，就已經對春分、秋分、夏至、冬至有確然的認識。此即所謂四象。後來又有對立春、立夏、立秋、立冬的時間節點準確的認識。於是有了八卦，有了二十四節氣。我們今天看到的風水羅盤裏面的幾個重要的層次，其實都是遠古天文認知的成果。有些東西，如由楊筠松創造的二十四山就是利用一個周天年二十四節氣，將相關干支置於各刻度點。後世風水術士說的某龍某山某向某水，聽者一聽就明白。因此，認識羅盤也好，瞭解古人尋龍點穴也好，都離不開對我國古代天文曆法的認識。

四、龍與生氣

風水術中的龍並不是民俗文化中的龍。也不是我們常常提到的鱷魚等動物類龍。它只是一種地形。這種地形有大尺度的，幾千公里長，有中尺度的，百多公里長；還有更小尺度的，幾公里的。根據中國古人的認識，世界是由陰、陽二氣化生成的，我們的祖先可以把世界上萬事萬物都分別歸屬於陰陽兩個大類。比如說，山屬陰，水屬陽。地屬陰，天屬陽。夜屬陰，晝屬陽。而在我們所熟悉的世界裏，地球表面是我們經常接觸到的地方。古人觀察發現，人身體內部有氣血流通，氣血旺盛者生命力強大。氣血衰颯者生命力弱小。同樣，他們觀察到自然界中同樣緯度的山體，在有些地段數九寒冬，溫暖如春，植物仍舊綠意盎然，而絕大多數地方在數九寒冬則枯萎蕭瑟。自然，古人也會發現地下水。氣血是人生命活力的構成元素。大自然中的水和氣是否也和人體一樣，存在著同形同構的規律呢？養生家發現人若愛護自己的氣血，就可以活得更健康、更持久。那麼山體裏面的水和氣能否為人所用呢？這個問題千百年來一直為中國古人所思考。

中國歷代風水家都特別重視地中生氣的截獲和利用。而在風水師的眼中，這萬千山脈，千姿百態，卻都有一些共同的外在特徵，就是他們無論長短大小，它們都是元氣化生的結果。

楊筠松這一系統傳承下來的說法是：

> 厥初太極分清濁，清者浮寥廓。濁者凝為水與山，血脈總相關。血脈中間行五氣，氣行因體式。圓直曲尖方五形，分配五星名。圓形卻又有四樣，湊成九星象。九星圓者號太陽。太陰圓帶方。圓而曲者名金水。木星直如矢。方是天財三腦分。坳腦土金身。雙腦合形本金水。平腦土星是。此名五吉最為高。辨別在分毫。頭圓兩腳拖尖尾，便是天罡體。頭圓腳直孤曜當，燥火尖似槍。掃蕩一身渾是曲，四者是凶局。教君盡識九星形，砂上撥為精。凡認星辰須對面，九星容易辨。若還草木亂紛紛，莫便喝星辰。〔註14〕

這一段關於相地方法九星法的介紹可謂完整。從天地肇造一口氣說到九星名稱的來歷，其外部標誌特徵。以及對地師的提醒，比如，要當面辨認。有草木遮蔽時未清除之前不要輕易下結論。還有就是我們沒有引用的，他明確提醒你即使熟悉九星的特徵，也要會用。更重要的是必須師徒口耳相傳。

從形體大的方面看，都很像蛇形動物。都富有動感。風水家認為，山是靜物，但好看的恰恰是龍的動感美；水是動物，有價值的恰恰是靜態美。中國風水有很多關於山水的評說。但最基本的審美觀就只這一動一靜。就宏觀把握而言，善於尋龍的人，他眼中的山龍一定是結構形態活靈活現的動態「龍」，或曰動中有靜的「龍」，這是山龍；如果水鄉和平原地區尋龍，這「龍」往往位於由動而趨靜，表面渟蓄的地方。所謂水聚則財聚是也。

但若從微觀一點的層面看，既然龍脈運行，或曰地氣流行有其地表特徵可以把握。那地師如何才能找到穴的大致位置？這就需要對相關地形進行判讀。看其左右前後的隨從，看護砂，看明堂等。因為九星雖與天星有關，但在術士

〔註14〕（唐）曾文辿撰，鄭同校《尋龍記》，九州出版社線裝本，《增補四庫青烏輯要》，第6函，p10。

操作的層面早已轉化為地面的地表形狀特徵了。因此，九星法被認為是看風水的切入口。

五、地球山脈大勢與中國幹龍

（一）山龍概說

1. 崑崙山是地球萬山之祖

蔡氏《發微論》曰：「凡山皆祖崑崙。」陶公《捉脈賦》云：「大智察脈，起自崑崙。」《明山寶鑒》云：「山脈之起，本於崑崙。」郭氏《錦囊經》云：「葬者原其始，乘其止。」誠以地理之法，龍則原其始，穴則乘其止，故不可不審山之起祖處也。然觀山之所始，必究其水之所起；觀龍之所終，必察其水之所界。今以輿圖考之，天下之水皆原於西北。是可見山起於西北矣。蔡文正公曰：「山水皆原於西北，故禹敘山敘水，皆自西北而東南」是也。或云崑崙在西海戌地，北海亥地，東南接積石圃，西北接北戶之室，東北臨太活之井，西南至城南之谷，亦荒遠莫稽。而楊公又云須彌山生四龍，崑崙山特其南肢。葛溪氏述其說曰：「須彌山是天地骨，中鎮天心為巨物。四肢分作四世界，惟有南龍入中國。南龍入自崑崙山，龍子龍孫皆可別。」雖據佛經，人所罕見，闕之可也。今但以中國山川之可考者論之，則崑崙誠諸山之祖，在中國之西北。九峯蔡氏云：「中國山勢岡脊，大抵皆自西北而來。」蓋可見矣。

崑崙，天下山之頂也。乃天下山之至高處。山之起勢處，其東面中原也，所以江淮河濟水皆東流；其三面西域諸國也，故自流沙以西水皆西流；南自吐蕃兩廣，水皆南趨；北即沙漠，又天下岡脊至高之處，直北虎林至海都木缽子田地地勢又逐漸而低，水皆北流。南視陰山之地反為極南之境矣。以此觀之，地形如一亭子，中高而四方下。崑崙乃其結頂處。四下之簷乃四方之國土。考其流水可見，必皆會同於四海。〔註 15〕

這是一幅天下山川宏觀示意圖的文字描述。

2. 中國三大幹龍

中華大地有三大水，一為長江，一為黃河，一為鴨綠江。是為三大幹龍。這三條幹龍按照其在我國版圖上的空間分布，習慣上稱其為北龍、中龍和南龍，朱子曰：天下有三處大水，曰黃河，曰長江，曰鴨綠江。今以輿圖考之，

〔註 15〕（明）章潢，《圖書編》，卷五十九，文淵閣四庫全書，臺灣商務印書館景印本，第 970 冊，p551～552。

長江與南海夾南條，盡於東南海。黃河與長江夾中條，盡於東海。黃河與鴨綠江夾北條，盡於遼海。朱子所說的南條、中條、北條就是山脈意義上的南龍、中龍和北龍。用我們今天的語言表述，就是長江以南的龍脈稱之為南龍，即八卦方位中的巽龍；黃河以北的稱之為北龍，即艮龍；長江與黃河中間的稱之為中龍，即震龍。若以古都做標誌，則南龍可以今天的南京為標誌，北龍可以今天的北京為標誌，而今天的西安則可作為中龍的標誌。下面我們引用明朝人的風水著作中三大幹龍的描述，概括要細緻一些：

> 論南條幹龍脈絡：按廖氏《金璧玄文》云：「大江以南之龍，其脈起自岷山在茂州岷山縣。繞行向西，自西而南，至雲南之境，又東趨夜郎，踰桂嶺，至零陵，為九疑山，入桂連。」……過大庾嶺，出南雄山汀，從邵武抵信走徽，東行為天目。一枝為錢塘。

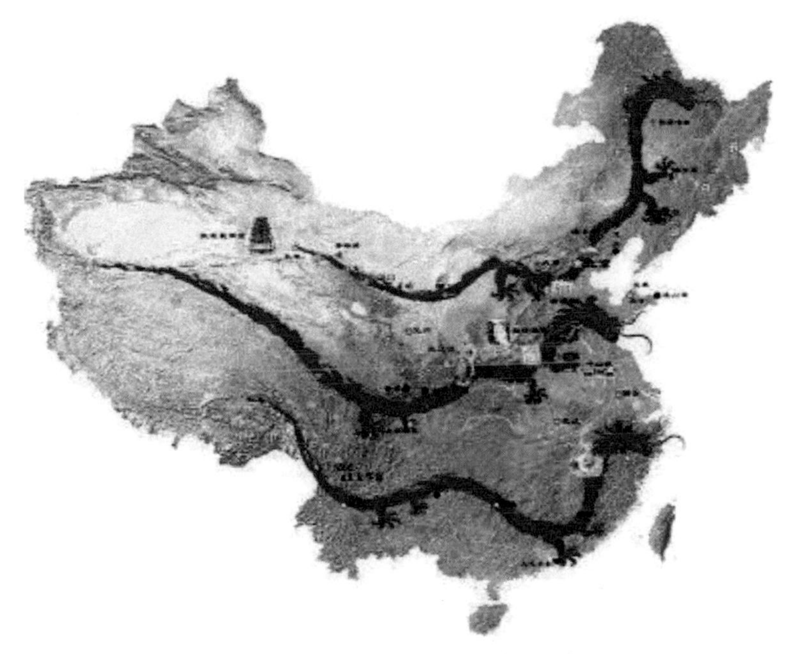

圖 7-2 中國三大幹龍形象示意圖

論中條幹龍脈絡：大河以南，大江以北，乃中條幹龍。其脈起白西傾在洮州臨草縣，行隴右……過鳳翔，大纏大護到函谷在宏農縣，水遶黃河如玦環」是也。為長安。一枝出熊耳在高州。《經》云「低平漸漸出熊耳，萬里平洋漸如砥」是也。為嵩嶽，為汴，《經》云「大梁形勢亦無山，到此尋龍何處是？若無河流與淮水，渺渺茫茫不見山」是也。此處脈亂於河。《經》云「河流沖決山斷絕，又無石骨又無脈。君若到彼說星峯，一句不容三寸舌」是也。又一枝自嶓冢西行湄州、漢水之間，出武關，由裕過唐，抵信陽，行淮水之南，趨廬，行淮水之東，為揚，盡於通。其水源，漢水出嶓冢，至漢陽縣入江。淮水出桐柏山在唐州桐柏至淮安入海。此中幹分而為二，故曰三條四列。論北條幹龍脈絡：大河以北之龍，其脈起自崑崙……至白登山名，在大同府白登縣，西一枝為壺口在隰州吉鄉縣、太嶽在晉州霍邑。次一枝南出為析城在澤州陽城縣、而又西折為雷首在河中府河中縣。又次一枝為太行在懷夢河內，北至幽州，九嶺綿亙一十二州之界，有八陘。又次一枝為恒山在定州曲陽縣。又次一枝為燕山，盡於平灤碣石山在平州盧縣……其水源則汾水，出管州管涔山，至絳州入於海。〔註16〕

徐霞客辨三龍大勢云：

> 北龍夾河之北，南龍抱江之南，中龍中界之，特短，北龍只南向半支入中國。惟南龍磅礴半宇內，其脈亦發於崑崙，與金沙江相併南下，環滇池以達五嶺。龍長則源脈亦長，江之所以大於河也。〔註17〕

（二）水龍概說

所謂水龍，指的是河流溪澗溝洫。因為除了山行有龍形地，水勢也有龍形地。甚至平原地帶要尋龍，也得看水的方向，高一寸為山，低一寸為水。山龍有幹龍，支龍之分，支龍中又可進一步細分。就像始祖下面有支祖，支祖下面又有支祖一樣，樹幹有分支，支又有支一樣，是可以逐級細分的。水龍也是一樣。山龍水龍的大小主支之分別，也是從距離長短，氣勢大小來分別的。

中國古人認為氣是萬物之母。天地形成之初，宇宙間只是一團氣，古代中國人將氣稱之為「太極」或「泰始」，天地形成前的元氣運動，輕清者上升為天，為日月，為星辰。重濁者為水，為泥土，為石頭。水經長期激蕩，其渣滓積澱而成山川，江河。因為山從水出，山水系元氣旋轉震盪而成，因此山脈走向和江河流勢一樣都富有起伏變化的動感。且大體走向保持一致。因為中國古人崇拜龍，龍這種靈物運動時必然具有蛇類或鱷魚類的姿態。而這種龍的飛騰遊走之形態和山形水勢的形態，有同形同構的關係。中國古人不僅認為龍為神物，能屈能伸。具有極大的神奇力量。而且以為地球表面的山川下面有生氣行

〔註16〕（明）徐善繼、徐善述著《繪圖地理人子須知》，鄭同點校本，華齡出版社，2012年版，p7～8。

〔註17〕（清）胡渭《禹貢錐指》，卷十四下引用錢遵王《徐霞客傳》中語。文淵閣四庫全書，臺灣商務印書館景印本，第67冊，p738。

走。通過地面的山形水勢的鑒別，可以找到真正的吉穴，那裡藏有天地王氣，或曰吉祥之氣。誰如果能得到這種王氣或吉祥之氣，誰就可以得到一種超自然的力量。而通過葬埋死者，通過穴位的甄別，只要埋正確了，就像給人扎針，只要扎準了穴位，就可以接受這種超自然的力量。王氣就可以福蔭死者的子孫。風水術士們的圖書盈千累萬，其要點不外如此。

於宏儀在《三卦水法》中寫道：地之吉凶全在水。水之禍福所關最大。故有龍穴好而水不合之處，葬之大凶。有龍穴平平而水之合向合方，葬之偏吉。〔註 18〕

山龍、水龍同樣適用。

（三）幹龍支龍識別

1. 三大幹龍與歷代帝都

關於我國的龍脈也就是山脈的基本布局，以及歷代帝王的地域分布，明朝學者章潢做了分析：

> 三幹之龍，中幹最尊。次北幹，又次南幹。故歷代以來，如漢高祖之泗上，漢光武之白水村，宋太祖之夾馬營，我太祖之鍾離，皆在中幹。而唐虞之君俱為北產。南幹至宋以來運氣方興，萃產朱子為萬世儒宗，而近來文物東南為多。
>
> 其南幹之最長者為金陵。我國朝根本重地。太祖高皇帝龍興之畿也。中幹之最長者盡東泰，翻身顧祖，東海外湯河江前，向萃產孔聖及賢貴凝聚，宋末河徙，截其來脈者三，會通河復加截之，其力遂微。而中幹之旺氣南北兩大枝盡頭乃萃於泗州鳳陽，我皇朝熙祖仁祖二陵在焉。
>
> 北幹之最長者為燕京，今京師也。朱子曰：冀都是正天地中間好個大風水。山脈從雲中發來，雲中正高脊處。自脊以西之水，則西流入於龍門西河；自脊以東之水，則東流入於海。前面一條黃河環繞，右畔是華山聳立為虎，自華來至中為嵩山，是為前案。遂過去為泰山，聳於左，是為龍。淮南諸山是第二重案，江南諸山及五嶺南陽。
>
> 夫南幹正結為南畿，及我太祖高皇帝孝陵。中幹正結為我熙祖仁祖皇陵。北幹正結為今日京師。三幹之盡惟我朝獨會其全。回視

〔註 18〕清抄秘本，鄭同校《三元水法秘訣》，九州出版社，《增補四庫青烏輯要》線裝本，第 11 函，上冊，p20。

唐虞以來，或得正幹之一，或得分幹之一者，亦能衍數百年之基，則我朝三大幹之福力真億萬斯年可預卜於茲也。〔註 19〕

章潢（1527～1608），字本清。江西南昌人。易學家，明代南昌一帶王陽明學術研究群體的主持人。一生以讀書著述為生。《圖書編》是他留下的重要著作。但我們看《圖書編》中涉及三大幹龍的論述，雖然總體是客觀的。但作為明王朝的子民，刻意奉承專制集權的朱明王朝的痕跡也是十分明顯的。特別是最後一段總結，說自從三代以來，歷代王朝「或得正幹之一，或得分幹之一者」。他說這些王朝都能主持江山社稷數百年。而明王朝的前代陵墓、朱元璋的老家，朱元璋建立的金陵都城，朱棣開拓的北京都城，一個朝代將全中國三大幹龍的風水占盡，因此他預卜明王朝可以億萬斯年長守江山。但很諷刺的是，章潢身後才三十幾年，明思宗崇禎皇帝就弔死在景山的一棵槐樹上。明王朝轉眼間就被滿清取代了。

2. 幹龍支龍的識別

幹龍雖有大幹龍、小幹龍之不同，然其體勢亦多相似，但以水源夾送之長短而驗其大小。故除中國三大正幹外，其幹龍之大者猶至千餘里，次者數百里，又其次者或百餘里，或七八十里，皆以山之發祖，水之大會，原其起止。然大龍則論大祖宗，小龍則論小祖宗。但山脈分枝分派，總是幹龍少而枝龍多。故唐賢楊筠松告誡後人，「論地只可以真偽辨，不可以大小拘。」就是基於山脈格局中幹龍少而支龍多的事實說的。

3. 帝都郡城縣治鄉村選址與干支龍距離的識別

在這裡也有一個等級森嚴的級別：一般而言，帝都對應的往往是距離最長的幹龍；通常幾千里到千餘里；郡城一般是幾百里到上千里；縣城通常距離發脈山百里左右；鄉鎮則幾十里，村莊幾里到十幾里不等。

4. 各種龍脈的識別

就像人有祖宗，樹有根基，河流有源頭一樣。山脈穴位也是有父母、祖父母、曾祖父母等上輩需要識別的。「尋龍先尋宗與祖，不辨祖宗何足語。」〔註 20〕最小的單位，比如一個村莊，或者一個墓地，選址時都會考慮何處為

〔註 19〕（明）章潢《圖書編》，卷三十，文淵閣四庫全書，臺灣商務印書館景印本，第 969 冊，p564～567。

〔註 20〕（唐）曾文辿撰，鄭同校《尋龍記》，九州出版社線裝本，《增補四庫青烏輯要》，第 6 函，p1。

父母山，何處為少祖山，何處為老祖山。因為活人必有祖宗可追溯，生者的住宅和逝者的墓地也應考慮山脈的來歷。這也是中國文化崇尚追根溯源的特色之體現。

5. 關於龍與山水的關係

在宋朝以前的楊曾廖劉時期，看風水大體都是實地踏勘，以肉眼觀察為主。因此，龍與山水也是地師的基本功課。

稽古聖賢察地理，無非山與水。山有脈絡水有源，斷續更牽連。五行生氣潛於地，聚散因形勢。形勢盤桓氣自凝。散漫氣飄零。氣聚人居身獲吉，死則宜埋骨。氣散人居身有凶，葬則必貧窮。〔註21〕

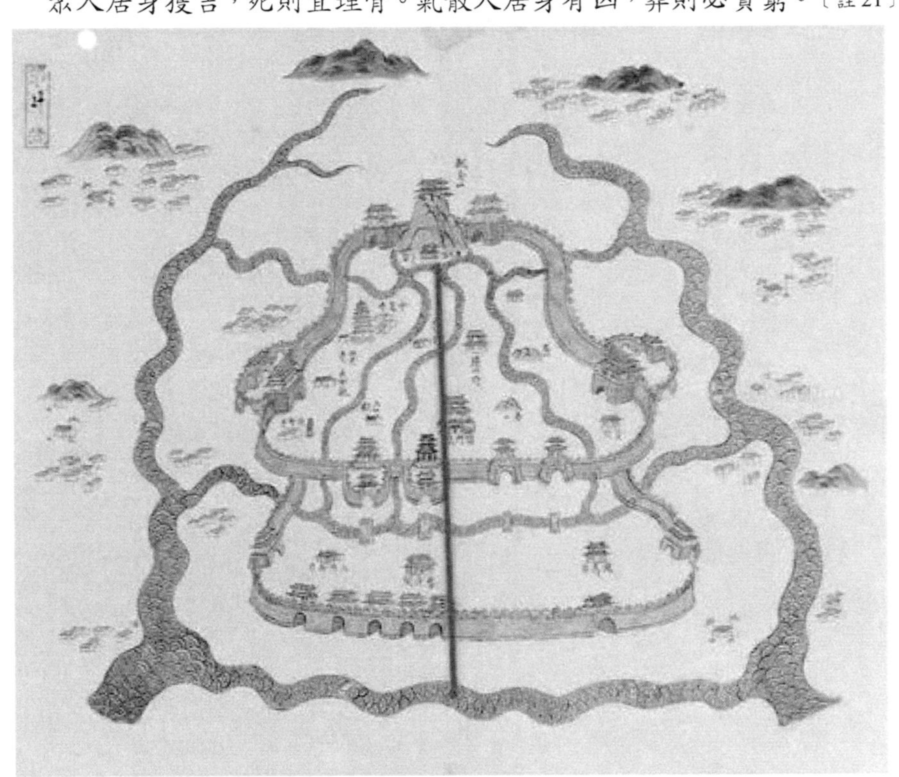

圖 7-3 江西龍虎山風水示意圖

曾文辿還明確指明看風水，尋龍脈，貴在登高俯瞰。鳥瞰全局：

山岡到處有陰陽，只恐時師不遭遇。或過江河或不見，任使時師尋個遍。或居虛谷或深潭，須看應龍仔細辨。或藏形，或隱跡。

〔註21〕（唐）曾文辿撰，鄭同校《尋龍記》，九州出版社線裝本，《增補四庫青烏輯要》，第 6 函，p9。

要知去處登高覓。〔註 22〕

曾氏或曾氏的徒弟提醒地師，要「依經點穴」，「若徒按卦推音取，失了楊曾二大仙。」細心研讀此《尋龍記》，我們發現，曾文辿特別強調尋龍，或者說特別強調龍的重要性。山龍並不總是山脊突出，十分清晰。有時走幾里路或十幾里路，龍身突然變模糊了。有時甚至會像蜂腰鶴膝那樣細微以致不引人注目。但這些地方恰好是地師應該特別用心觀察處。他告訴讀者：「龍若住時有明堂，入穴先看左右臂。面前玉案若橫遮，更有應龍當面起……且尋坐下正龍位，縱少朝山也尊貴。」〔註 23〕

曾文辿的尋龍方法就是九星法。

6. 關於龍、穴關係的比喻

龍穴關係是互相依存的關係，不能分割的。白玉蟾說：「龍雖好而無穴，謂之有若無；穴雖好而無龍，謂之實若虛。」〔註 24〕

7. 關於真穴和怪穴

風水界大家認為，山龍之變態無常。奇形怪狀，不可枚舉。關鍵是要抓住葬乘生氣這個主要矛盾。只要識透葬乘生氣這個要點，點穴的問題就不難解決。廖金精云：「乘得生氣任君裁，奇怪不須猜。」朱熹好友蔡發說得好：葬書千經萬緒，地理千形萬狀，言不能盡，狀不能遍。約而蔽之，不過龍真朝的，水土交會，穴必在焉。雖神秘怪異，亦可測識。若外此以求善法，非吾所能知也。〔註 25〕

8. 關於真龍和假龍

真龍和假龍，表面看都差不多。真龍所有的一些要件，假龍也有。「假龍亦有穿心開帳，有星辰秀麗。有橈棹手腳，亦有擺佈。但無送迎。或蜿蜒四五里，或縈迂數十里，雖大盡處，乃無穴可下。」因此，真龍和假龍的最大的區別是：真龍有穴可下，假龍無穴可下。

〔註 22〕（唐）曾文辿撰，鄭同校《尋龍記》，九州出版社線裝本，《增補四庫青烏輯要》，第 6 函，p2。

〔註 23〕（唐）曾文辿撰，鄭同校《尋龍記》，九州出版社線裝本，《增補四庫青烏輯要》，第 6 函，p1。

〔註 24〕（明）徐善繼、徐善述撰《地理人子須知》。引《紫清真人白玉蟾四喻》，華齡出版社 2012 年版，上冊，p19。

〔註 25〕（明）徐善繼、徐善述撰《地理人子須知》。引《紫清真人白玉蟾四喻》，華齡出版社 2012 年版，上冊，p208。

9. 關於真穴和假穴

凡定穴，有天然的定之穴，一步不可移易者，方為真穴。如人灼艾用針，自有一定之穴，不可毫釐差。若移左一步放棺亦似是，移右一步放棺亦似，移上亦正，移下亦正。無的然之所者，則非真穴。〔註 26〕

10. 關於山龍水龍的區別

風水家認為，在水鄉澤國也有龍穴可選。只是比較難選而已。選擇的方法是：要在秋冬水退以後察穴。高手甚至可以在水濱選穴，因為他預測水道會發生變化，也就是說，今日的水濱不久就會成為陸地，遠離大江或大河。東晉郭璞葬母以及兩位兄長於暨陽（今江陰）江濱就是這種性質的選址。在平原地區，如何選擇龍脈和穴位？辦法是看地勢高低。因為再平的地方，也有勢差。楊筠松云：「平地還有水流坡，高水一寸即是阿。只為時師眼力淺，到此茫然無奈何。便言無處尋蹤跡，直到有山才識得。如此之人豈可言，有穴在坪原自失。只來山上覓龍虎，又要乳頭始云吉。不知山窮落坪去，穴在坪中貴無敵。癡師誤了幾多人，有道葬埋惡卑濕。不知穴在水中者，如此難憑怕泉瀝。蓋緣水漲在中間，水退卻同乾地力。」甚至水田裏，高明的術士也可以發現吉穴，因為理論依據還是高一寸為山，低一寸為水。其外部徵象為春夏之間，水田中的吉穴上面會出現水脈交流的情景。

11. 關於深葬和淺葬

關於葬埋的深度，郭璞在《葬書》中曾給予過一個普適性意見。他說：「故藏於涸燥宜深，藏於坦夷者宜淺。」〔註 27〕所謂涸燥，指的是壟狀地形。所謂坦夷，指的是平支之地。術家認為，高壟地貌是陰之象，氣在內。故需要深埋，否則接不到地下生氣。平支地貌是陽之象，生氣在外，因此需要淺葬。

有時候，特別是在南方中國，有些地方土層很薄。如果開鑿墓穴，往往無法打下去。術士們因此發明了一種培土葬法。即認為地之生氣通過表層的淺土流動。找準穴位，不要破壞地表的生氣，將棺材擱置在地表上，然後找客土來堆墳，也不失為一種利用生氣的葬法。這是淺葬。極端的淺葬，是朱熹創造的

〔註 26〕（明）徐善繼、徐善述撰，鄭同點校《地理人子須知》。華齡出版社 2012 年版，上冊，p197。

〔註 27〕（晉）郭璞撰，鄭同校《葬書》，九州出版社，《增補四庫青烏輯要》線裝本，第 1 函，p7。

懸棺葬。即針對那種生氣在地表淺層的特殊穴位而採取的特殊葬法。至於中原大地黃土地地層深厚，埋葬自然要走深葬路線。

12. 關於龍與砂的比喻

我們知道，在相地術中，龍、穴、砂是三個很重要的要素。龍、穴兩個要素我們在前面已經多有討論，下面說說砂。何為砂？所謂砂，就是穴周圍的諸應，通俗的說，就是穴周圍的小山土丘等護衛。砂和龍穴的關係，前人曾打過一個比較形象的比喻，說，龍、穴就像大貴人建造府邸，砂就像幹活的供驅使的工役。也就是說，砂對於龍穴而言，只是次要的服從的角色。只要龍穴確定，砂若有些不順的，其實可以調整，就像工役可以調整一樣。又說，龍穴就像元帥的帥府，自然會有很多荷槍實彈的警衛，他們看起來很威嚴或者說很兇惡，但實際上他們都得聽元帥的號令。不敢擅自做主。

圖 7-4 陰宅風水選擇示意圖

（四）論點穴之難

「望勢尋龍易，登山點穴難。若還差一指，如隔萬重山。」因為乘生氣全在點穴這一關鍵。歷史上很多風水界大咖對一個穴位的認識，往往反覆數年，甚至數十年。如廖金精扦沐英祖地大汾潭地，曾盤桓月餘。賴文俊扦黃氏蛇形地，曾三易其壙。董德彰扦倪御史祖地三遷其穴，劉伯溫為金華鄭氏選擇墓地，往來二十年始得其妙。劉伯溫因此還寫了一首詩記述這段探討的經歷：我愛鞭山二十年，鞭山對我默無言。今朝始悟鞭山趣，貴穴從來不易扦！〔註 28〕

〔註 28〕（明）徐善繼、徐善述撰，鄭同點校《地理人子須知》。華齡出版社 2012 年版，上冊，p218。

第八章 「王氣」與「望氣」

一、概說

在中國歷史上，從秦始皇到晚清，有兩個詞不時見諸史書。這就是「王氣」和「望氣」。「王氣」中的「王」在這裡應讀作「旺盛」的「旺」字音。王氣是說帝王之氣，或者說是帝王所在地的一種特別雲氣，或者也可以說是特別好的風水寶地。望氣是一種方術，或者說就是掌握了判斷哪裏有帝王之氣或曰特別吉祥之風水寶地技巧的人。對於絕大多數國人而言，有關王氣和望氣最熟悉的故事可能就是《史記・高祖本紀》中對於高祖所到之處有王氣隨之的記載。還有就是秦始皇聽望氣者彙報說金陵有王氣，於是乃派軍隊鑿斷金陵的龍脈，留下了破瀆崗、方山、秦淮河等遺跡的傳說。

在古代占卜體系中，最早出現的應該就是憑藉肉眼觀察而不是憑藉占卜工具如蓍草、龜甲、式盤觀測的星氣占。星氣占是直接根據星象和雲氣的觀察來預言天道吉凶和人事災異。從象數的角度講，它主要屬象一類。〔註1〕

星氣占在二十五史中真可謂史不絕書，因為古代社會，觀測天文星象是一件重要的事情，歷代的史書上大多有天文、律曆、靈異等專志。星氣占的結果，星氣占的著名人物，一般都會被記載在這些專志或帝王大臣的傳記中。因為帝王將相們離不開這些高參。毫不誇張的說，歷史上的望氣者對王氣的觀察和應用，不僅影響到帝王層次的少數人，而且也影響到希冀藉此走捷徑而大富大貴的普通人。我們的祖先認識世界，首先是從地上升騰起來的雲氣和天空的星座觀察開始的，隨後進入地面的形狀研究。用周易所總結的話說，就是「仰

〔註 1〕李零，《中國方術正考》，中華書局，2007 年版，p27。

以觀於天，俯以察於地。〔註2〕更進一步，對土中、水中的元氣進行探索。

唐李筌所撰《太白陰經》，卷八記載如何識別伏兵氣，暴兵氣，戰陣氣，陰謀氣，遠近氣等，就屬實用的軍事決策參考性質的望氣之內容。

王氣，通常指天地間的健旺之氣。如同樣是山林，有些地方隆冬時節還鬱鬱蔥蔥，像春天一樣。這類情況下，王氣相當於風水師所說的吉壤。只是這種吉壤是直觀觀察得來的。王氣也指人體中的元氣，人要想保持精氣神健旺，就應該注意飲食。通過順應自然節律的飲食來加強人體的王氣：「天有五行，人有五食，有五味，四時無多食所制之味，宜食相生之味以助王氣也。〔註3〕但在古代中國，一方面源自上古社會的自然神崇拜，統治者憑藉巫覡溝通人神，每年的特定日子都要舉行相關的祭祀天地，迎請神祗的儀式。後世的君主，對於迎神等儀式，則往往將其變成神化君權神授所採取的愚民手段。清康熙皇帝《御製三月十一日雪中詣永陵告祭詩》:「峯巒迭迭水層層，王氣氤氳護永陵。蟠伏諸山成虎踞，飛騫眾壑佐龍騰。雲封草木橋園古，雪擁松楸輦路升。一自遷岐基盛業，深思遺緒愧難承。〔註4〕

為了弄清楚風水的來龍去脈，我們有必要研究中國古代的王氣和望氣問題。

望氣者就是早期的堪輿師。不同之處在於，早期的望氣者只為有機會得到最高統治者或者已經在為最高統治者服務。他們所關注的重點是天星和雲氣。後世的堪輿師所關注的主要是地面上的所謂吉壤。這是早期望氣者和後來地師或曰風水師的區別所在。

所謂王氣，很多時候是國勢的代名詞。如南朝陳後主有一個叫陳傅縡的大臣，在被陳後主關進監獄後仍舊給他上奏摺，希望後主有所醒悟。文中的「恐東南王氣，自斯而盡。」意思就是指責後主倒行逆施，陳朝即將完蛋：

> 陳傅縡素剛，因憤恚，乃於獄中上書曰：
>
> 夫君人者，恭事上帝，子愛下民。省嗜欲，遠諂佞。未明求衣，日旰忘食。是以澤被區宇，慶流子孫。陛下頃來酒色過度，不虔郊廟之神，專媚淫昏之鬼。小人在側，宦豎弄權。惡忠直若仇讎，視

〔註2〕《周易·繫辭》，第四章。《易經來注圖解》本，巴蜀書社，1989年版，p397。

〔註3〕增《保生要錄》，《御定月令輯要》，卷一。文淵閣四庫全書，臺灣商務印書館景印本，第467冊，p107。

〔註4〕《御定月令輯要》，卷七，文淵閣四庫全書，臺灣商務印書館景印本，第467冊，p293。

生民如草芥。後宮曳綺繡，廄馬餘菽粟。百姓流離，僵屍蔽野。貨賂公行，帑藏損耗。神怒民怨，眾叛親離。恐東南王氣，自斯而盡。書奏，後主大怒。〔註5〕

一般臣僚只會利用發現王氣等機緣討好或者提醒君王，像陳傅縡這樣直言不諱，不怕殺頭的臣子，從來都屬鳳毛麟角。

二、古代典籍中的「王氣」記載

古代帝王於每年立春、立夏、立秋、立冬等節氣「各迎其王氣之神於其郊。」春迎太皞，夏迎炎帝，季夏迎黃帝，秋迎少皞，冬迎顓頊。禮拜五方神祇，主祭者手中所奉法器隨季節變化而各不相同：「以青珪，禮東方；以赤璋，禮南方；以白琥禮西方，以元璜禮北方。皆有牲幣，各仿其器之色。」禮神者必象其類：璧圓，象天；琮八方，象地；珪銳，象春物生也，半珪曰璋，夏象物半死也；琥，猛象秋嚴；半璧曰璜，象冬閉藏。地上無物，惟天見。」〔註6〕古代帝王祭祀天地，採用黃琮蒼璧，直到南宋還是這樣：「近年郊祀，只用黃琮、蒼璧，卻不見用四圭。有人問禮官，云：四圭、兩圭，已於景靈宮用了。黃琮蒼璧乃是禮見天地。」〔註7〕

圖 8-1 古代觀星望氣臺

古代帝王舉行這麼莊嚴的儀式，為的是迎來和季節相匹配的生氣，或曰王氣。

〔註5〕（唐）姚思廉奉敕撰《陳書》，卷三十，中華書局，1972 年版，p405～406。

〔註6〕（宋）馬端臨《文獻通考》，卷六十八，文淵閣四庫全書，臺灣商務印書館景印本，第 611 冊，p780。

〔註7〕（宋）謝采伯《密齋筆記》，卷一，文淵閣四庫全書，臺灣商務印書館景印本，第 864 冊，p648。

在古代，朝廷有專門設置的機構，負責望氣。如《左傳》就記載有一個叫梓慎和一個叫昭子的望氣者。他們對魯昭公二十四年夏五月乙未出現的日食伴生災害，兩人提前分別作了預測：「昭二十四年夏五月乙未，朔，日有食之。梓慎曰：將水。昭子曰：旱也。日過分而陽猶不克，克必甚，能無旱乎？陽不克，莫將積聚也。秋八月，大雩，旱。〔註 8〕

這個昭子對日食的預測是會出現旱災，而梓慎的預測卻是要發大水。但最後沒有發大水，而是出現大旱。可以逆推這兩位望氣的官員所依據的理論有所不同。

中國古代文化中有一個叫星野的概念。地方志書大多會提到。具體說，也就是古人認為天上的星宿和地上的行政區域，存在著一種對應關係。例如北斗紫薇星座就被看成是對應地上的帝王所在位置。最著名的典故是東漢光武帝劉秀接見他當年太學的同學莊光（後人因為莊字和漢明帝劉莊的名字相同，犯諱，故改稱嚴光），當晚就留宿光武帝處。兩位老同學同臥一張床，次日負責望氣的官員報告，說：昨夜客星進入紫薇星座。光武帝笑了，告訴他們，沒事，老同學見面，聊高興了，留住一宿。老同學的大腿壓在我的肚子上了。〔註 9〕另外一個大家比較熟悉的典故就是唐王勃所寫的滕王閣序。序言中有一句：「物華天寶，龍光射斗牛之墟；人傑地靈，徐孺下陳蕃之榻。」這句引文中的龍光指的是寶劍的光芒，而那把著名的寶劍就是豐城令雷煥在江西豐城地下發現的。江西、江蘇這一大片屬斗牛星座的對應轄區。古代典籍中講星野問題說的最透徹的是唐人李淳風的《乙巳占》。本書《五行大義作者考》五星九宮引文部分亦講得比較清楚。

古人認為和地面星野對應的天上星座如果該出現時不出現，不照臨下土，就是王氣消失的表徵。

> 宋宣和初，蜀人王俊明在京師謂人曰：「汴都王氣盡矣。吾夜以盆水直氐、房下望之，皆無一星照臨汴分野者。更於宣德門外密掘土二尺，試取一塊嗅之，枯燥索莫，非復有生氣。天星不照，地脈又絕。而為萬乘所都，可乎？即投匭上書，乞移都洛陽。」〔註 10〕

〔註 8〕（宋）章沖撰《春秋左傳事類始末》，卷四《二十四年日有食之》條，文淵閣四庫全書，臺灣商務印書館景印本，第 349 冊，p669～670。

〔註 9〕（南朝宋）范曄撰《後漢書》，卷七十三《嚴光傳》，中華書局，1973 年版，p2763～2764。

〔註 10〕（清）潘永因編《宋稗類鈔》，卷三十，1034 冊，p665。

氐、房是二十八宿中的兩顆標誌星。按照傳統的分野說，這兩顆星對應的分野就是今河南開封等地區。據此逆推，只要天星在位就是王氣所在。這樣邏輯上就可講通。如一般認為北斗星系列中有紫微星，該星出現照臨下土就是王氣出現的表現。且宋人在家裏用盆盎儲水觀星。可謂是群眾性的望氣活動。也就是說，從宋朝開始，民間也可以望氣。以前，望氣這個特殊職業被朝廷壟斷。不僅不能私下觀星，甚至在民間私自傳授望氣等書都是犯法的。可見統治者之自私和可笑。把這種沒影的事當成自家獨享的特權。不允許一般民眾染指。

我們今天用現代的二十八宿星宿位置和中國區域對應位置做對比研究，就會發現，很多時候，古人所確定的分星和大地上的分野對應關係並不吻合。分野只能是一個大致的概念，並不是一個精確的概念。因為分野誕生之初的春秋時期，各諸侯國所用曆法並不統一，這就給統一分星分野帶來了很多困難。〔註11〕在本文中，我們關注的是起源於曆法的分野，卻被施之於辨別吉凶的目的。周朝有「保章氏」這種官制，其責任就是「掌天星，以志星辰日月之變動，以觀天下之遷，辨其吉凶。「以星土辨九州之地，所封封域，皆有分星，以觀妖祥。以十有二歲之相，觀天下之妖祥。以五雲之物，辨吉凶，水旱降豐荒之祲象。以十有二風查天地之和。」〔註12〕這段文字實際就是先秦國家「天文臺」的職責。這些職責有根據歲星，雲氣、星宿、風來辨別吉凶作出占驗並負責為統治者提供諮詢服務。

圖 8-2 古代望氣臺模型

〔註11〕鄭慧生《古代天文曆法研究》，河南大學出版社，1995 年版，p24。

〔註12〕《周禮．保障氏》，嶽麓書社《十三經今注今譯》，1992 年本，上冊，p454。

也就是說，天上的每顆對應地上封域的分星的變化，都能預示該對應封域內的吉凶禍福。反過來，古人會將區域災異附會到天象變化上。幾千年來，我們的歷史保存了太多的這方面的記載。尤其是正史和地方志中，保存最多。我們所以關注這些，是因為我國的風水學理論基礎就是建立在天人感應基礎之上的。風水師無論尋覓山龍還是尋覓水龍，都會注意天上對應的星宿。即將尋覓吉壤和天地人結合考慮，而不是孤立的只考慮人，或只考慮地。風水術士中更乾脆就有一個天星派。實際和古老的分野學說有淵源關係。

不同的時代，王氣所在位置不同。因為這個原因，不同時代，國都的選擇都呈現出地域區別。

> 東南牧養：方今王氣盛於南，故牧養亦盛於南。上古王氣在東，中古王氣在西。近古王氣在北方。今王氣在南。上古牧養之盛在於海岱之間，故《禹貢》獨稱萊夷作牧，今登萊之間是也。中古牧養之利盛於秦隴，秦之先牧養蕃息受封於周，今之秦鳳路是也。近古牧養之利盛於河朔，元魏孝文於并州置牧場，馬大蕃息，今之河東路是也。宋朝以來川廣之馬足軍國之用，蓋牧養之利亦隨王氣去來為之盛衰。〔註13〕

看看這段引文，就會明白，所謂王氣，是一個動態的存在。民間俗諺「富貴臨門轉，紗帽滿天飛」就是這個意思的形象表達。

在我國的戰國時期，就已經有「王氣」這個名詞了，也就同時有了「望氣」這個行業了。最早見於記載的是楚威王時有望氣者報告說，見紫金山下有王氣，威王故埋金鎮之。但秦始皇時，則用鑿斷龍脈的方式破壞王氣的賡續：

> 升州今理江寧、上元二縣，古揚州之域。《爾雅》云：江南曰揚州，春秋時為吳地；戰國時越滅吳，為越地；後楚滅越，其地又屬楚。初置金陵邑，《金陵圖經》云：昔楚威王見此有王氣，因埋金以鎮之。故曰金陵。秦併天下，望氣者言江東有天子氣。乃鑿地脈，斷連岡，因改金陵為秣陵，屬丹陽郡。故《丹陽記》云：始皇鑿金陵方山，其斷處為瀆。則今淮水經城中，入大江，是曰秦淮。〔註14〕

升州指的是古代的金陵，這是宋代的行政區劃名稱。

〔註13〕（宋）章如愚編《群書考索·續集》，卷四十六，文淵閣四庫全書，臺灣商務印書館景印本，第938冊，p574～575。

〔註14〕（宋）樂史纂《太平寰宇記》，卷九十，文淵閣四庫全書，臺灣商務印書館景印本，第470冊，p7。

王氣是個什麼樣子？經歷過後周、隋朝兩代政權的著名術士虞季才在給北周的丞相，後來的隋文帝楊堅所寫的勸進密信中是這樣描述的：

> 今月戊戌平旦，青氣如樓闕，見國城上。俄而變紫，逆風西行。《氣經》云:「天不能無雲而雨，皇王不能無氣而立。」今王氣已見，須即應之。二月日出卯入酉，居天之正位，謂之二八之門。日者人君之象，人君正位，宜用二月。其月十三日甲子，甲為六甲之始，子為十二辰之初。甲數九，子數又九。九為天數，其日即是驚蟄。陽氣壯發之時。昔周武王以二月甲子定天下，享年八百；漢高帝以二月甲午即帝位，享年四百。故知甲子、甲午為得天數。今月甲子，宜應天受命。上從之。開皇元年授通直散騎常侍。〔註15〕

文中不僅記述了王氣由青變紫的過程，而且描述了王氣逆風西行的流動特點。文中還援引《氣經》的句子說明「皇王不能無氣而立」的道理。甚至連登基的日子都給楊堅看好了。可見王氣和政治的關係是何等密切。

通過虞季才這個例子不難明白，就像迷信的人家建房子娶媳婦安葬死者習慣性聽從術士的意見，選擇時日避凶祈祥一樣，在封建中國迷信君命天授的年月裏，這些望氣者必然大受野心家君王們的歡迎。大定元年為北周年號，也是北周最後的一年。該年後梁明帝的兒子孝明帝立，但西元581年就被隋文帝滅掉。隋文帝自然不會虧待虞季才。

北周庾季才原撰，宋王安禮等重修的《靈臺秘苑》，卷四記述了帝王氣的特點：

> 帝王氣。氣內赤外黃。或赤雲如龍。若有遊幸處，其地先見此云霧。或如城門隱；或如千石倉，皆常帶殺氣森森然；如華蓋，或加五色。多在晨昏見。則如山鎮，或如高樓，又如青衣人垂手在日西。又如龜鳳大人有五色。又營上氣如龍馬。或雜色，鬱鬱衝天。其氣多上達於天，以旺相日見。〔註16〕

王氣是一個可消耗的存在，對於久經喪亂的城市，王氣可能逐漸衰竭。「初，(北齊）神武自京師將北，以為洛陽久經喪亂，王氣衰盡。雖有山河之固，土地褊狹不如鄴，請遷都。魏帝曰：高祖定鼎河洛，為永永之基。經營制

〔註15〕（唐）李延壽撰《北史》，卷八十九，中華書局，1974年版，第9冊，p2948。

〔註16〕（北周）庾季才原撰，（宋）王安禮等重修《靈臺秘苑》，卷四，文淵閣四庫全書，臺灣商務印書館景印本，第807冊，p29。

度至世宗乃畢。王既功在社稷，宜遵太和舊事。神武奉詔。」〔註 17〕

「古人於地有王氣之處往往埋金以厭之，或井其地以泄之。前代帝王如此用心，今京城已故各官多有不諳道理，於住宅內自行開挑池塘養魚種蓮以為玩好。非惟泄斷地脈，實於本家不利，以致身亡家破。今後京城內官員宅院不許開挑池塘，亦不得於內取土築牆掘成坑坎。」〔註 18〕朝廷之所以禁止百官，不許他們在自家宅院範圍內鑿池挖洞，為的就是保存所謂王氣。生怕這麼一挖有意或無意地破壞了明王朝的王氣。

王氣就是地靈孕育人傑。唐人劉禹錫《唐故相國李公集紀》:「天以王氣付偉人，必飾之使光耀於世。粹和絪緼積於中，鏗鏘發越形乎外。文之細大，視道之行止。故得其位者文非空言，咸繫於訏謨宥密。」〔註 19〕

在宋代理學家的眼中，王氣就是正氣，旺氣。就是地靈人傑的意思。凡言王氣者，實有此理。生一物，須有此氣。不論美惡，須有許大氣豔（焰）。故生是人，至如闕里，有許多氣豔（氣焰）。故此道之流以至今日。昔橫渠說出此道理至此幾乎衰矣。只介父一個氣豔（氣焰）大。〔註 20〕張載認為，王氣是客觀存在的。張氏的觀點其理論基礎仍舊是地靈人傑說。

三、古代典籍中的「望氣者」

望氣之官，名稱或有改變，職守基本相同。

圖 8-3 古代望氣者圖

〔註 17〕（唐）李百藥奉敕撰《北齊書》，卷二，中華書局，1972 年版，p16。

〔註 18〕（明）徐溥等奉敕撰，李東陽等人重修《明會典》，卷五十九，文淵閣四庫全書，臺灣商務印書館景印本，第 617 冊，p624。

〔註 19〕（唐）劉禹錫《劉賓客文集》，卷十九，文淵閣四庫全書，臺灣商務印書館景印本，第 1077 冊，p435。

〔註 20〕（宋）張載《張子全書》，卷十四《二程書拾遺》，文淵閣四庫全書，臺灣商務印書館景印本，第 697 冊，p315 起。

《隋書・天文志》：三國時吳太史令陳卓始列甘氏、石氏、巫咸三家星官著於圖錄。謹案吳因漢制，有太史令丞。而吳范以騎都尉領太史令，則當如今（清代人自稱）之兼管監事。

又裴松之《三國志注》載孫權呼知星者問分野星氣。孫皓時望氣者云荊州有王氣。是吳靈臺所屬尚有候星、候氣諸待詔，蓋猶沿漢之舊也。〔註21〕

古者太史令掌龜策，候王氣，陳吉凶宅兆之數，告徵於王，以營城郭宮室。在古代中國，歷朝歷代其實都有這種望氣的專職官員存在。從傳說中的天象歲時觀察記錄者到西周王朝的制度性安排，這些望氣者和觀察日月運行五星運行，晝夜記時的人員一樣，屬國家專職人員。「天子有靈臺以侯天地，諸侯有時臺以侯四時。」〔註22〕

歷代望氣者，特別是唐前時代，望氣者總是如影隨形地追隨著各種檔次的君王，他們是君王的高參，不離左右，甚至連某仗該不該打，某人能不能殺這樣的大事，都需要聽望氣者的意見。這樣的事例史不絕書。例如：

> 吳范字文則，會稽上虞人也，以治曆數知風氣聞於郡中。舉有道，詣京都，世亂不行。會孫權起於東南，范委身服事。每有災祥，輒推數言狀，其術多效，遂以顯名。初，權在吳，欲討黃祖，范曰：今茲少利，不如明年。明年戊子，荊州劉表亦身死國亡。權遂徵祖，卒不能克。明年軍出，行及尋陽，范見風氣，因詣船賀催兵急行。至即破祖。祖得夜亡，權恐失之，范曰：未遠，必生禽祖至。五更中果得之。劉表竟死，荊州分割。及壬辰歲，范又白言：歲在甲午，劉備當得益州。後呂岱從蜀還，遇之，白帝說備部眾離落，死亡且半，事必不克。權以難范，范曰：臣所言者天道也，而岱所見者人事耳。備卒得蜀。權與呂蒙謀襲關羽，議之，近臣多曰不可。權以問范，范曰：得之。後羽在麥城，使使請降，權問范曰：竟當降否？范曰：彼有走氣，言降詐耳。權使潘璋邀其徑路，覘侯者還，白羽已去。范曰：雖去不免，問，其曰：明日日中。權立表下漏以待之。及中不至，權問其故。范曰：時尚未正中也。頃之，有風動帷，范拊手曰：羽至矣。須臾外稱萬歲。傳言得羽。後權與魏為好，范曰：

〔註21〕（清）永瑢、紀昀等奉敕編《欽定歷代職官表》，卷三十五，文淵閣四庫全書，臺灣商務印書館景印本，第601冊，p672。

〔註22〕（漢）公羊壽撰、何休解詁、唐徐彥疏《春秋公羊傳注疏》，卷九，文淵閣四庫全書，臺灣商務印書館景印本，第145冊，p169。

以風氣言之，彼以貌來，其實有謀，宜為之備。劉備盛兵西陵，范曰：後當和親。終皆如言。其占驗明審如此。權以范為騎都尉領太史令，數從訪問，欲知其決。范秘惜其術，不以至要語權，權由是恨之。〔註 23〕

可見，聰明英偉的孫權，對望氣術也很上心。可惜吳范死活不肯將真諦相告。

四、古代典籍中所記載的望氣之法

作為一種預測術，望氣也有自己的方法：

凡候氣之法：氣初出，時若雲非雲，若霧非霧，髣髴若可見。初出森然，在桑榆之上，高五六尺者是。千五百里，平視則千里；舉目而望，則五百里。仰望在中天，則百里間也。平望桑榆間二千里。登高而望，下燭地者三千里。〔註 24〕

這些平視、仰視、俯視的可見度不知是怎麼來的，可能是在望氣臺上的平視，舉目望和登高望。具體情況，史書語焉不詳。也許望氣臺上還有位置更高的設施吧？或者是按比例推算的吧？

君王雖然信任某些有能力的望氣者，但又心煩那些「為人剛直，頗好自稱。」的知情人，害怕他們口無遮攔，到處亂說，有損自己的形象。吳主孫權對待望氣者吳范就是這方面的例子：

初，權為將軍時，（吳）范嘗白言：江南有王氣，亥、子之間有大福慶。權曰：若終如言，以君為侯。及立為吳王，范時侍宴，曰：昔在吳中嘗言此事，大王識之邪？權曰：有之。因呼左右以侯綬帶范。范知權欲以厭當前言，輒手推不受。及後論功行封，以范為都亭侯。詔臨當出，權恚其愛道於己也，削除其名。〔註 25〕

孫權是古代帝王中最善於用人的明君，也有不兌現自己的承諾一如項羽之對諸侯王食言的時候。看來，人之私心實難盡除。

〔註 23〕（晉）陳壽撰、（南朝宋）裴松之注《三國志·吳志》，卷十八，中華書局，1959 年版，第 5 冊，p1421～1423。

〔註 24〕（隋）虞季才撰，（宋）王安禮等重修《靈臺秘苑》，卷四，文淵閣四庫全書，臺灣商務印書館景印本，第 807 冊，p36。

〔註 25〕（晉）陳壽撰、（南朝宋）裴松之注《三國志·吳志》，卷十八，中華書局，1959 年版，第 5 冊，p1422。

有野心想做統治者的強者們需要被神化，而望氣者這類人都會裝神做鬼，說什麼上帝託夢，什麼乘龍上天。處於弱勢的受到威脅的統治者也會採取必要的厭勝手段，對付手下的強勢大臣的風水。這類鬧劇在天下四分五裂的年月上演很是頻煩。

自晚唐開始，特別是宋朝建國之後，望氣行業開始由朝廷走向民間。江西民間術士發現吳越地方有王氣。而據術士所言，這王氣就應驗在吳越王錢鏐身上：

錢鏐字具美，杭州臨安人也。臨安里中有大木，鏐幼時與羣兒戲木下，鏐坐大石，指麾羣兒為隊伍，號令頗有法，羣兒皆憚之。及壯，無賴，不喜事生業，以販鹽為盜。

縣錄事鍾起，有子數人與鏐飲博。起嘗禁其諸子。諸子多竊從之遊。豫章人有善術者望牛斗間有王氣，牛斗，錢塘分也。因遊錢塘，占之，在臨安。乃之臨安。以相法隱市中，陰求其人。起與術者善，術者私謂起曰：占君縣有貴人，求之市中不可得。視君之相貴矣，然不足當之。起乃為置酒，悉召縣中賢豪為會。陰令術者遍視之，皆不足當。術者過起家，鏐適從外來，見起，反走。術者望見之，大驚曰此真貴人也。起笑曰：此吾旁舍錢生爾。術者召鏐至，熟視之，顧起曰：君之貴者因此人也。乃慰鏐曰：子骨法非常，願自愛。因與起訣曰：吾求其人者非有所欲也，直欲質吾術爾。明日乃去。起始縱其子等與鏐遊，時時貸其窮乏。鏐善射與槊，稍通圖緯諸書。唐乾符二年，浙西裨將王郢作亂，石鑒鎮將董昌募鄉兵討賊，表鏐偏將，擊郢破之。是時黃巢眾已數千，攻掠浙東，至臨安，鏐曰：今鎮兵少而賊兵多，難以力御，宜出奇兵邀之。乃與勁卒二十人伏山谷中，巢先鋒度險皆單騎，鏐伏弩射殺其將，巢兵亂。鏐引勁卒蹂之，斬首數百級。鏐曰此可一用爾，若大眾至何可敵邪？乃引兵趨八百里。八百里，地名也。告道旁媼曰：後有問者，告曰臨安兵屯八百里矣。巢眾至，聞媼語，不知其地名，皆曰向十餘卒不可敵，況八百里乎？遂急引兵過。〔註26〕

臨安縣錄事鍾起的幾個兒子喜歡和少年時節的錢鏐交往。錢起禁止他們，

〔註26〕（宋）歐陽修撰，徐無黨注《新五代史》，卷六十七，中華書局，1974年版，第3冊，p835～836。

但無效，孩子們仍舊偷偷和錢鏐玩。後來江西術士某發現錢鏐不同尋常，是王氣的載體。並告訴鍾起後，鍾起自然不再禁止。這個故事見於新五代史。自然也是錢鏐自立為吳越國王之後幾近百年的事情。直到當代，我們還有偉人逝世，非冬冰凍。雕像豎立，自動轉向等傳說，自然不難理解北宋初年江浙地區關於吳越王的種種神奇傳說。

宋代有個舒州僧人張懷素，「元豐末，客畿邑之陳留。常插花滿頭，佯狂縣中。自稱戴花和尚。言人休咎頗驗。以左道遊公卿家，」其說以金陵有王氣，欲謀非常。分遣其徒游說士大夫之素負名望者。也就是想說動某位有實力的大臣扯旗造反，以便他謀求富貴榮華。結果後來被其中一個叫范廖的到朝廷舉報了。這個一心做著快速成名快速致富夢的術士自然不會有什麼好下場。〔註 27〕實際上，古代中國希望借助自己掌握的那點左道旁門游說有影響力的人，並藉此豪賭的人大有人在。這位張懷素只是投機術士中的一個代表。

清人李三素《望氣論》揭明民間風水術士望氣的方法：「望氣者，望山川所升之氣以辨其龍之結作也。太祖之上，於夏秋之交雨霽之後丑寅之時，必有升之氣。宜於此時望之。氣之發從山巔直起衝上，下小上大如傘，此為真氣。……氣清奇者貴，肥濁者富。端正者出文，偏斜者出武。要赤為上，清白黑次之。」〔註 28〕

到了明清時期，望氣成了尋龍觀察的一個必用的手段。

五、王氣只能由當權的帝王佔有

古人認為：王氣是一個帝王政權的標配。就像天不能無雲而雨一樣，帝王不能無氣而立。普通人乃至權貴大臣若有機會遭遇王氣也應盡快破壞之，否則便有殺身之禍。

羊祜，字叔子。泰山南城人也。世吏二千石，至祜九世，並以清德聞……有善相墓者言祜祖墓所有帝王氣，若鑿之則無後，祜遂鑿之。相者見曰：猶出折臂三公。而祜竟墮馬折臂，位至公而無子。帝以祜兄子暨為嗣，暨以父沒不得為人後；帝又令暨弟伊為祜後，又不奉詔。帝怒，並收免之。太康二年以伊弟篇為巨平侯，奉祜嗣。篇歷官清慎，有私牛於官舍產犢，及遷而留之。位至

〔註27〕（宋）王明清《揮麈錄．後錄》，卷八，文淵閣四庫全書，臺灣商務印書館景印本，第 1038 冊，p497。

〔註28〕（清）李三素撰，鄭同校《天機貫旨紅囊經》，增補四庫青烏輯要本。九州出版社線裝本，第 3 函，卷三，p10～11。

散騎常侍，早卒。〔註 29〕

羊祜其人政治上極其敏感，當有人說他祖墳上有帝王之氣，並說如果鑿壞了祖墳就會絕後。這位羊祜寧可絕後也不敢得罪當局。果斷鑿破祖墓。可見，王氣問題在封建專制集權的時代，就是一個政治問題。因為帝王行業是壟斷的。王氣的擁有者只能是當權者，其他人休想。當然，羊祜的頂頭上司當朝皇帝對這位寧可斷了絕孫也不敢染指帝王王氣的權臣回報也不錯，用盡辦法安排羊祜的侄子們過繼給他做兒子。前面兩個侄子羊暨、羊伊都各找理由不奉詔。直到第三個侄子羊篇才同意過繼給伯父當兒子。即使出身寒微的帝王，也需要借助王氣包裝，如南朝劉宋開國皇帝劉裕就是一例：

> 南朝劉宋武帝居在丹徒。始生之夜，有神光照室。其夕甘露降於墓樹。皇考以高祖生有奇異，名為奇奴。皇妣既殂，養於舅氏，改為寄奴焉。少時誕節嗜酒，自京都還，息於逆旅。逆旅嫗曰：「室內有酒，自入取之。」帝入室，飲於盎側。醉臥地。時司徒王謐有門生居在丹徒，還家亦至此逆旅。逆旅嫗曰：「劉郎在室內，可入共飲酒。」此門生入室，驚出，謂嫗曰：「室內那得此異物？」嫗遽入之，見帝已覺矣。嫗密問向何所見，門生曰：「見有一物，五采如蛟龍。非劉郎。」門生還以白謐，謐戒使勿言，而與結厚。帝嘗行至下邳，遇一沙門，沙門曰：「江表尋當喪亂，拯之必君也。」帝患手創積年。沙門出懷中黃散一裹與帝曰：「此創難治，非此藥不能瘳也。」倏忽不見沙門所在，以散傅創即愈。餘散帝寶錄之。後征伐屢被傷通中者數矣，以散傅之無不立愈。自少至長，目中常見二龍在前，始尚小，及貴轉大。晉陵人韋藪善相人，相帝曰：「君貴不可言。願無相忘。」晉安帝義熙初，帝始康晉亂而興霸業焉。〔註 30〕

讀了這段引文，大家不難明白，封建中國，無論是白手起家的草創之君，還是繼承父兄霸業的吃現成飯的君主，他們無一例外的都需要神化自己。因為封建中國，權力高度集中在少數人手裏。少數人擁有對多數人的生殺予奪之權。因此，統治者內心空虛，害怕手下人生異心，害怕天下人不迷信他。於是千方百計往自己臉上貼金，用各種手段論證自己是上天意志的代表，君權神

〔註 29〕（唐）房玄齡等奉敕撰《晉書》，卷三十四，中華書局，1974 年版，p1013，1023～1024。

〔註 30〕（梁）沈約撰《宋書》，卷二十七，中華書局，1974 年版，第 3 冊，p783～784。

授，常人根本無法改變。多數人討好巴結這獨裁君主也是題中應有之義。劉裕起自草莽，他需要底下人來將其神化。你看史書的記述，劉裕其人「始生之夜，有神光照室。其夕甘露降於墓樹。」這就是說，劉裕出現在歷史舞臺上，是上天的安排。劉裕其人還是個少年時，生日從京都還，在旅館裏住宿，問主人要酒喝。老闆娘讓他直接到內屋去喝。誰知少年劉裕醉倒在主人的酒罈子旁，另一位王謐的門生湊巧也住這家旅館，親眼目睹了劉裕乃五色蛟龍的場景。史官甚至敘述說，劉裕從小總看到自己眼前有兩條龍引導自己。這二龍和自己一樣，與時俱進，慢慢長大，等等。

我們把時光往後拽 1000 餘年，明代史書中關於太祖朱元璋的神奇描述一點不比六朝時期的劉裕遜色：朱元璋出身窮苦，一開始倒也實在。位於安徽鳳陽的明皇陵，是他父母的墓地。起初碑文是前朝舊臣，江西籍文人危素所撰。朱元璋看到很多粉飾之詞，不符合歷史真實。便下令推到，他自己親自撰文，這就是現在我們在鳳陽明皇陵所看到的那篇基本是古代白話文的回憶錄式的墓碑。碑文中敘述自己家當年窮困，父母死了，連買塊墳地的錢都沒有，幸虧地主劉繼祖施捨了一塊土地給他們葬父。則當屬最真實的記載。至於祖父母，當年死後埋在哪裏，朱元璋一點印象都沒有。因此，大明王朝建立後，每年祭祖，朱元璋都是派太子朱標前去。但因為找不到任何痕跡，也沒有鄉民能告訴他埋在哪裏。朱標每年只能在在鳳陽城西濱河而祭，算是那麼點意思。直到洪武十七年十月十二日，鳳陽朱元璋本家一個龍驤衛總旗名叫朱貴的年老還鄉，知道當今皇上找不到祖父母的葬地，「即畫圖貼說，識認宗派。指出居處葬處，備陳靈異始末。貴故偕熙祖兆渡者，上即命皇太子至泗修建陵寢，號曰祖陵。命禮部製造三祖考袞冕冠服，瘞殿後。每歲大小二十六祭。設祭田一百四十九頃，僉選人戶三百十一四戶，因授貴奉祀，四品服色。子孫世襲。管理署事。恩賜朱貴田宅鈔錠金帶衣服等物寵賚有加。令置祠署於貴先人所居之稍北。其東南即熙祖舊屋基。特賜奉祀官世為葬地。及貴子紱襲前官。高皇帝召入謹身殿賜膳一桌，復賜御前子鵝肉，諭以『莫嫌官小』。」隨後就是建造明祖陵。相關朱皇帝出生等靈異傳說就開始被策劃問世，流傳開來：

謹按圖說：稱熙祖世為句容通德鄉朱家巷人。生宋季，元初至元間因亂挈家渡淮至泗州，見其風土醇厚居焉。泗人會社，常推為祭酒。居泗凡三十八年。一日臥屋後楊家墩下。墩有窩，遇二道士過，指臥處曰：若葬此，必出天子。其徒曰：何也？曰：若以枯枝試之必生葉。

亟呼熙祖起，祖故熟睡。道士乃插枯枝，去十日後，熙祖侵晨往驗，果生葉。因拔去生枝，別易枯枝。前道士復來，心異之。見熙祖在旁，因指之曰：必此人易去。遂語祖曰：若有福，沒葬此，當出天子。語訖忽不見。元致和二年丁卯夏，熙祖沒，因葬焉。甫封土即自成墳。仁祖年四十六，冬十二月，攜南昌盱眙臨淮三王及曹國長公主遷於鍾離東鄉，至盱眙之木場里，淳皇后見一異人，修髯奇貌，黃冠朱衣象簡，授白藥一丸，神光煥發，使吞之，遂孕。明年天曆元年九月十八日，太祖高皇帝生。聖造戊辰壬戌丁丑丁未也。溯葬期甫歲餘耳。將誕之夜，紅光燭天。里人起呼朱氏火，及至，無有也。舍傍故有二郎廟，時聞空中語：亟徙去！至曉，果徙東北百餘步。高皇帝甫生，淳皇后抱浴池，歎曰：家貧乏襁褓具，奈何？忽紅羅浮水上，因取而衣之。今傳為紅羅障。其生處常見五色王氣，世名明光山。有紅廟在焉。廟在盱眙縣靈跡鄉，距縣百二十里。

這個關於造神的神話是明崇禎辛未臘二日侍講蔣德璟所記。他的使命也是前來祭拜明祖陵，從陪同守陵人那裡聽來的。於是他將其記錄下來，這就是《泗州基運山小記》。〔註31〕

因為在封建專制集權之中國古代，大家都知道有王氣的地方是風水寶地，只能是掌權的最高統治者享有。其他任何人想佔有，都有殺頭的危險。故有些朝廷要員，為了扳倒政敵，便拿王氣說事。唐蕭嵩以王氣害楊炎即是一例：

開元時，蕭嵩嘗度曲江南欲立私廟。以為天子臨幸處，乃止。後炎復取以立廟。飛語云：地有王氣。故炎取之。帝聞震怒。會獄具，詔三司同覆，貶崖州司馬同正，未至百里，賜死，年五十五。〔註32〕

這個倒楣的楊炎，只知道曲江池旁風水好，建造家廟（祠堂）是理想的選址。不知蕭嵩早就垂涎此地，只是因為那裡是天子經常遊玩的地方，便自覺放棄。楊炎不知就裏，他一建廟，外面就有小道消息傳開，說那座廟所在地有王氣。這就是楊炎的死穴，儘管他身居宰相高位，又是兩稅法的發明人。但擅居王氣之地，只這一條就死定了。果然，表面上是將其貶官到海南島當司馬，但在路途中，他就被皇帝派去的人暗殺了。

〔註31〕（明）黃宗羲，《明文海》，卷三百五十九，文淵閣四庫全書，臺灣商務印書館景印本，第1457冊，p176～179。

〔註32〕（宋）歐陽修，宋祁撰《新唐書》，卷一百四十五，中華書局，1975年版，第15冊，p4726。

胡惟庸陷害政敵劉基所用的招數和蕭嵩如出一轍。就是誣陷劉基欲霸佔有王氣的浙閩之交的一個叫三魁的地方做自己的墳墓。獨裁者朱元璋寧可信其有，弄得劉基活活鬱悶致死。

洪武八年夏四月，誠意伯劉基卒。初，上既相胡惟庸。基大戚曰：使吾言不驗，蒼生之福也；言而驗者，其如蒼生何！因憂憤增疾。基嘗為上陳甌閩事。蓋甌閩之間有隙地曰淡洋，其南抵閩界曰三魁，為鹺盜藪。方氏所由亂。基奏於其地立巡檢司以控扼之。其奸民弗便也。相率挾逃戍之卒以叛，而大豪復陰持其窔。基使子璉上書奏之，而不先白中書省。惟庸故銜基，使刑部尚書吳雲劾之，以淡洋踞山海，有王氣，欲圖為墓地。民勿與則建立司之策以窘其人，致激變。疏入，上下有司，惟庸請加以重辟。又欲逮基子璉。獄上，皆不問，而第令移文使基知。基乃馳入朝見上，不敢辨，惟引咎自責而已。亦不敢言歸。俄有疾，惟庸覘上念基怠，乃陽為好者以正月朔挾醫來視疾。基飲之，覺有物積胸中如拳石。間以白上，上不省也。又三月寖劇，使使問之，知不能起。驛舟護歸青田，亡何竟卒。〔註33〕

一代人傑劉基竟然也是死於胡惟庸所設計的誣陷圈套之中。這栽贓的髒活，胡惟庸自然不會少人手。劉基明白，在朱元璋面前，即使辯解也無濟於事。最後胡惟庸假太祖之名派御醫視疾下慢性毒藥毒死了劉基。

王氣只能為最高統治者所享有，因此作為臣民，一旦發現，必須破壞，或迴避。相傳唐代漳州地方守將陳政死後，其子葬乃父於漳州將軍山下。有相墓者報告那裡有王氣。陳政的兒子趕快改遷乃父遺骨於大峰山以規避朝廷的加害。〔註34〕

南朝劉宋孝建三年，今浙江桐廬境內有一個富陽籍世代看風水的富戶唐家，這家主人唐寓之因為看到自己家祖墳上有王氣，便蠱惑鄉民，舉兵造反。一度聲勢浩大，甚至佔領了杭州城。但旋即被官軍剿滅：

富陽人唐寓之，僑居桐盧。父祖相傳，圖墓為業。寓之自云其家墓有王氣，山中得金印。轉相誑惑。(孝建)三年(456)冬，寓之聚黨四百人於新城，水斷商旅，黨與分布。近縣新城令陸赤奮、桐

〔註33〕(清)谷應泰撰《明史紀事本末》，卷十三，文淵閣四庫全書，臺灣商務印書館景印本，第364冊，p241。

〔註34〕(清)杜臻撰《粵閩巡視紀略》，卷四，文淵閣四庫全書，臺灣商務印書館景印本，第460冊，p1043～1044。

盧令王天愍棄縣走。寓之向富陽抄略人民。縣令何洵告魚浦子邏主，從係公發魚浦村男丁防縣。永興遣西陵戍主夏侯曇羨率將吏及戍左右埭界人起兵赴救，寓之遂陷富陽。會稽郡丞張思祖遣臺使孔矜、王萬歲、張繇等配以器仗將吏白丁，防衛永興等十屬，文季亦遣器仗將吏救援錢塘，寓之至錢塘，錢塘令劉彪戍主聶僧貴遣隊主張玗於小山拒之，力不敵，戰敗。寓之進抑浦，登岸焚郭邑。彪棄縣走。文季又發吳嘉興海鹽鹽官民丁救之。賊分兵出諸縣，鹽官令蕭元蔚、諸暨令陵琚之並逃走。餘杭令樂琰戰敗，乃奔。是春寓之於錢塘僭號，置太子，以新城戍為天子宮。縣廨為太子宮。弟紹之為揚州刺史。錢塘富人柯隆為尚書僕射、中書舍人、領太官令。獻鋌數千口為寓之作仗，加領尚方令。分遣其黨高道度、徐寇東陽。東陽太守蕭崇之、長山令劉國重拒戰見害。〔註35〕

實際上，當時唐寓之動造反之念並將其付諸行動，雖然祖墳冒煙是誘因。更主要的還是劉宋政權治理失當，民怨沸騰所致。這位「父祖相傳圖墓為業」的風水先生正是因為看清了朝廷「連年簡籍，百姓怨望」的大形勢才舉兵造反。可見治理國家必須以民為本。

通過這個例子，我們發現，封建中國，凡屬私人墓地或宅邸出現王氣的話題，都屬敏感話題。當事人必須自我破壞方能得當權者認同。這裡所提到的唐代陳政一門四世守衛漳州，皆能得民心。故宋代宣和年間出現了神兵移冢的傳說。今世某人升學提幹，大家喜歡用祖墳冒青煙加以調侃。實際還是風水圖墓術在人民生活中留下的餘響。

有時候，王氣可以表現在某人身上，望氣者可以看得出來，如「（光武）帝為人隆準日角，大口美鬚眉，長七尺三寸。在舂陵時，望氣者言：舂陵城中有喜氣。曰：美哉王氣，鬱鬱蔥蔥。」（案范書帝紀：望氣者，蘇伯阿也。）〔註36〕

如「佛圖澄亦言於虎曰：觀蒲氏（洪）有王氣，請急除之！虎陰欲殺洪，洪稱疾不朝。」〔註37〕

〔註35〕（梁）蕭子顯撰《南齊書》，卷四十四，中華書局，1972年版，第3冊，p776～777。

〔註36〕（東漢）劉珍撰，吳樹平校注，《東觀漢記》，卷一，中華書局，2008年版，上冊，p1～2。

〔註37〕（魏）崔鴻撰（舊題）《十六國春秋》，卷三十三，文淵閣四庫全書，臺灣商務印書館景印本，第463冊，p577。

從這兩則引文裏不難看出，所謂王氣，就是某人身上所體現出來的帝王氣象，如國共兩黨重慶談判時期，毛澤東的很多表現讓國統區各民主黨派人士普遍認為有帝王氣象。就是一個現代的例子。在中國文化語境下，王氣很多時候指帝王氣象。往往是傑特之人所在之地被人稱為有王氣。如明初建文帝安排隆平侯張信到北平任都司，「受密敕」，任務是抓燕王朱棣。張信每天寢食不安，因為燕王防衛嚴密，任務很難完成。張信的母親發現兒子不安，詢問得實，乃明確警告兒子不能抓燕王府人，因為「汝父每言：王氣在燕。汝無妄為禍家族。」〔註 38〕說明什麼？說明張信的父親早已看出天下大勢，燕王必反。建文必敗。

六、王氣有時會成為決策者遷都或其他重大行動的藉口

每遇遷都等重大決策，風水術士的意見往往左右歷史：梁元帝面臨回建康和留荊州的選擇。結果五百人參加大討論，最後還是荊州派佔了上風，這不僅僅因為荊州的經濟實力和宮殿建築有規模，比建康城的殘破而言，具有優勢。更因荊州有「洲滿百，出天子」的民間讖語。梁元帝最後選擇了荊州：

> 承聖二年下詔，將還建康。領軍將軍胡僧佑諫曰：建業王氣已盡，與虜正隔一江，若有不虞，悔無及也。且古老相承云：荊州洲數滿百，當出天子。今枝江生洲百數已滿，陛下龍飛是其應也。元帝令朝臣議之，黃門侍郎周弘正曰：今百姓未見輿駕入建康，謂是列國諸王。願陛下從四海之望。時羣臣多荊州人，皆曰：弘正等東人也，志願東下。恐非良計。弘正面折之曰：東人勸東，謂非良計。君等西人慾西，豈成長策？元帝笑，又議於後堂。會者五百人。元帝問之曰：吾欲還建康，諸卿以為如何？眾莫敢先對。元帝曰：勸勿去者左袒，左袒者過半。武昌太守朱買臣言於元帝曰：建康舊都，山陵所在。荊鎮邊疆，非王者之宅。願陛下勿疑以致後悔。臣家在荊州，豈不願陛下居此？但恐是臣富貴，非陛下富貴耳。元帝以建康雕殘，江陵全盛。意亦安之。卒從胡僧佑等議。〔註 39〕

六朝陳後主時，大府卿韋鼎見金陵王氣消歇，變賣產業移居僧寺。

〔註 38〕（清）姚之駰撰《元明事類鈔》，卷十四，根據楊士奇的記載，文淵閣四庫全書，臺灣商務印書館景印本，第 884 冊，p219。

〔註 39〕（宋）沈樞撰《通鑒總類》，卷十二，文淵閣四庫全書，臺灣商務印書館景印本，第 462 冊，p4。

隋韋鼎初仕陳為大府卿，後主至德初，鼎盡貨田宅，寓居僧寺。友人大匠卿毛彪問其故，答曰：江東王氣盡於此矣。吾與爾當葬長安。期運將及，故破產耳。〔註 40〕

梁元帝誤信王氣在荊州之說，不肯以建業為都城。結果招致了梁王朝的亡國。韋鼎其人是陳後主朝廷的官員。所謂王氣消歇，其實不過是大廈將傾的另一種表達。在陳後主這樣昏庸的君王手下做事，明白人還用得著占卜和望氣嗎？

七、王氣的破壞和禳解

如前所述，封建帝王對於自己的江山社稷是十分看重的。為了保住江山社稷，讓臣民們不亂說亂動。封建帝王總是千方百計地粉飾自己，神化自己。他們對於所謂王氣十分敏感，對於有望氣本事的人才總是特別重視。一旦他們知道某地有王氣，必然第一時間進行破壞。歷代正史野史都是史不絕書。

這裡我們舉些例子，以幫助讀者認識帝王的心事：

三國東吳後主孫皓雖能力不錯，但任用小人，驕橫自負，每每決策失誤。終於斷送了他祖父孫權所開創的江山社稷，做了西晉王朝的俘虜。這個孫皓很迷信。史書上關於他迷信王氣的記載不少。如：

> 初，望氣者云：荊州有王氣，當破揚州，而建業宮不利。故皓徙武昌。遣使者發民掘荊州界大臣名家冢，與山岡連者以厭之。〔註 41〕

他不僅聽信望氣者的話，遷都武昌。還派遣使者發掘荊州大臣名家的墓冢。伏滔《北徵記》記載：

> 九井山西北有吳將甘寧墓，占者云有王氣。孫皓鑿其後十數里，名曰直瀆。〔註 42〕

甘寧本屬他祖父孫權手下的名將，也算是吳國的功臣。結果他的墓葬只因望氣者一句話，就被挖個底朝天，並且還往後延續挖掘十數里。遺址在南京城郊長江邊。

諸葛亮七擒孟獲，是大家熟知的典故。當年諸葛亮：

〔註 40〕（唐）李延壽撰《南史》，卷五十八，中華書局，1975 年版，第 5 冊，p1436。

〔註 41〕（元）郝經撰《郝氏續後漢書》，卷五十一，文淵閣四庫全書，臺灣商務印書館景印本，第 385 冊，p471。

〔註 42〕（隋）杜公瞻撰，（舊本經），（清）高士奇輯本《編珠》，卷一，文淵閣四庫全書，臺灣商務印書館景印本，第 887 冊，p52。

擒獲至，猶遣去。獲止叩首曰：丞相天威也，南人不復反矣。乃於普坎立南征碑紀績。班師抵永昌，斷九隆山脈以泄王氣。回駐白崖，立鐵柱鎮諸蠻。〔註 43〕

可見，就是神機妙算的諸葛亮，南征結束回成都途中，也不忘破壞王氣，「斷九隆山脈以泄王氣」。

唐高宗的第八子李旦，被封相王。即後來的唐睿宗。他有五個兒子，曾在長安城東後來叫隆慶池的北邊建造住宅。李旦的哥哥，唐高宗李治的第七子當皇帝（即唐中宗）後，聽望氣者說那裡有帝王氣，就想辦法破壞。但畢竟是親侄子住宅所在地，採取吳主孫皓那樣的挖斷辦法顯然不行。於是也就有了比較奇特的厭勝法術的運用：

初，則天之世，長安城東隅民王純家井溢，浸成大池數十頃，號隆慶池。相王子五王列第於其北。望氣者言常鬱鬱有帝王氣。比日尤盛。中宗幸隆慶池，結綵為樓，宴侍臣、泛舟、戲象以厭之。〔註 44〕

紮彩樓，宴會群臣，池上泛舟，讓大象在池邊表演。這種禳解未免過於滑稽。大家知道唐中宗的這種破壞於李旦一家的風水並未產生真正的破壞。不久，李顯的七哥李旦就做了唐睿宗。

唐代詩人許渾還曾奉命到杭州秦望山破除王氣。咸通中，京師有望氣者言錢塘有王氣。乃遣侍御史許渾齎璧來瘞秦望山之腹以厭之。又郭璞撰《臨安地志》云：天目山前兩乳長，龍飛鳳舞到錢塘。海山門起橫為案，五百年生異姓王。至是果驗。〔註 45〕後面這句話指的是吳越王錢鏐建立吳越國的事情。

大家知道，唐僖宗朝，爆發了著名的黃巢之亂，歷時六年，皇帝及隨駕大臣逃入西蜀，百姓生靈塗炭，千里無雞鳴。藩鎮大多擁兵自重。李克用等少數藩鎮響應僖宗勤王號召，賴諸軍數載血戰，方將黃巢以及其子黃皓剿滅。這是一場元氣大傷的歷史大事件。但後世的《揮塵錄》卻將其記載成一個名號太白山人的陝西安康「望氣者」建議朝廷搗毀牛山王氣的故事。該記載消除王氣的做法堪稱最具體生動：

〔註 43〕（清）馮甦撰《滇考》，卷上，文淵閣四庫全書，臺灣商務印書館景印本，第 364 冊，p17。

〔註 44〕（宋）沈樞撰《通鑒總類》，卷三，文淵閣四庫全書，臺灣商務印書館景印本，第 461 冊，p328。

〔註 45〕（清）鄭方坤撰《五代詩話》，卷一，文淵閣四庫全書，臺灣商務印書館景印本，第 1486 冊，p474。

> 中和三年夏六月三日，太白山人修謁金州刺史、檢校尚書左僕射兼御史大夫崔堯封云：本州直北有牛山，傍有黃巢谷、金桶水，且大寇之帥黃巢凌劫州縣，盜據上京近已六年。又偽國大齊，年號金統。必慮王氣在北牛山。伏請聞奏蜀京掘破牛山，則此賊自敗散。堯封聽之，大喜。且具茶果，與之言話移時。太白山人禮揖而去。堯封遂與州官商量點諸縣義丁男，日使萬工，掘牛山。一個月餘，其山後崖崩十丈以來，有一石桶，桶深三尺，徑三尺，桶中有一頭黃腰獸，桶上有一劍，長三尺。黃腰見之，乃呦然數聲自撲而死。堯封遂封劍及畫所掘地圖所見石桶事件聞奏，僖宗大悅。尋加堯封檢校司徒封博陵侯。黃巢至秋果衰。是歲中原克平。如昭洗王涯等七家之詔，亦見是書也。〔註46〕

如果太白山人真的發現了北牛山有王氣，真的有報效朝廷，解救萬民的善念，為何一定要等到黃巢禍害天下近六年之久才給地方要員提醒呢？值得注意的是，這個黃腰獸的神話和後世的風水寶地何其相似乃爾。如果太白山人不提醒崔堯封，那是不是黃巢就可以成氣候，取唐王朝而代之呢？史實不是這樣，到了第六年，黃巢已經死了。他的兒子黃皓也日薄西山，即將完蛋。所以這種神話只能是好事者的附會傳說。

開封為宋汴京。有一座國相寺，因為有術士認為該寺寺塔有王氣。當局便安排摧殘寺塔。「國初鑱王氣塔，七級去其四，崩嚙幽窟，狐狸魑魅昏嘯陰啼。僧席未暖業逃去。」昔日人來人往之地，很快就成了廢墟。幸虧一個叫善彬的國相寺僧，興復了該寺廟。我們也因此知道佛塔也能成為王氣的載體。而破壞王氣的辦法就是將佛塔削去幾層。〔註47〕明田汝成《西湖遊覽志》，卷七說杭州鳳凰山東、西兩支宛若鳳凰的兩個翅膀，右翅為吳越南宋之王氣所聚，左翅為元明兩代杭州官衙所在。右翼王氣被胡僧所壞。胡僧主持在南宋故宮基礎上築造五座寺廟，並建造鎮南塔以厭勝該地王氣，因此自從南宋後右翼再也沒有興旺過。田汝成認為明代杭州鳳凰山左翼地塊得到開發，成為杭州地方政府辦公區域。這是王氣轉移的結果。

〔註46〕（宋）王明清《揮塵錄．後錄》，卷二，文淵閣四庫全書，臺灣商務印書館景印本，第1038冊，p438。

〔註47〕（明）李濂撰《汴京遺跡志》，卷十，文淵閣四庫全書，臺灣商務印書館景印本，第587冊，p618。

統治者是自私的，也是愚蠢的。為了保住自己的榮華富貴。他們不惜編造謊言，神話自己。為自己子子孫孫安享富貴尋找理論依據。就拿剷除王氣一事來說，王氣是剷除不盡的，他們的富貴榮華也沒有任何一個能夠地久天長。這方面的例子數不勝數。如「長城北五里有雉山。梁武帝時聞童謠云：鳥山出天子。乃於江左以鳥名者鑿之。而雉山獨遺焉。」〔註 48〕梁武帝得到消息後，派人鑿壞王氣。只要山名帶鳥字的，都一律破壞之。但偏偏雉山就被忽略了。雉，不就是野雞嗎？那個字不是帶鳥字旁（隹）嗎？

王氣的破壞，或者說禳解，除開前面所介紹的鑿破的辦法，還有建設性破壞的辦法，即通過建造宮殿等建築群來遮蔽王氣：「婁湖苑，在江寧縣新亭鄉光宅寺。齊武帝永明元年，望氣者言婁湖有王氣。帝乃築青溪舊宮，作婁湖苑以厭之。」〔註 49〕這裡的青溪在南京。婁湖苑的位置在今天南京市江寧區。這種厭勝方法比較奇葩。

古代兵書上也有記載如何破壞敵人的王氣的事例。當然，這個王氣就不是帝王之氣了，只是生旺之氣。

> 敵之王氣久而不衰者，觀其氣王於何方，當六甲旬首正子時於營中月空上環三九步以朱畫八卦壇位成三界，其內畫十二辰及月將之名，東西南北相去數步取蒼狗、白雞各一隻，大將披素服，右手仗劍，左手按二畜，北面立，默誦敵將名氏，即斬之，埋於氣旺之方，深三尺。氣衰則去之。〔註 50〕

這已經有點七星壇諸葛祭風的色彩了。古代帝王用於鎮壓王氣的厭勝物，是什麼樣子。我們很難想像。但古書上居然記載有秦始皇用於破壞金陵王氣的鎮物。《玉芝堂談薈》《辨古玉》條記載：「胡綜博物多識，孫權時有掘地得銅匣，長三尺七寸，以琉璃為蓋，雕鏤雲物於上。開之，得一白玉如意，所執處，皆刻龍虎形，人莫能識。綜曰：昔秦始皇東遊以金陵有天子氣，乃改縣名，掘鑿江湖山阜，埋寶物以當王氣耳。」胡綜（183～243），吳人。幼與孫權一起讀書。後在孫權手下任職。這裡的「當」應作阻止，破壞解。

〔註 48〕（明）董斯張撰《吳興備志》，卷二十七，文淵閣四庫全書，臺灣商務印書館景印本，第 494 冊，p535。

〔註 49〕（清）趙弘恩等監修；董之僑等編纂《江南通志》，卷三十，文淵閣四庫全書，臺灣商務印書館景印本，第 508 冊，p28。

〔註 50〕（宋）許洞《虎鈐經》，卷十，文淵閣四庫全書，臺灣商務印書館景印本，第 727 冊，p70。

八、王氣與吉壤

王氣的概念發生在前，吉壤的概念發生在後。前者屬早期用肉眼觀測天象背景下的產物。即憑藉肉眼，借助高臺，夜觀天象。因此只能看到某星是否還在某星野範圍內。如果不在，就是王氣消失。其次，在早期觀測天象者那裡，天地是相互呼應的。在天成象，在地成形。是必然的。比如說，某吉星照臨某地，地面上植被必然會有一些特別的跡象出現。如隋文帝時的術士蕭吉就曾在文帝皇后葬地上空發現黑色的雲氣移動等異常跡象。這就是古代望氣者的學問。順便說一句，古代的望氣專書，其實有一半是和天星對應的，還有一半甚至更多的分量是對軍事活動可能會引起的相關氣象和鳥獸異動等跡象的總結。因為在古代，打仗畢竟是大事。打仗就得觀察地形，預測天氣。等等。這些內容實際上構成了早期望氣學中的主要內容。這是我們必須首先清楚的。望氣者的重點逐漸從地面鳥獸移動，天上雲層移動等預測天氣，或預測樹林裏有伏兵到後來發展到神秘的天人感應預測，如看到某星位置移動，不在某分野內，因而斷定某位野心家起事不會成功，或者反過來，望氣者觀測到某位吉星和某位野心家的地理位置相對應，則預測某人起事會成功。我們看史書，諸如漢高祖劉邦走到哪裏，頭頂上就有一片祥雲罩著他，好像如影隨形一樣，再如朱元璋出生，遠處村人發現他家整個房子都紅彤彤的，就像著火似的。走到跟前，又沒有異樣。我們只能說，歷史總是勝利者寫的，因為他們需要被神化。就連反抗暴秦的英雄陳涉也會玩「大楚興，陳勝王」的把戲。何況是江山坐穩，手握生殺予奪之權的統治者，史家能不按照他的意思寫嗎？要想明白這類神化當權派的伎倆之不足道，你只要看看歷史，那麼牛逼的一個個真龍天子，一開始都是盡可能愚弄人民，希望自己一世二世萬萬世，永享富貴榮華，後來不是沒有一個長命富貴的嗎？就王朝的壽命長短論，只有周朝八百年，漢朝四百年。此後就再也沒有趕得上周、漢兩朝的。可見，所謂王氣只不過是統治者愚民的戲法，是用不著認真的。

後世的風水吉壤，風水寶地，吉穴，善地等概念，其實和王氣都是差不多的概念。不同的是，古代的望氣者主要關注的是天星和雲氣，而後世的風水師們則主要關注的地形和地氣。

九、《參同契》與《葬書》：兩本探索元氣利用的著作

中國古代，有兩本書是認真探索元氣利用的。一本是東漢魏伯陽所撰《參

同契》，另一本就是東晉郭璞所撰《葬書》。兩者相通之處在於：都是發現和利用生氣。其不同處在於：前者是以人的身體為載體，後者是以大地為載體。前者是以人體內的元氣利用為研究對象。後者是以大地中的元氣利用為研究對象。這兩位偉大的學者所依據的哲學理論都是元氣論。人身小宇宙，宇宙大人身。人體有元氣循環。地體也有元氣循環。

> 吳草廬曰：《參同契》，攝生之術，《葬書》，送死之事。儒者不可不知。又謂杜待制曰：世間二事同歸殊塗，修養家之丹法，地理家之葬書。可以一言蔽之。范幹曰：吳文正之言不為無理，蓋生氣周遍乎大地，浸灌乎一身。善攝生者識生氣之根凝之於一身；善葬者識生氣之止，聚之於一穴。竊取生化之機也。〔註 51〕

吳澄（1249～1333），江西撫州人，元代大儒。號草廬。杜待制，即杜杞（1005～1050）范幹，元人。先生名幹，字景先。婺之金華人。文懿許公（許衡）之高第弟子，自號柏軒人，因稱之曰柏軒先生云。〔註 52〕

當代研究《參同契》的著作，南懷瑾先生的《周易與參同契》屬最通透的一種。因為要研究《參同契》，需要綜合的國學素養。除自身必須懂《易》外，自身還需要有氣功、拳術、中醫等方面的造詣，如中國道教協會任法融君 2009 年出版的《周易參同契釋義》，就沒有自己的新見解，基本是靠抄錄既往注家的觀點構成。當然，無論是魏伯陽的《參同契》，還是郭景純的《葬書》。要真正弄明白也不是一件容易的事情。

〔註 51〕（明）唐順之編《稗編》，卷五十八，文淵閣四庫全書，臺灣商務印書館景印本，第 953 冊，p333。

〔註 52〕（明）蘇伯衡撰《蘇平仲文集》，卷三。文淵閣四庫全書，臺灣商務印書館景印本，第 1228 冊，p574～575。

第九章　生氣的認識和吉壞的探索

一、「生氣」簡說

生氣，嚴格說來，和王氣是一回事。不同的是，在中國歷史語境下，王氣是帝王專用名詞。不是普通老百姓能使用的。緣此，我們在一般意義上的相宅相墓專題研究時就選擇生氣這個概念，以示區別。

中國的文化，離不開兩個東西，一個是「氣」。另一個是「和」。「氣」是物理學層面的概念。「和」是倫理學層面的概念。我們之所以說氣是中國文化的重要概念，是說中國人很早就認為氣是萬物構成的根本。或者說萬物都是氣化生成的結果。這就是我們哲學史上所經常提到的元氣說。西晉哲學家楊泉在《物理論》中寫道：

> 所以立天地者，水也；成天地者，氣也。水土之氣升而為天，天者君也。夫地有形而天無體，譬如火焉，煙在上，灰在下也。又儒家立渾天以追天形，猶車輪焉；周髀立蓋天，言天氣循邊而行，猶磨石焉。斗，極天之中也。言天者必擬之人，故自臍以上，人之陽也；自臍以下，人之陰也。自極以南，天之陽也。自極以北，天之陰也。〔註1〕

這段話把人身陰陽、天地構成都歸結為元氣之變化。明確無誤地闡述了世界的物質性。

我們之所以說「和」是中國文化的重要概念，是說中國的人倫文化總是追求和的境界，從音樂到政治，從倫常到禮制，從君王到百姓，從軍事到外交。

〔註 1〕（明）孫瑴輯《古微書》，卷一引。文淵閣四庫全書，臺灣商務印書館景印本，第 194 冊，p813～814。

早在東晉，郭璞就給風水下了一個著名的定義即「葬者乘生氣也。」生氣就是富有生機的元氣。得到它，草木生長茂盛。牛羊膘肥體壯，居住者身體康健。歷代帝王多有當農業歉收，地震山崩等天災人禍發生時節，便採取一些諸如救助貧民，解放宮女，整頓吏治的舉措，其目的就是為了培養和氣，驅逐戾氣。

風水學說雖然是一個十分駁雜的系統，裏面魚龍混雜，令人目迷五色。相信者尊為科學，否定者斥為迷信。但無論如何，我們撥開層層迷霧，不難看出的一個基本事實是，歷代中國哲人對氣乃生命本源的研究，上至先秦莊子，荀子、孟子，稍後的漢代王充，三國魏的管輅，西晉的楊泉，東晉的郭璞，隋代的蕭吉，唐代的柳宗元，宋代的朱熹、張載、蔡元定、明代的徐善繼、徐善述等學者專家。總覽中國古代典籍，包括已被普遍認可的哲學家和未被普遍認可的著名風水名家，國人對生氣的認識和對吉壞的探索從來就沒有停止過。

> 要之，風水之說必求山水之相向以生地中之氣，氣之聚散初未易以形跡指陳，所謂精光時露一分者也。譬則修養之法：積氣生液，煉液生氣，以長生者矣。蓋氣液猶山水也，積之煉之而七返九還以成丹者，疑即相向以生地中之氣也。此理豈術士之可貴乎？若乃年月日時之擇，又貴乎五行之生克制化，皆合其法，則順布迭行，地平天成，萬物化生矣。一或少差，則五行汩陳，吉地亦焉用哉！譬則燒煉之家養砂養汞，得火候者為寶，否為囂。風水猶砂與汞，而年月日時疑其火候之說與？故曰山川有小節之疵，不減真龍之厚福；年月有一端之失，反為吉穴之深殃。凡此皆陰陽家之大者，同歸而殊途也。〔註2〕

明人趙汸《風水選擇序》中的這段話，用煉丹作比較，為風水界人士對生氣和吉壤的探索做了生動的注解，也給予了充分的肯定。我們必須將嚴肅探索的風水學者和混跡江湖的一般地師區別開來。

二、論生氣之發現

（一）生氣

風水術認為：住宅、墓穴，城鎮，都邑，其地下的王氣也是有生命週期的。

〔註 2〕（明）趙汸撰《風水選擇序》，（明）唐順之編《稗編》卷五十八，文淵閣四庫全書，臺灣商務印書館景印本，第 954 冊，p325。

並非一經選定，永遠發福。氣運衰敗，縱有吉穴，亦不發福。不可相也。蓋地之氣運有盛有衰，當其盛時，雖小結作亦能發福；當其衰敗，則雖有上結亦不能發福。他們認為，古今同一洛陽，古今同一長安。昔為富貴繁華之地，而今為草莽荊棘之場。並非陵谷變遷，實係氣運轉移所致。

唐代黃岡名僧泓師有所謂三十六絕穴之說，其中「氣去不融結的，左空右缺、前曠後跌，地中生氣悉為風所蕩散，不能融聚者。壟之沉氣升騰於上，支之浮氣漏泄於下，葬之無益於存亡，適足以腐敗棺骨。」泓師還認為：地之呈死蛇型的不可葬。死蛇不屈曲而軟弱無氣，主絕。

風水文化認同山水相依的結構模式，因為山水相伴，才能化生萬物。「有山無水謂之孤，有水無山謂之寡。水欲深而不急，欲平而無聲。十里之外有秀水入明堂者，大貴之地也。」〔註 3〕

（二）生氣的特徵

風水之書成千累萬，其要點不過陰陽二字。風水學說的主要理論源泉有二：一為元氣說。二為陰陽觀。在周易系統裏，乾為陽，坤為陰。陰陽交會而化生萬物。在風水系統裏，水為陽，山為陰。水象徵男性、丈夫，山象徵女性、妻子。夫婦交合而新生命得以孕育；山水交會而地之生氣得以凝結。古人認為，山，本為靜物，但若要觀察其生氣之所在，當查其有動感的地段；水，本為動物，若要觀察其生氣之所在，當查其靜態的存在區域。因此，風水師們認定：「氣之盛者，雖流行而其餘者猶有止；雖零散而其深者猶有聚。」〔註 4〕「故凡成龍之山，必踴躍翔舞；結地之水，必灣環悠揚。若夫山之偃硬側勒，水之激割沖射，則靜不離靜，動不離動，山水之不融解者也。」因此，大凡「結穴之地，山必逆而水交，水必合而與山會。」不能水自是水，山自是山。各不相干。那樣不可能集聚生氣。〔註 5〕這是從大格局的角度判斷何處有生氣。

水火之暖潤，融為生炁（氣）。其流行者在在充周。然葬必求其止聚之處，而後可以乘得之。但生炁藏蓄於內無可見，將何以知其止聚而求之歟？抑知誠中必形外，見外可知內。生炁所聚之處，其上必有動炁。動炁者何？即凹突之

〔註 3〕（明）徐善繼、徐善述撰《地理人子須知》，p192，193。

〔註 4〕（晉）郭璞《葬書》，九州出版社，《增補四庫青烏輯要》線裝版第 1 函，p7。

〔註 5〕（宋）蔡元定《發微論》中語，《地理黑囊經》，九州出版社，《增補四庫青烏輯要》線裝本，第 12 函，上冊，p4～5。

穴暈是也。生炁潛於下暈，形現於上。如魚在水中一動，其水上自成一暈。見暈可以知魚也。故欲知生炁，須精熟暈法。〔註 6〕

這是從小範圍判斷生氣的識別標誌。

（三）《黑囊經》論枯骨如何受生氣

《黑囊經》署名楊筠松。顯然是後人偽託。但署名雖然是假的，書的內容卻頗多可取。例如該書關於葬者乘生氣的理論，就有自己的解釋：「地理之道，被郭氏數語道盡。蓋葬之道不過乘生炁也。人之生也，以秉生炁而生。故人感觸天地之煞炁，輕則病而重則死。老年之人，則生炁消盡，故亦死。此生炁之所以貴也。夫死骨似不必乘生炁矣。然死骨乃生炁所乘者，故得生炁則其神妥而生福，犯煞炁則神不安。」〔註 7〕雖然作者也是推測，但他認為人之生是因為生炁而興，人之死是因生炁衰。他邏輯地推測，死者枯骨得到生炁的滋潤，靈魂應該感覺安詳。作者並沒有說枯骨受到生炁滋潤會蔭庇子孫陞官發財，只是說這樣的話死者神安，生者心安。迥異於一般風水師的改換天命的胡吹。

（四）楊筠松論生氣

楊筠松在《二十四砂葬法》小序中指出：「夫觀龍觀其起，明穴明其止。起乃動而生，止乃靜而死。死處又尋生，是名曰生氣」〔註 8〕

楊這段話既點明了尋山脈生氣就要看山勢起伏，所謂「觀龍觀其起」，風水術中經常被提到的死蛇式的山脈為什麼普遍被唾棄？因為那種山體土中不可能有生氣。楊筠松說看龍脈要看活躍的富於動感的山體。但選穴卻要選擇安靜的貌似死寂的地方。因為這種看起來不起眼但實屬生氣聚集的所在，只要穴位找準了，就能夠接續地中的生氣。因此從地形外表和覓穴者的動機看，就屬先在動態中找靜態的所在，後從靜態的所在追求動態的生氣之福蔭。

這種動靜結合找穴方法最得郭璞《葬書》要領。

〔註 6〕（唐）楊筠松撰，鄭同校《黑囊經》，九州出版社，《增補四庫青烏輯要》線裝本，第 2 函，上冊，p4～5。

〔註 7〕（唐）楊筠松撰，鄭同校《黑囊經》，九州出版社，《增補四庫青烏輯要》線裝本，第 2 函，上冊，p5。

〔註 8〕（唐）楊筠松撰，鄭同校《撼龍經．葬法倒杖，葬法倒杖》，九州出版社，《增補四庫青烏輯要》，線裝版，第 5 函，p14。

三、生氣的應用

實際上，中國古人對生氣的探索，絕對不侷限於陰宅。在陽宅的勘察選址特別是房間布局上，也有利用生氣一說。《吉凶變爻法》云：

生炁原來是吉神。變來五鬼不堪親。

延年本是長生地，殺害逢之禍不輕。

若變天乙為太吉，如逢絕命好驚人。

更加福德來臨位，便是其中大吉神。

凡若變得生炁之方，宜修造屋宇，廣置房屋。或開門路，安床帳。更若頻修，大吉。

生炁頻修動，官職漸加昌。

舊官身未滿，新職又平章。

子孫皆和睦，歲歲足牛羊。

家中無禍患，富貴足倉廒。〔註9〕

在我國清代十分流行的三元八卦九宮法，基本只是教人借助術士的圖示，「使所居者知所趨避，不遇衰替之禍。」〔註10〕

生氣，是一個變化的概念。高明的風水師認為；「宅無定氣，由人為以變之。」這是《宅經》的觀點。王宇泰認為宅經的這個觀點是「論宅之精髓。蓋西家之東即東家之西。方位無定所。乃一從人為所耳。他批評當時的風水師：「今談宅者不論何宅，止從坐向死法以斷吉凶，宜其不驗也。」〔註11〕

古代人建造房屋，多是平面推進，故一家房宅，往往由多進串聯構成。不像當代土地資源緊張，房子建造總是朝高空發展。在古代民居中，天井是必不可少的住宅空間。而高明的建造師必然懂得利用天井以保養生氣。「天井乃一宅之要。財祿攸關。要端方平正，不可深陷落槽。大廳兩邊有拱。二牆門常關，以養氣也。凡富貴明堂自然均齊方正，有一種陰陽交媾之美。其次，小康之家亦有藏蓄之意。大門在生氣，明堂在旺方。一閃一蓄，自然陰陽湊節，不必一直貫進。即使一直貫進，兩邊必有輔弼。訣曰：不高不陷，不長不偏。堆金積玉，財祿綿綿。又曰；七步天心九步堂，宅形寬舒好風光。路纏兜腹連房戶，

〔註9〕（明）袁滄孺先生手授，原平心燈大師校訂，鄭同校《陽宅必用》，九州出版社，《增補四庫青烏輯要》線裝本，第7函，卷一，p3。

〔註10〕《遊年定宅序》，《增補四庫青烏輯要》線裝本，第7函，卷一，p6。

〔註11〕《陽宅撮要》，卷一，九州出版社，《增補四庫青烏輯要》本，第7函，上冊，p13～14。

子孫繁衍穀盈倉。所以貧退之家，一入其門，即見明堂逼削，深陷落槽，或為風吹，或為掃蕩。立見丁財退散。天井橫長一丈，則直闊四五尺。宜淺而乾，忌深陷載水。宜溫潤，忌污穢。」〔註12〕

四、生氣控制的困難

（一）生氣的利用

生氣的尋覓和控制，是很不容易的。它包括兩個方面。一方面是對天然的生氣的探尋。找準目標很不容易。找準了，還需要葬埋深淺如法。這個我們後面還要講到。這裡我們專門來講一講天然不足人工修飾的問題，或者已經穩定的墓葬，是否能夠追加建築的問題。實際上，世間完全圓滿的吉穴有限。佛教有云：世界從來多缺陷。很多情況下，風水寶地總有不盡如人意的地方。這就需要人為的干預，或曰修飾調整。使之趨於完整。比如，我們前面舉過的例子，管輅經過毌丘儉墓地曾發過感慨，認為這個墓地埋葬不如法。他依據的是四象理論，即左青龍右白虎，前朱雀後玄武。所謂青龍無足，就是環境先天缺陷，葬師沒有考慮到修補調整。蔡氏曾云：「山川之融結在天，而山水之裁成在人。」〔註13〕所說的就是生氣所在地周邊環境若有缺陷，可以採取必要的建設，增加或減少等手段來彌補之。「損高益卑，使適於中」。

（二）生氣的保護

我們看古代歷史書，多有反對為了安葬後死者，撬開先死者墳墓合葬的言論，如唐武則天死在高宗後面。大家知道，武則天最後還是和唐高宗合葬在乾陵。但當初為打開乾陵合葬武則天，朝廷是有不同意見的。反對者的意見就是從風水角度提出的，主要是怕破壞了高宗乾陵的王氣，也就是生氣。宋代朱熹反對將光宗皇帝葬在南宋帝陵裏，所持的理由也是一樣的，即認為前面的皇帝死了許多年，你現在在旁邊施工，這樣會影響墓中生氣的保存。類似的例子很多，即使民間也有這樣的意見，認為改葬或者在原墓葬附近開鑿新穴會擾動早死者。會破壞原來的生氣。

廖金精曾經說過：「來龍最忌枉穿鑿，王氣必銷爍。」「塋前切忌妄增高，災禍必難逃。」指的就是某些人子孫科舉得中榜首，或者陞官發財後，得瑟起

〔註12〕《陽宅撮要》，卷一，《增補四庫青烏輯要》本，第7函，上冊，p15～16。

〔註13〕（宋）蔡元定《發微論》，九州出版社，《增補四庫青烏輯要》，線裝本，第12函，p11。

來，變相在祖墳前後做文章，增加亭臺樓閣加以顯擺。古人認為，這樣做很容易破壞生氣，弄不好還會給當事人帶來災禍。客觀地看，這種生氣保護論觀點，對於歷史上古墓葬的保護，產生了積極作用。不主張濫建，也有利於墓葬的原真性保護。

生氣是在地下運動的活氣，如果在生氣旺盛的位置，比如來龍的乾位建造廁所，就是很大的錯誤。因為「乾是天門莫作坑。」鄉居住宅若於來龍處開坑，大則傷宅主，小則官非人命。」〔註 14〕

1.《九天玄女青囊海角經》中的生氣論及其他

「死者歸於葬埋，遺體受榮。」〔註 15〕此書著者傳為晉郭璞。不管怎麼說，這種葬埋思想和郭璞《葬書》是一致的。

《四氣圓胞圖說》：乾、坤、艮、巽，為天地之四鼇界，日月之止所使之循環。而作天、地、人、鬼之四門，使之變化，為地、水、火、風之四輪流行造化，主乾坤之橐籥，宰陰陽之呼吸。統四生，權六道。世之善者，根於人道；世之惡者，根於鬼道。凡葬埋不得吉氣，即陷子孫貧賤衰絕。擇地者可無慎乎？〔註 16〕

這裡提到六道輪迴，人道，鬼道等概念，應該是佛教大興，因果報應盛行以後的事情。或者，很可能是宋朝時期的書。

作者點明今之羅盤上的天盤正針、地盤縫針，都是前人根據對日月大地等天體運行規律抽象出來的：

> 玄女晝以太陽出沒而定方所，夜以子宿分野而定方氣，因蚩尤而作指南。是以得分方定位之精微，始有天干方所，地支方氣。後做銅盤，合局二十四向。天干輔而為天盤，地支分而為地盤，立向納水，從乎天格，龍收砂，從乎地。今之象占，以正針天盤格龍，以縫針地盤立占，圓者從天，方則從地，以明地紀。〔註 17〕

從引文看，《九天玄女青囊海角經》的誕生時代，當在風水羅盤人盤出現

〔註 14〕（清）吳鼒，《陽宅撮要》，九州出版社，增補四庫青烏紀要線裝本卷一，第 1 函，上冊，p17。

〔註 15〕《九天玄女青囊海角經》，《堪輿》上，鄭同點校，華齡出版社，2008 年版，p10。

〔註 16〕《九天玄女青囊海角經》，《堪輿》上，鄭同點校，p24。

〔註 17〕《浮針方氣之圖說》，《青囊經》，卷一，《堪輿》上，鄭同校，華齡出版社，2008 年版古今圖書集成術數叢刊本，《堪輿》，上冊，p22。

之前。則此書至遲當誕生於宋朝。

2. 論地氣和天氣之關係

該書《太陽出沒圖圖說》稱：

> 蓋地氣必待天氣盛而萬物生，天氣衰而萬物死。天無地道，無以宰乎德刑；地無萬卉，無以成乎歲功。陰陽相勝之妙，根於日月去天地之遠近。日月臨地之近，萬物感陽和以生；日月去地之遠，萬卉得陰凝以藏。〔註 18〕

我們不能不承認，該書作者對地氣、天氣的特徵呈現與日月距離遠近之關係的認知是深刻的，也是準確的。該書作者稱：「八卦配天星」（即九曜），此是青囊奧旨文。作者又說：「熟玩自知真諦訣，試覆王侯官貴墳。」可以逆推，原創者很可能就是根據對歷代王侯將相那些已有定論身世清楚者的墳墓，經過系列研究後形成的結論。

該書還照錄了楊筠松的定向經驗：

> （金）乾山岡，巽巳丙來長。庚酉旺方皆吉利，大江流入不尋常。流寅甲，出公郎。流破庚申定逃亡。辰巽若從當面去，其家長子切須防，抱養不風光。〔註 19〕

這條預測判詞說墓地選址坐西北的山岡，其朝向選擇巽、巳、丙即東南方向都可以。正西的庚、酉向屬旺方，因為從西北流東南的大江正向穴位流來。如果江水流入東北的寅、甲方位，後人中就會出當官的。如果流水衝破西南的庚、申方位，那就有麻煩了，後人可能會遭遇逃亡之苦。東南方向的水如果從穴位前面的明堂流過，那後人中長子就會有麻煩，這個家庭可能會找人抱養兒子來延續宗祀。

> （水）巽山乾，坤坎要朝墳。此水入來為第一，辛酉來水定遭瘟。申子去，命難存。人丁夭折絕家門。昔日顏回葬此地，至今世代盡傳名，術者細推尋。〔註 20〕

我們知道，顏回（前 521～前 481）是孔子弟子中第一位名弟子，用今天

〔註 18〕《浮針方氣之圖說》，《青囊經》，卷一，《堪輿》上，鄭同校，2008 年版古今圖書集成術數叢刊本，p16。

〔註 19〕《楊筠松二十四山向訣》，《堪輿》上，鄭同校，2008 年版古今圖書集成術數叢刊本，p98。

〔註 20〕《楊筠松二十四山向訣》，《堪輿》上，鄭同校，2008 年版古今圖書集成術數叢刊本，p98。

的話說，可以稱之為首席大弟子。對孔子的學說心領神會，身體力行。極受孔子喜愛。《論語》有一章的題目就用顏回的名字。顏回雖然是孔門弟子中早死的一人，且是家境貧寒之人。但顏回並未絕戶。他的後代海內外人數眾多。顏氏家族世系傳承清晰，顏回的兒子叫顏歆，孫子叫顏位，曾孫叫顏微。因為自漢代起，顏回被列為七十二賢之首。隨孔子的地位變化。歷代統治者大多從其後裔中選拔相關嫡傳裔孫做博士，負責顏回的祭祀事宜。因此緣故，世系傳承特別清晰。第 79 世顏秉剛生於 1965 年。按世系規律類推，現在應該有第 82 代後裔了。歷史上，顏回的後人中有六朝時期的顏之推，唐代學者顏師古等。

這個預測是否為楊筠松所撰，無法斷定。但很顯然的事實是，寫《青囊海角經》的術士，只知道顏回三十歲就早死了，並不知道他的子嗣繁衍情況，也不知道顏回被尊為復聖的事實。而想當然的編排古代家喻戶曉的名人來證明自己的厲害。恰好暴露了其學問的不足。

除開這樣的編排古代名人拉大旗作虎皮嚇唬人外。該書所謂《楊筠松二十四山向訣》更多的情況是：同一個穴位和朝向，歌訣中卻要麼是前面一半興旺發達，後面一半就災禍橫生。或者反過來，前面災禍橫生，後半興旺發達。如：

> （木）卯山強，金雞最不良。朝宮戌亥皆為吉，折歸庚去出朝郎，稅產不尋常。未坤水實難當，穴前流入主瘟癀。不問人家並寺觀，年年水厄動官方，家宅落空亡。〔註 21〕

這是一個坐正東朝西北的墓穴判詞。術士說，忌諱把墓穴定向於正西，即酉位，所謂「金雞最不良」即指此。朝向定位戌亥即西北方向，但如果把羅盤的刻度轉到庚位，即在正西和西南的臨近點，墓穴主人的後裔還會出朝官。但這個穴位最怕來自西南的水（即羅盤上的未坤位置）。這也是一個有吉有凶的穴位朝向選項。

> （火）丙山壬，虎羊過堂流。戌去更兼馬上起，峰巒位位旺田莊。彭祖壽永不亡。內抱長吉昌。三五十年無破敗，若還戌入定遭刑，缺陷配他鄉。〔註 22〕

這也是使用羅盤格龍定向的一種墓地選項。虎羊過堂流，是說東北方向

〔註 21〕《楊筠松二十四山向訣》，《堪輿》上，鄭同校，2008 年版古今圖書集成術數叢刊本，p98。

〔註 22〕《楊筠松二十四山向訣》，《堪輿》上，鄭同校，2008 年版古今圖書集成術數叢刊本，p99。

和西南方向的水從穴前不遠處交匯流過。其「戍去更兼馬上起，峰巒位位旺田莊」意思是說：其西北的峰巒戍乾位置的巒頭很利於子孫興旺長壽。總之，丙山壬向這個坐南朝北的墓穴，會使其後裔興旺三、五十年，人壽財多。但如果西北方的水即戍位的水流入墓穴方位，那這個家庭後裔就要遭受刑事處罰，被流配他鄉。

再如：

> （水），辰山奇，雞犬不相宜。但喜甲庚壬子癸，朝出最為奇。辛酉去著緋衣，庚壬流破損頭妻。若得龍真並穴正，千門萬戶足光輝。〔註23〕

我們來簡單分析一下這份預測判詞。辰山，是說座山為東南方的辰位之山，最不宜的朝向是西方即酉位和戍位。最相宜的朝向是壬、子、癸，即北方。避開了辛、酉，就會有官做。在庚、壬之間的西方和西北方都不宜做朝向。安葬吉時最好選在上午。最耐人尋味的是最後的兩句話：「若得龍真並穴正，千門萬戶足光輝。」。這兩句話可以作靈活理解。如果前面預測的應驗了，那就是龍真穴正，如果不能應驗呢，那就是龍不真穴不正。從這裡不難看出術士自留後路的靈活性。

就風水術中的尋龍或曰捉龍而言，是形勢派或者說贛派的顯著特徵。然而紙上空談容易，真正現場踏勘，就會發現不好把握的地方太多。茲略舉數項以示其不易：

1. 干支難識

因為在沒有現代航拍等技術支撐的古代，僅憑肉眼要弄清楚綿亙幾百里或幾千里的山脈，實屬不易。而如果要相都，或相城，你就得弄清楚。而實際上，你很難弄清楚，肉眼的觀測距離是有限的。山路特別是高山行車不易。騎馬不便。只有借助雙腿。因此，要真正弄清楚孰為干，孰為支，這既需要可靠的專業知識，還要加上艱苦卓絕的實地考察。不要說建設都城省城這樣的選址需要遠距離的實地踏勘，弄清干支，就是一般的選擇墓穴，也是需要跋山涉水。古來有成就享盛譽的風水術士，有一門最基礎的功課就是實地調研全國各地歷代名人墓地，名家祖墳。他們用古代墓葬的蔭庇後代來反證自己所提出或所堅守的理論方法的正確。

〔註23〕《楊筠松二十四山向訣》，《堪輿》上，鄭同校，2008年版古今圖書集成術數叢刊本，p99。

2. 祖孫難辨

尋龍有如家族史研究，如果家譜保存完整，沒有戰亂遷徙等因素干擾，家族歷史一代一代往上追溯，並無什麼困難。但如果譜牒遺失，族人播遷，居住分散，天遙地遠。你若續譜，就會知道壓力山大。形勢派的尋龍，雖然理論上太祖山少祖山和父母山識別不難，問題是有很多時候，到了你要找的少祖山區段，偏偏是平地。專家會告訴你，平地沒有少祖山情況下，穴後要有束氣為佳。且這個束氣位置只是略高一點點於平地。那麼這一點點的高如何發現。也不是隨便一個什麼人都能找得到，拿得下來的。

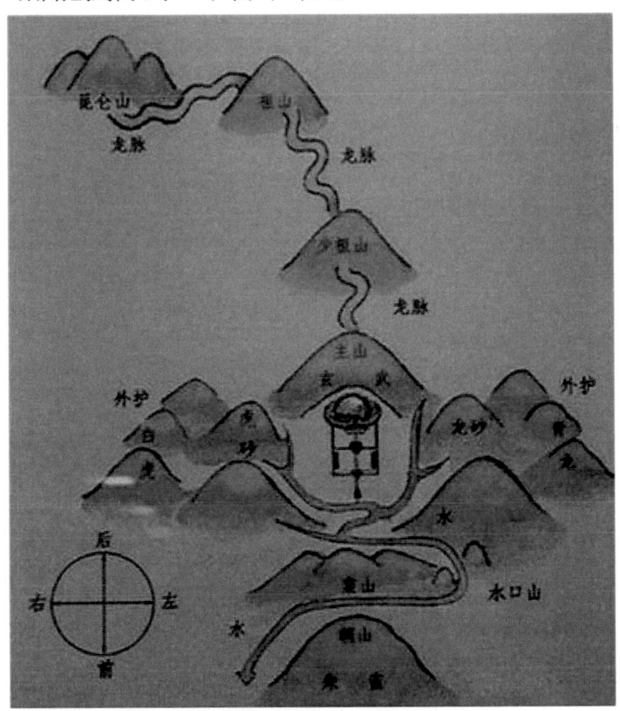

圖 9-1 來龍、護砂、案山示意圖

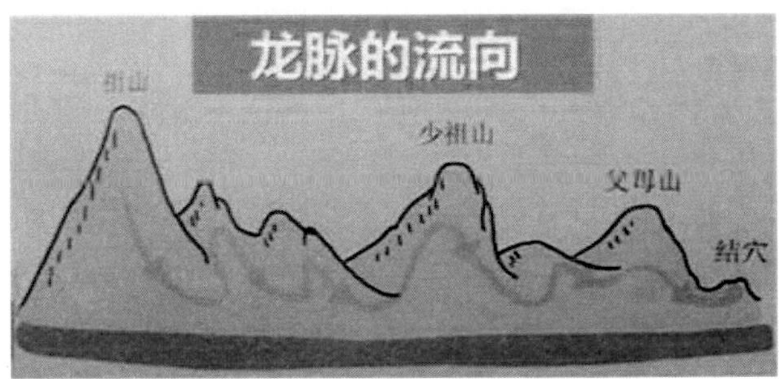

圖 9-2 穴位選址的來龍山示意圖

3. 穴砂難定

對於尋龍而言，所謂龍穴的選定當然難度最大。即便龍穴周圍護砂的認定也很麻煩。且因諸家理解並不一致，也就是說沒有標準可言。這就必然造成該領域的有共性的問題言人人殊。

單就龍而言，無論山龍還是水龍，還有生—死、真—假、偏—正、老—嫩、短—長、貴—賤等矛盾的辯證的對子。認識辨別起來，差之毫釐，失之千里。借用今天的話說，所謂穴砂，很難做量化評價。

4. 淺深難準

選到滿意的吉穴，事情並沒有完，因為還有個埋葬深淺度的把握問題。這實際上也是對葬師的考驗。李斯奉命在驪山督工，他給秦始皇建造陵墓，他在給秦始皇的報告書中寫明：

> 丞相斯昧死言：臣所將隸徒七十二萬人治驪山者，已深已極，鑿之不入，燒之不然。叩之空空，如下天狀。制曰：鑿之不入，燒之不然。其旁行三百丈乃止。〔註 24〕

秦始皇這個例子比較極端，因為沒人能跟他相比。後世一般人選擇墓穴，埋葬深淺，北方中國和南方中國就不能一概而論，因為北方土層深厚。南方土層淺薄。只能因地制宜。還是郭璞《葬書》給定的原則比較好操作：「支葬其顛，壟葬其麓。」「卜支如首，卜壟如足。」經文的意思是平地潮濕之地則葬在高處，地勢高的山地，則墓葬宜葬在山麓。因為只有山麓土層才會厚些。但後世葬師們在如何理解前賢的經典上發生分歧。所以宋代蔡元定認為「淺深為風水第一要義」〔註 25〕後世術士，包括大儒朱熹，對如何淺埋，有很多探索。甚至石頭縫裏有生氣，可以把棺材懸在石頭上，然後堆客土為墳以接受生氣的葬法。風水界還因為各地地形的千奇百怪，而衍生出怪穴、奇穴等葬埋方法。

諸書之中，以清朝乾隆六十年漢江程思樂前川所總結的《地理三字經》總結最為詳明。有提綱，有解說。如「三葬者，形氣影。」程氏解釋說：葬形者，如金星葬窩，木星葬節，水星葬泡。土星葬角之類。唯火星不皆穴也。葬氣者，謂若湧若凹，無棱無弦。但取氣到古人即用氣葬之，不拘拘於形也。更有一種

〔註 24〕《漢舊儀》，（宋）馬端臨《文獻通考》，卷一百二十四引用，文淵閣四庫全書，臺灣商務印書館景印本，第 610 冊，p867。

〔註 25〕（明）徐善繼、徐善述撰，《人子須知》引，p355。

巧穴，全無形，亦無氣。頑飽而不開面，或撒落平洋。而一點靈光正自若隱若現，全於影上看精神。故古人又有影葬之一法也。〔註 26〕

五、捉龍的意義

我們翻閱歷代流傳下來的風水書，發現書名用龍的不少，諸如《撼龍經》，《水龍經》《疑龍經葬法倒杖》等，說白了，寫書的人，或曰出書的人弄這個書名，為的是讓購買者立馬想到這書是有關風水術的，是關於選擇吉壤美穴的。

捉龍者何？捉龍就是郭璞《葬書》所說的「乘生氣」《人子須知》歸納說：地理家一言以蔽之，則郭氏「乘生氣」三字足以盡其肯綮矣。而所以察識乘之妙，又在明地理以得之。故原龍之起，察生氣之來也。審穴之止，知生氣之聚也；生氣之來，有水以導之；生氣之止，有水以界之。〔註 27〕

關於地中生氣的客觀存在以及利用好了後人可獲得福蔭的問題。風水術士們幾乎都言之鑿鑿。確信無疑。但層次不一。因為缺少實證記載。任你術士說的天花亂墜，能獨立思考的人未必信你。因為你今天給人相墓，說將來會出什麼重要人物。並沒有公證檔案建設，沒有第三方負責鑒證。法律沒有那樣的機制，如果風水師所預測落空，風水術士將得到什麼樣的懲處。而如果湊巧該事主的後人積極進取，有較大成就。那就會產生那個口碑效應。這是指好的一面。如果葬地選址不當，或者葬埋不如法，而恰好該事主的後人家破人亡，印證了風水師的預言，那也是一種口碑效應。但目前我們所看到的歷史記載，很多預測我們無法確定是風水師當時的預言記載，還是後人傳說的記載。比如三國魏管輅行軍路過毌丘儉墓所作的那段不出兩年必遭滅族的預言。我們假定真是管輅本人所說的話，因為管輅和毌丘儉都在魏國朝廷任職，雖然毌丘儉是武將，管輅是文官。但管輅絕對知道毌丘儉得罪了司馬師是沒有好果子吃的。其時毌丘儉已經死了。管輅經過其墓地，能說他不知道毌丘儉反對司馬師會招來滅族之禍？我因此推測做這個預測的未必是管輅，很可能是傳說者的附會。因為管輅面對已經被殺害埋在地下的朝廷反叛者，當眾做那樣的預測，不太合他的身份。

〔註 26〕（清）程思樂撰，鄭同校《地理三字經》，九州出版社線裝本，《增補四庫青烏輯要》，第 16 函，上冊，p14。

〔註 27〕（明）徐善繼、徐善述著，《繪圖地理人子須知》，華齡出版社，2012 年鄭同點校本，p354。

但有一種情況我們卻不能無視其存在。這就是部分嚴肅的風水術士，把風水當學問做，他們除了讀書拜師之外，還會花費大量的時間和精力進行著名墓葬的實地考察。如宋代的辜托，明代的徐善繼、徐善述兄弟。他們所做的工作實際上是根據歷代各地成功人士的墓葬選址分析和他們的後裔發展狀況調查來證成墓葬選擇的吉凶。這種研究是值得重視的。如果我們歷代的風水術士都能把自己所選的墓地吉凶禍福預測記錄在案，由一個政府機構來管理這些預測，在預測時段裏進行跟蹤調查。然後將其記載在地方志一類的公共圖書中，則科學性自不待言。但很可惜的是，這樣的歷史檔案我們很難得一見。

六、羅盤的價值

（一）方位說自有其存在價值，不能否定

讀清人蔣平階《水龍經》，感覺其對方位說頗多微詞。我們知道，方位說的最大缺點是把風水選擇這一觀察自然，研究自然，利用自然的堪輿活動變成了幾乎單純的利用羅盤進行擇吉活動。即利用羅盤上的方位、刻針調整改變來達到趨吉避凶的目的。而這一種利用設備進行推測的工作。一般人不容易掌握。但我們不能因為方位說把問題搞得過於複雜，就否定其存在的價值。這種態度也是不對的。我們知道，中華民族的祖先最初認識自然界的規律都是通過仰觀俯察，遠取諸物，近取諸身得來的。具有直觀樸素等特點。如果打個不太恰當的比方，形勢派是通過實地考察的方式來研究地球上山川形勢。因此比較直接。而方位派則是借助對日月星諸天體和地球的關係之觀察，來研究地球上的山川形勢。後者方法比較特別一些。因為天意從來高難問，研究者乃結合觀察天象的變化來研究地球上的山川物象人事變化。這就是歷代正史都會有專篇記載的五行志、災異志一類史料被記載下來的原因。因為古人是希望找出天象變化和地球物象乃至人事變化之間的對應關係。這個關係被西漢董仲舒總結成天人感應。明朱同說得透徹：

> 大塊分而兩儀立，氣化之流行，形質之布列，俱不離乎五行也。五行又不離乎陰陽。天之三光，其輕清者也；地之嶽瀆，其重濁者也。然地囿乎天中，寒暑晝夜之辨，萬物生成之故，而所以成造化者，皆由乎日。是以因其形之所至而時日方位立焉；探造化之原者不可不深究也。山川之流峙、起伏、向背、高下，形體也。而有性情焉。求其情之所聚，氣之所鍾，捨形體何以哉？是尤不可不深究者也。斯說也

二塗而一致，均於五行而已矣。五行又一陰陽而已矣。〔註 28〕

在地球人看來，日月星諸天體中，「所以成造化者，皆由乎日。」日球對地球影響最大。於是，我們的古代天文，古代曆法，在在都和太陽有不解之緣。我們知道，地球自轉，也圍繞日球公轉，月球自轉，也圍繞地球公轉。還有金星木星土星等都有自己的運行軌道。一句話，天行有常，不為堯存，不因桀亡。那麼，我們居住在地球上的先人觀察天象，所獲得的諸如以二十八宿代指方位即青龍白虎朱雀玄武代表東西南北四方，以及基於對二十八宿和地球上我們國家對應的區域之研究即分野說，還有，基於地球自轉和公轉過程中所出現的磁偏角現象的認識以及對應的相關災異呈現之認識而形成的方位吉凶學說，我們應該利用現代地質學，地理學，天體力學，氣象學等學科知識，對歷史上的形勢派和方位派進行科學研究。認真的總結這份遺產，而不是簡單的否定。打個比方，就如研究易圖，不能只知重視據易象推易理，我們還應該據易數易理反推易象。易之象、數、理是互相聯繫的，我們不能孤立的割裂地去理解其彼此的關係。同理，我們研究風水，形勢派、方位派也不應勢不兩立。直覺觀察固然重要，但抽象到羅盤上的理數規律認知難道就不重要？

七、肉眼尋龍和羅盤格龍

肉眼尋龍之所以能解決問題，因為古人很早就發明了一套金木水火土五星識別法：

氣之積而成體也，厥狀有五：火，言其銳也；水，言其波也；木，言其直也；金，言其圓也；土，言其方也。五體咸備，氣之至盛者也。〔註 29〕

形勢派重視實地踏勘，他們利用歷代堪輿師總結的辨識經驗去實地觀察，但並非不用羅盤。理氣派也並非廢棄實地踏勘。只是它們各有側重而已。這也是形勢派和理氣派的區別所在。《人子須知》的著者在《三昧論》部分曾經說明得十分清楚：

賴氏主天星，而所為未嘗失形勝；劉氏點羅經，而所為未嘗遺方向。各從其體用之妙而洞悉其默合之機。故一以形勢得方位，一

〔註 28〕（明）朱同，《送地理汪煥章序》，《覆瓿集》，卷四。文淵閣四庫全書，臺灣商務印書館景印本，第 1227 冊，p692。

〔註 29〕（明）繆希雍《葬經翼》，見《堪輿》下，華齡出版社，《古今圖書集成術數叢刊》本，2008 年版，p465。

以方位定形勢。非若俗學之各一其藩籬也。〔註 30〕

賴氏，指賴文俊。劉氏，指劉江東。劉江東和曾文辿師事楊筠松。賴文俊可能略晚於曾文辿和劉江東。賴文俊的代表作是《催官篇》。一定意義上講，他的理論是對楊筠松的風水理論的推進，或曰突破。因為能滿足世人快速發富發貴的急功近利的心態，故大受歡迎。為了短平快，借助儀器毫無疑問是最佳選擇。這就是為何賴文俊重視天星的原因。劉江東所走的路線還是傳統的，也就是楊筠松主要借助實地踏勘尋龍覓穴。

清前期砂派代表人物張九儀高度評價朱熹和蔡元定所討論確定的人盤中針之作用。他說：

白海南，宋時仙也。明季出現。蘇遷十房莊諸地，劉青田西湖各處遷地，李董徽州遷地，皆合朱子、蔡子詳定中針人盤作用。取外天盤、內地盤一以貫之，與賴布衣催官篇相發明。〔註 31〕

然而，這位張九儀也過於自信，他曾說過：「造物禍福之機，任我推移，山川不得主持。」(見自序)。他認同朱熹和蔡元定，不認同程頤。有人搬出程頤，說程頤的觀點，安葬死者「止求父母安，不必拘公位。」張九儀說：「此迂腐之談。人唯不知此道，付諸無可如何耳。今幸知此道，因而精究之，俾眾子皆得康寧，詎非美事？在朱子蔡子便無此言。」〔註 32〕

公然為「公位說」這一禍害國人、製造兄弟矛盾，助長自私自利之心的風水理論辯護。

（一）關於巒頭與理氣之爭的形象比喻

如果說在本章後面所引用的清代欽天監幾位學者官員批評理氣派過分看著羅盤的話說得很是透徹的話，那麼，清人李三素批評巒頭派的話也說得相當精彩：

巒頭，猶人之肢體也；理氣，則其脈息也。人固有一望而可知者其外貌，而終身不可逆料，必診其脈息始知。羅經，審其脈息。

偏重理氣的風水師李三素認為，羅經須臾不可離：

〔註 30〕（明）繆希雍《葬經翼》，見《堪輿》下，《古今圖書集成術數叢刊》本，2008 年版，卷七，p372。

〔註 31〕（清）張九儀撰，鄭同校《穿山透地真傳》，九州出版社線裝本，《增補四庫青烏輯要》，第 12 函，上冊，p3。

〔註 32〕（清）張九儀撰，鄭同校《穿山透地真傳》，《增補四庫青烏輯要》，第 12 函，上冊，p10。

要其所謂作用者，不過順其自然，正其差謬。

他舉楊筠松等唐代大師為例：

是以楊、曾心法，不須易地改穴，而分金一轉，即能為人造福。

也就是說，羅盤的妙用在於，只要得到師傅的真口訣，根據羅盤上面分金刻度的調整，就可避凶趨吉，轉禍為福。他說，比較而言，理氣容易把握：

即不登山，而一觀水口，能知其龍向。但言山向而可定其吉凶，以其有一定之理也。但巒頭則千變萬化，不可名狀。自非踏破鐵鞋，揣摩有素。雖父不能以傳子。

他批評當時的時師：

今之時師不知理氣，輒以巒頭自負。彼豈知巒頭之難言有十倍於理氣者乎？〔註 33〕

李三素批評堪輿界「何處山頭無子午，登山不用開羅經」的說法。他認為對這個觀點要區別看待。說這話的堪輿大師是針對那些已經掌握尋龍點穴口訣經驗豐富的人而言的，並不具有普適性：「唯得訣之人實有是事，非時師所得藉口也。」因為「凡生成之龍，必有生成之穴，放棺之所。果能認定來脈，則挨左挨右，原不可差毫釐。其龍虎朝應非此不登對。其砂水明堂非此必有走氣。然後用羅經格之，理氣自合。」「入山尋水口，而格地之方位坐向皆可逆料。登龍格之，巒頭自合。」「朱子云：天以陰陽之行化生萬物。氣以成形而理以賦焉。理者一定之理，氣者一定之氣。形則無一定之形。然形雖千變萬化，而終不能出此一方之外。則亦未嘗無一定之理，一定之氣。合於一定之理，一定之氣。則為生氣。不合於一定之氣，一定之理，則為死氣。得訣之人，羅經爛熟於胸中，是以真龍正穴有不用開羅經之時。正所謂巒頭之外別無理氣。」顯然，他認為，對於初學者，對於羅經尚未爛熟於胸中的一般術士，完全拋開羅盤用肉眼觀察的說法是有害的。〔註 34〕

（二）關於用肉眼實地踏勘與利用羅盤格龍的爭議

明朝永樂年間地仙蕭克智撰著《堪輿經》是一本抨擊迷信羅盤的理氣派不遺餘力的風水著作。《堪輿經》，地仙蕭克智深甫著，會稽鍾之模式林氏訂。上、

〔註 33〕（清）李三素撰，鄭同校《天機貫旨紅囊經》，卷三，九州出版社，《增補四庫青烏輯要》線裝本，第 3 函，p6～7。

〔註 34〕（清）李三素撰《天機貫旨紅囊經》，卷三，九州出版社，《增補四庫青烏輯要》線裝本，第 3 函，p8～9。

下兩卷。線裝。本人閱讀的是個人圖書館欣然書齋提供的電子掃描本。這本風水著作的作者雖然難於深入考證，但鍾之模係清代欽天監刻漏科博士。曾和欽天監博士金溪高大賓、博士東魯齊克昌（考其後歷任主簿、左監副、副監）、大興李廷耀（考其為欽天監右監副）、博士山陰鍾之模、五官挈壺正南昌劉毓、劉毓圻（考其為欽天監右監副）、洪文潤、南昌熊佑，禮部主客司員外郎石城管志寧等一塊撰寫《欽天監地理醒世切要辯論》一書。

我們現在所能得知的蕭克智的信息如下：「先生靖難時隱於賈。往來始寧間。大家祖地多所指定，奇奇正正，匠心獨出。著《心法》四十九篇，間以詩語，語從性靈流露，不事雕飾。於昔賢秘蘊洞徹無遺，更能獨開生面，發前人所未發。」鍾志模評價說「楊曾廖賴而後一人而已。」如此說來，這位蕭地仙是明朝永樂皇帝奪嫡時期的人士。顯然屬建文帝的人。為了自保，用做生意來掩蓋自己的真實身份。我們看鍾氏序言，知道鍾氏寫序的時間是清朝雍正己酉年（1729）。

其書共分上下兩卷，上卷包括正宗、闢偽、有神、交鎖、巒頭、捉脈、皆面、真傳、陰陽、搏換、支干、發祖、聚集、水口、特達、後龍、星辰、羊中、谷底、過峽、落脈、個字、到頭、認脈、點穴；下卷包括：知性、觀情、貴賤、真假、支壟、穴法、放棺、葬法、深淺、堂沙、水訣、砂法、鬼曜、作朝、騎龍、孤曜、攀鞍、回龍、論形、變化、地龍、平源、陽宅、擇日。

蕭克智對當時業界某些人著書立說誤導後學很是不滿，他說：「天有九星運行而不息，地有五星生剋之不移。山有變化之玄妙，水有曲直之吉凶。那等無知之輩，不宜（以）山川性情氣脈為本，專於天星理氣生旺之說作書，雜世眩目惑心，使人易習。盡以羅經為上。指龍指向，利口覆人。可哀可哀！豈知山川自有山川之生旺。貴賤自有貴賤之形體。要識龍脈為本，巒頭為體。砂水為用。察性情搏閃俯仰順逆生死陰陽急緩動靜向北（背）之理。」他在《正宗第一》中毫不隱諱自己寫這本書就是為了挽狂瀾於既倒，糾正時師中百無二真的風水界亂象而作。「人得地靈然後傑」（真傳第二）。

（三）論尋龍不必用羅經

如是觀朝且問龍，真龍結穴合仙蹤。

穴真自由天然應，何必羅經向外峰！〔註35〕

行過鄉村望祖峰，超群特達好尋龍。

〔註35〕（明）地仙蕭克智深甫著，會稽鍾之模式林氏訂，《堪輿經》，明萬曆三十九年墨潤堂版，p211。

飛禽舞鳳真龍勢，躍馬驚蛇出異蹤。

斷續相牽多閃側，肥圓星宿要雌雄。

勸君休把羅經轉，只在離婁眼目中！〔註36〕

這個蕭地仙可能是反對用羅盤最激烈的一個。實際上，對楊筠松的「登山不必用羅經」這句話要辯證的看，這句話對於高手可以說，對於一般地師絕對是誤導。楊筠松當年說這話，顯然是為了避禍，他必須淡化羅經的影響。這其中有難言之隱，因為他從朝廷秘閣帶走了為帝王壟斷的歷代風水典籍。蕭地仙態度有些過激。實地踏勘和正確使用羅盤是一個合格地師必備的素質。但可惜的是，這個領域裏太亂了。故矯枉過正。

南宋朱熹的好友和學生蔡元定，在他的著作《發微論》中也曾不客氣地批評九星派等過於迷信羅經的風水師。他在討論葬棺穴位淺深問題時指出：

淺深者言乎其準的也。夫淺深得乘，風水自成。故卜地者必以淺深為準的。宜淺而深，則氣從上過；宜深而淺，則氣從下過。雖得吉地而效不應者為此故也。大概先觀來脈之陰陽，次看四山之從佐。且如脈入首強作穴，凹出，口圓，此皆脈浮而穴陽，宜淺；來脈入首弱作穴凸出，口尖，此皆脈沉而穴陰，宜深。故曰：淺深得乘，風水自成。深淺之法多端，至理莫過於是也。切要辨認入首陰陽蝦須界合明白。若當深而淺，當淺而深，差於咫尺之間，反吉為凶矣。經曰：地吉葬凶，與棄屍同。正此義也。世俗裝卦例、論九星白法以定寸尺者，大謬也。〔註37〕

說明從宋代到清代，在風水界就存在用羅經但不迷信羅經的蔡元定等人，但也存在十分迷信羅經作用的人，如宋朝的賴文俊，清朝的張九儀。

堪輿書上著者或傳者往往在吉凶問題上說道理的多，而講羅盤操作者少。清人鄧穎出寫道：「陽宅傳書，俱言其理之吉凶。至於安置羅經之處，從未說明。」他分析說，這可能跟「其門路多端隨事變通，不能硬板指授，恐執其一、二，反以誤人，非秘也。」〔註38〕鄧氏所言屬實。這方面據筆者所見，唯清代

〔註36〕（明）地仙蕭克智深甫著，會稽鍾之模式林氏訂，《堪輿經》，明萬曆三十九年墨潤堂版，p212。

〔註37〕（宋）蔡元定《發微論》，九州出版社，《增補四庫青烏輯要》線裝本，第12函，p9～10。

〔註38〕（清）鄧穎出《陽宅井明》，《例言》。九州出版社增補四庫青烏輯要本，第9函，上冊，p2。

張九儀比較例外。他曾用較長篇幅批評楊筠松羅經天盤立向上的缺失。〔註 39〕

鄧穎出是清代重視目力超過重視羅經的風水師中的一個代表。他曾在書中明言；自己寫《陽宅井明》、《陰宅井明》兩書時，「是集目力與羅經並論。但其所重在目力。蓋羅經吉凶多有歧途，而補泄離連，法歸一致。嘗見有犯理氣之凶不甚應驗，而犯目力之凶者未有不驗。」〔註 40〕

在《陽宅井明》卷四，著者透過大量的八宅九宮吉凶生剋說明，最後還是歸結到這個觀點上，即堅持其師祖沈六圃的見解，即在陽宅堪輿上，目力比羅經重要。客觀地說，過分強調羅盤的作用，容易將堪輿術引入歧途。因為道理很明白，無論是尺度比較宏觀的陰宅選擇，還是尺度比較微觀的陽宅選擇，過分依賴羅盤，勢必把術士的注意力從真實的環境地勢等要素觀察中「解放」出來。術士可以憑藉手中的羅盤橫格豎格，不斷地通過儀器調整而改變吉凶方位。最後很容易將從業者導入寧信羅盤不信目力的道路上。而這是違背堪輿學古老的認知哲學的，因為仰觀俯察是堪輿從業的最基本素質。捨此不能稱堪輿！

如果說，蕭克智是明朝初年民間地師中重視巒頭超過理氣的代表人物的話，那麼可以說。

清代欽天監的學者官員所寫《地理辨》，則可以視為清代官方風水師巒頭派對羅盤的反感的代表。我們來看看他們的說法：

易曰：俯以察地理。察，即詳於觀視。謂非目力乎？彼道眼、法眼都從察中出耳。地理者，條理也。即紋理脈絡之理也。山脈細分縷析，莫不各有條理之可察。自羅盤之製成，方位之說立，以地理之理混為方位陰陽之理，故有格龍、格穴之語。使龍穴果用格而不用察，則真正龍穴，人皆易得而知之。又何古云三年尋龍，十年定穴哉？倘格穴須三季，格龍須十年，則羅盤必為一怪物，而用羅盤者必為一戇人矣。山靈有知，自當為之恥笑。余故謂方位陰陽之理，用格不用察，非格，則方位之分辨，選擇之趨避莫由知矣。觀卜氏云：「立向辨方，的以子午針為正。」其用格而不用察也。可知

〔註 39〕（清）張九儀《穿山透地真傳》，九州出版社，增補四庫青烏輯要本，第 3 函，下冊，p63～65。

〔註 40〕（清）張九儀《穿山透地真傳》，增補四庫青烏輯要本，第 3 函，下冊，p63～65。

地理之理，則用察而不用格。非察則脈絡之貫穿，龍穴之真情，無由見矣。觀卜氏云：「留心四顧，相山也似相人。」其用察而不用格可知。噫！倘覺此辨者猶昧而未覺，烏得謂之高明也哉！〔註41〕

這幾位欽天監的官員在書中所發表的意見，集中到一點就是反對過分仰仗羅盤。或者說反對依賴羅盤而忽略實地踏勘和肉眼觀察的堪輿做派。

比較科學的態度應該取唐人卜則巍的做法，即使用羅盤定向的功能，同時更多的精力要放在實地踏勘肉眼觀察上。古代的風水術科學成分究竟有多少，那是一個學術問題。但如果抹殺了行萬里路即實地踏勘的重要性，片面地指望一個羅盤就格出吉壤的穴。則只會助長急功近利的人們快速發福發貴的不良風氣。

〔註41〕（清）高大賓、齊克昌等著：《欽天監地理醒世切要辯論》。據價值網所刊，陳蓋峰《欽天監地理醒世切要辯論》原文注釋上。

第十章　郭璞與《葬書》的著作權

一、郭璞生平

郭璞（276～324），字景純，河東聞喜（今山西聞喜）人。史書記載「璞好經術，博學有高才，而訥於言論。詞賦為中興之冠。好古文奇字，妙於陰陽算曆」。又說他「性輕易，不修威儀。嗜酒好色，時或過渡。」〔註 1〕其父郭瑗，晉初任尚書都令史，後任建平太守。晉室南渡後，郭璞在宣城太守幕下任參軍，後又從宣城東下，被當時任丹陽太守的王導引為參軍。晉元帝即位後，任著作佐郎，遷尚書郎。後在守母喪期間出任大將軍王敦的記室參軍。因其利用卜筮手段暗示鼓勵庾亮、溫嶠出兵平定王敦叛亂，和利用卜筮警阻王敦反叛朝廷，被王敦殺害。被朝廷追贈弘農太守。本傳記載溫嶠、庾亮動手之前，曾找郭璞起卦預測吉凶。郭璞先是告知卜筮不出結果。後溫嶠、庾亮問他倆吉凶。郭璞告知他們大吉。鼓勵他們大刀闊斧地平定王敦叛亂。王敦也曾找郭璞起卦預測吉凶。但他明白告訴王敦卦象顯示大凶。勸他回到荊州，也就是暗示他放棄篡奪圖謀。兇狠的王敦看出了郭璞的態度，便刁難郭璞，問他：你既然善於占卜，那麼你能知道自己的死期麼？郭璞從容回答：我知道，就在今天中午，遂慷慨就義。表現了他維護國家統一，反對分裂的高尚愛國情操。郭璞死時才 49 歲。郭璞一生建樹極多。在文學領域，他是中國遊仙詩的鼻祖，其地位與陶淵明為田園詩鼻祖相當。他還有很多賦，時人有「詞賦為中興之冠」的美譽；他在學術研究上也頗多成就。著有《爾雅注》、《爾雅音》、《爾雅圖》、

〔註 1〕（唐）房玄齡等撰，《晉書》，卷七十二，中華書局，1974 年版，p1899～1910。

《爾雅圖贊》，是古代《爾雅》學的集大成者。今存《爾雅注》三卷，刊入《十三經注疏》中，又有《方言注》，以晉代語詞解釋古語，可考見漢晉語言的流變。他還曾注釋《周易》、《山海經》及《楚辭》等古籍。《隋書・經籍志》記載有「晉弘農太守《郭璞集》17 卷」。今不存。明張溥輯有《郭弘農集》2 卷，收入《漢魏六朝百三家集》。無論是從文學創作上的開創性貢獻來講，還是就他在學術史上的訓詁學貢獻來看，郭璞都是重量級的歷史人物。他在我國風水發展史上的開創性貢獻，則更是應該引起國人的廣泛關注。相傳他曾師從河東郭公，得郭公傳授青囊中書九卷，洞悉陰陽、天文、五行、卜筮之事。世傳《葬書》、《青囊經》為其遺作。

圖 10-1 郭璞塑像

郭璞的家人，我們只知道他有個女兒，亦擅長地理，精於城址選擇，人稱「遷城小娘子」。見明隆慶《湖州府志》。該志書記載說：府治子城即古烏程縣治，項王故城。《西吳俚語》：吳興城舊名紫金城。又名極樂城。《湖州府志》：按舊志云，晉郭璞欲移郡於東遷。璞女亦善地理，啟璞毋徙。因舊址損益之，可永無殘破之虞，璞從之。〔註2〕另據《吳興備志》，卷十四記載：郭璞這個女兒不僅擅長城池選址，而且和乃父一樣被後人香火供奉：「舊傳晉郭璞欲移郡於東遷，每立□，輒為飛鳥銜去。其女亦善地理，啟璞無徙，因舊址損益之，可以永無殘破之虞。璞從之。其女今號遷城小娘子。從璞廟食。」據《天中記》，卷十三，我們知道《吳興備志》「每立□輒為飛鳥銜去」句中的缺字為「標」。郭璞還有個外甥叫杜不愆；「杜不愆，廬江人也。少就外祖郭璞學易。卜屢有驗。」〔註3〕

二、郭璞的風水理論

雖然相宅相墓的方術在郭璞之前早就有了。但郭璞所著《葬書》傳承了歷史上第一個風水定義，這就是：

> 葬者，乘生氣也。夫陰陽之氣，噫而為風，升而為雲，降而為雨，行乎地中而為生氣。生氣行乎地中，發而生乎萬物。人受體於父母，本骸得氣，遺體受蔭。蓋生者氣之聚凝，結者成骨，死而獨留，故葬者反氣內骨，以蔭所生之道也。經曰：氣感而應，鬼福及人。是以銅山西崩，靈鐘東應。木華於春，栗芽於室。氣行乎地中，其行也因地之勢，其聚也，因勢之止。丘壟之骨，岡阜之支，氣之所隨。經曰；氣乘風則散，界水則止。古人聚之使不散，行之使有止，故謂之風水。〔註4〕

郭璞風水定義至此才算完整。因為這個定義講清楚了三個層次的問題：第一層次，生氣的價值。第二層次，生氣和死骨的融合機理。第三，人工如何調理生氣。郭璞也因《葬書》首次給風水定義而成為中國風水學的鼻祖。

千百年來，圍繞郭璞葬書，一直有兩種不同的意見，一種是認同葬乘生氣，遺體受蔭。另一種則是根本否定吉壤可以福人。但我覺得，作為學術研究，我們要弄清楚郭璞的風水理論和依據，因為既有如此旺盛的生命力，就不能簡單地對風水理論和葬書加以否定。而是應該循著他們的思路，去研究，去

〔註2〕（清）嵇曾筠等監修，沈翼機等編纂《浙江通志》，卷二十三，文淵閣四庫全書，臺灣商務印書館景印本，第519冊，p635。

〔註3〕（唐）房玄齡等撰《晉書》，卷九十五，中華書局，1974年版，p2479～2480。

〔註4〕（晉）郭璞，《古本葬經》，華齡出版社2008年版，古今圖書集成術數叢刊本《堪輿》（上），鄭同點校本，p319。

尋求其真相。

我們判斷《葬書》是否為郭璞著作，應該以是否重視「乘生氣」作為標尺。將跟乘生氣理念一致的內容梳理出來。比如：

> 山之不可葬者有五，氣因土行而石山不可葬也；氣因形來，而斷山不可葬也；氣以勢止，而過山不可葬也；氣以龍會，而獨山不可葬也；氣以生和，而童山不可葬也；又云：勢來形止，是謂全氣。全氣之地當葬其止；勢若不來，氣不至；形若不止，氣不聚。〔註5〕

葬書中只是說石山、斷山、過山、獨山、童山五種情況不可葬，並沒有說如果葬了會有何種吉凶。給郭璞葬書以及實踐附會上讖緯神學色彩，進行預測吉凶的拔高的，顯然只有兩種人：一是讖緯之學的熱衷者。出於造神的需要而將其進行神化。二為歷代風水師，為了故意神秘其術，才對古代這方面的權威加以改造，從而讓世人堅信不疑，以期獲得更大的經濟效益。此外，葬書並無擇日、時、吉、凶之說。

現在傳世的葬書，最常見的也可以說最接近郭璞原書面目的有兩種，一種是清朝雍正時期陳夢雷主修的《古今圖書集成·堪輿典》本，一種是清朝乾隆朝中後期修成的《四庫全書·術數類》本。這兩種本子，古今圖書集成本標注為《郭璞古本葬經》。四庫全書本沒有這樣的標注，但文字顯然經過了館臣的加工刪削，比古本葬經通順，但就析理透徹而言，則四庫全書本顯然不如古本葬經。茲舉一例比較之：

> 葬者乘生氣也。五氣行乎地中，發而生乎萬物。人受體於父母，本骸得氣，遺體受蔭。
>
> 經曰：氣感而應，鬼福及人。是以銅山西崩，靈鐘東應。木華於春，粟芽於室。蓋生者氣之聚凝結者成骨，死而獨留，故葬者反氣入骨以蔭所生之法也。夫陰陽之氣，噫而為風，升而為雲，降而為雨，行乎地中而為生氣。經曰；氣乘風則散，界水則止。古人聚之使不散，行之使有止，故謂之風水。〔註6〕

四庫全書館臣的修改潤色，有兩處重大的改動：改動之一：作者省略了「夫陰陽之氣，噫而為風，升而為雲，降而為雨，行乎地中而為生氣。」在古

〔註5〕（晉）郭璞《古本葬經》，華齡出版社 2008 年版，古今圖書集成術數叢刊本《堪輿》（上），鄭同點校本，p319。

〔註6〕（晉）郭璞《葬書》，九州出版社，《增補四庫全書青烏輯要》線裝本，第1函，p1～6。

本葬經中，地下的生氣和天上地上的生氣都是一體的。在這裡，這種生氣被改成了五行之氣。改動之二：古本葬經所言「氣行乎地中，其行也因地之勢，其聚也，因勢之止。丘壟之骨，岡阜之支，氣之所髓。」在四庫全書館臣那裡，被改成：「夫陰陽之氣，噫而為風，升而為雲，降而為雨，行乎地中而為生氣。」四庫全書館臣雖然表面看只是將古本葬書前面的「夫陰陽之氣」那一句調整了個位置，說明了彌漫天地之間的氣就是生氣。但卻刪掉了很重要的一句話，即：「氣行乎地中，其行也因地之勢，其聚也，因勢之止。丘壟之骨，岡阜之支，氣之所髓。」第一，古本葬書說明氣在地中行走的特徵；分別用「行」、「止」、「髓」加以界定。而這三個字有如中醫針灸需要瞭解氣脈的流行，穴位的所在一樣，如果把這關鍵的句子刪掉了，地師如何操作？

郭璞在晉代是影響很大的風水學大師。當時朝野就有「璞消災轉福，扶厄擇勝，時人咸言京（房）管（輅）不及。」的美譽。〔註7〕京房和管輅是漢代影響很大的周易專家和卜筮專家。王隱《晉書》給郭璞如此高的評價，顯示出他在當時國人心目中享有崇高的地位。

關於郭璞，雖然保存下來的文獻資料不多，但多富有傳奇色彩。他精通周易占筮，又得郭公青囊，在學術研究上和風水實踐上都舉足輕重，享譽朝野。

魏晉以來，許多文獻，特別是地方志書，多有關於郭璞相城即選擇城池地址的記載。說詳本書《郭璞相城案例研究》。

三、郭璞相墓的案例

郭璞相墓在當時數量一定不少。但保存下來的至今只有以下四則：

（一）為其母相墓

母憂去職，卜葬地於暨陽。去水百步許，人以近水為言。璞曰：當即為陸矣。其後沙漲，去墓數十里皆為桑田。〔註8〕

（二）為張裕相墓

張裕字茂度，吳郡吳人也。事宋為會稽太守。五子演、鏡、永、辨、岱，俱知名，時人謂之張氏五龍。

初，裕之祖澄當葬，郭璞為占墓地，曰：葬某處，年過百歲，

〔註7〕南朝（宋）劉義慶《世說新語・術解》注引王隱《晉書》，文淵閣四庫全書，臺灣商務印書館景印本，第1035冊，p168。

〔註8〕（唐）房玄齡等撰《晉書》，卷七十二，中華書局，1974年版，p1899～1909。

位至三司。而子孫不蕃；某處則年幾減半，位裁卿校。而累世貴顯。澄乃葬其劣者。位光祿，年六十而卒。子孫果皆昌盛云。〔註9〕

（三）為庾冰相墓

庾冰嘗令郭璞筮其墓，以占後嗣。卦成，曰：卿諸子並貴。然有白龍者凶徵也。若墓碑生金乃庾氏之大忌。後冰子蘊為廣州刺史，妾房內忽有一新生白狗子，莫知其來。妾秘愛，不令蘊知。狗轉長大。蘊入見狗異於常狗，共怪之。將出共視，在眾人前忽失所在。蘊慨然曰：殆白龍乎？庾氏之禍至矣。又墓碑生金。俄為桓溫所滅，如璞之言，異哉。〔註10〕

（四）為人葬龍耳

璞嘗為人葬，晉帝微服觀之，因問主人何以葬龍角？此法當滅族。主人曰：郭璞云「此葬龍耳，不出三年，當致天子。」帝曰：「出天子耶？」答曰：「能致天子來問耳。」帝甚異之。〔註11〕

這幾則記載雖然有些讖緯的痕跡。但多少保留下了郭璞的風水實踐信息。像郭璞這樣的重量級人物，他相墓的案例肯定是很多的。但何以連一本至今流傳下來的案例都沒有呢？合理的解釋只能是：這是六朝時期的君主和後來隋煬帝的強力打壓讖緯學的結果，或者是相關圖書在戰亂中失傳。

四、《葬書》的是非

《葬書》這一學術公案，可能是歷史上最難解決的著作權公案。下面我們先來對此公案做個簡短的回顧。

（1）《晉書》本傳沒有明確記載郭璞是否撰有《葬書》。這給反對葬書的作者是郭璞的人們提供了口實。《隋書》《蕭吉傳》雖然提及其著述名目，但有《葬經》而無《葬書》。當時朝廷銷毀讖緯之書，不知郭璞《葬書》是否被列入其中？《隋書》所言《葬經》是否就是郭璞葬書，史無明言，不得而知。

（2）《隋書·經籍志》裏有《葬經》見於記載，但作者卻是蕭吉，當時服務朝廷的著名術士。這本《葬經》和大約 200 多年前郭璞手中的《葬書》傳承

〔註 9〕（唐）李延壽撰《南史》，卷三十一《張裕傳》，中華書局，1975 年版，p803～804。

〔註10〕（唐）房玄齡等撰《晉書》，卷七十二，p1899～1909。

〔註11〕（唐）房玄齡等撰《晉書》，卷七十二，p1899～1909。

有無關係？《隋書‧蕭吉傳》沒有交代。我們現在也看不到蕭吉手裏的《葬經》。不知是否即郭公傳郭璞多次引用於《葬書》中的「青囊中書」。但可以肯定的是，隋代民間尚有青烏子葬術傳承。說詳本書《中國風水史發展述略》隋代孫晤部分。

（3）直到武則天、唐玄宗時期，郭璞《葬書》才以《錦囊經》〔註12〕的名稱問世。之所以採用這個書名，這和黃州僧泓有關。這個到全國各地尋龍畫圖的奇人僧泓，好幾次在唐玄宗面前提起郭璞《葬書》這本書。唐玄宗自然要看郭璞的書。僧泓告訴他這書很神聖，意思是含蓄提醒唐玄宗不要輕慢了這本奇書。唐玄宗便下令用錦繡包裝盒收藏。《錦囊經》來歷如此。郭璞葬書後人尊稱為經，很可能也與此有關。但該書在唐代的流傳，只限於帝王和圍繞帝王活動的宮廷術士圈子，一般人無緣得見。順便說一句，這承載了晉郭璞《葬書》和唐玄宗及宰相張說、術士一行和尚，僧泓，和宋代蔡元定等人學術見解的《錦囊經》，當是隋代焚毀禁絕讖緯圖書浩劫後的幸存者，因為葬書屬術數著作，還不完全是讖緯圖書，但很容易被一鍋煮。我們看僧泓的敬畏態度，以及唐玄宗的愛惜做派，就可明白八九分。此書來之不易。直到重視文化遺產，印刷術昌明，風水術完全走向民間，不再被朝廷禁止其社會影響力甚至有時會超過朝廷御用風水術士的宋朝，《葬書》才得以流傳。但也極少見諸學者術士的記載。只有朱熹的好友蔡元定對流傳的《葬書》做過整理，將其後世術士們增補進去的私貨刪掉了許多。釐定為八篇。到了元朝，學者吳澄又覺得蔡元定刪削太甚。將《葬書》內容按論述的重要性和原真程度，將其分為內篇、外篇和雜篇，此後的葬書版本基本定型於這種格局。元朝初年所修的《宋史》《藝文志》才首次出現《葬書》，且明確著作者為郭璞。四庫全書所選用的《葬書》版本是元人吳澄整理本，而《錦囊經》很可能就是蔡元定刪節整理本。

（4）《葬書》在流傳過程中，在印刷術出現之前，曾經經歷過 700 多年的手抄本傳播階段。然而手抄本時期的《葬書》缺少公私收藏記載。這就是葬書流傳的撲朔迷離之所在。

（5）宋代至清代，七、八個世紀中，《葬書》又經歷了印刷本和手抄本雜糅，印刷本中充斥大量宋代以及此後術士們的私貨的時期。以至整理者極難分清哪些是原著內容，哪些是後人添塞進去的。

〔註12〕（晉）郭璞撰，（唐）張說等注，鄭同校《錦囊記》，見九州出版社，《增補四庫青烏輯要》，第3函，第一冊。

（6）今天傳世的葬書古本內容不完整。是郭璞的責任嗎？

（7）有人說郭璞既有預測家的神通，何以他連自己都保護不了？這樣的人還能寫出《葬書》這樣的著作？持這種觀點的人有道理嗎？

看來，我們有必要借助已有的文獻將郭璞以來歷代傳承郭璞葬書思想的脈絡梳理梳理。

1. 郭璞《葬書》的傳承與傳播

《葬書》的傳承線索，郭璞之前，是河東郭公的青囊經。青囊經的作者就不得而知了，但可以肯定是晚周、兩漢一千多年人們關於相宅相墓，命相風水等神秘文化認識的結晶。河東郭公傳給郭璞，總共九卷。郭璞傳給趙載。這是有《晉書》可以依據的：「郭璞，字景純，河東聞喜人也。父瑗，尚書都令史。時尚書杜預有所增損，瑗多駁正之。以公方著稱，終於建平太守。璞好經術，博學有高才，而訥於言論，詞賦為中興之冠。好古文奇字，妙於陰陽算曆。有郭公者，客居河東，精於卜筮，璞從之受業。公以《青囊中書》九卷與之，由是遂洞五行、天文、卜筮之術，攘災轉禍，通致無方，雖京房、管輅不能過也。」「璞門人趙載嘗竊青囊書，未及讀而為火所焚。」〔註 13〕

這個說法很是令人奇怪。是擔心別人打「青囊中書」的主意故意布下的迷魂陣，還是趙載竊書未讀的寫實？不管屬哪種情況，郭璞將郭公的「青囊中書」傳給了門人趙載是肯定的。趙載之後，就不得其詳了。

按照常情，郭璞因反對分裂，維護統一死於王敦之手。晉元帝自會表彰郭璞。他的學說傳人趙載理應進入國家的類似後世的欽天監這樣的機構任職。從而傳承師學。但從趙載到唐代張說、一行、僧泓注解《錦囊經》（葬書），時間過了 300 多年。南宋朱熹好友蔡元定作為民間學者整理郭璞《葬書》，又過去了 300 多年，期間雖有隋之蕭吉，唐之卜應天，何溥，楊筠松，曾文辿等繼續從事堪輿研究，但期間不見明確提出《葬書》乃郭璞所撰。蔡元定刪削整理的郭璞《葬書》依據的是何種版本，也沒有被清楚地流傳下來。但《錦囊經》中下篇留下了幾處「蔡曰」，顯然跟蔡家的整理有關。

宋代西山蔡季通對流傳了近六百年的郭璞葬書首次進行刪節整理。「去其謬妄者為內外八篇。」〔註 14〕「由是郭氏舊書始為精善，而世俗所傳星卦諸說依

〔註 13〕（唐）房玄齡等撰《晉書》，卷七十二、列傳第四十二《郭璞傳》，中華書局，1974 年版，p1899。

〔註 14〕關於《發微論》的著作權，屬西山蔡氏當無問題。但究竟是父親蔡發（字神與）還是兒子蔡元定（字季通）仍無定論。四庫全書作蔡元定。

仿蕪穢之術一掃無餘。」元朝時吳澄是第二個整理葬書的人。「元臨川吳草廬氏猶以其擇焉未精，復別其不倫者析為雜篇二，以附於後。」金華鄭謐（字彥淵，明代）是第三個整理葬書的人。「金華鄭謐為之注釋反覆辯論尤為明白。」鄭謐幼穎悟，通陰陽曆數，嘗注郭璞《葬書》。詳見明倪岳新安謝子期《新刊地理四書・序》。謝昌子期將郭璞晉《葬書》、唐卜則巍《雪心賦》，宋上牢劉謙之著《地理囊金》，宋蔡季通《地理發微》，亦皆宗主郭氏，後之學者遂合四書於一，號曰《地理集要》。因為這四部書都是祖述郭璞風水學說的著作，故打包整理。〔註 15〕由此觀之，《隋書》雖不曾明言郭璞《葬書》存世與否，但《蕭吉傳》蕭氏遺書中有《葬經》，疑此書即是郭璞葬書或郭公的青囊中書。而唐玄宗和張說、僧一行、僧泓、蔡元定所注解的葬書（亦稱《錦囊經》）當即蕭吉所傳之葬經。不然，若是蕭氏自己的著作，安有自我稱經的道理？如果不是隋朝禁燬讖緯術數之書的劫餘幸存之瑰寶，僧泓就不會在唐玄宗面前反覆強調此書的價值。

倪岳稱：

> 至宋西山蔡季通氏始為刪定，去其謬妄者為內、外八篇。元臨川吳草廬氏猶以其擇焉未精，復別其不倫者，析為雜篇二，以附於後。由是郭氏舊書始為精善，而世俗所傳星卦諸說依仿蕪穢之術一掃無餘。金華鄭謐為之注釋，反覆辯論，尤為明白，將使天下後世用是術者無所惑，而行是術者不敢欺。其有益於仁人孝子者非淺淺也。況宋牧堂蔡神與氏實始著為《地理發微》（四庫全書作《發微論》）十六篇，其論一本景純而推衍其所未補者尤切，遂為傳家之學。而唐卜則巍著《雪心賦》，宋上牢劉謙之著《地理囊金》，亦皆宗主郭氏。後之學者遂合四書於一，號曰《地理集要》，顧璞書仍二十篇之舊既無所定正，而三書皆未訓釋，微詞奧義，亦無所發明，蓋兩病焉。昌學疎才淺，而竊聞於父師之訓，敢以一得之愚，取三書者字為之釋，而句為之解，其間考據之必精，引用之必切，而一毫附會之私穿鑿之弊不敢有存焉。由是三書之言，推之郭氏靡不合者。遂以附於西山、草廬二大儒考定葬書之後，更名之曰《地理四書》。將圖鋟梓以與四方學者共之。此昌之志也。〔註 16〕

〔註 15〕（明）倪岳撰《青谿漫稿》，卷十九，文淵閣四庫全書，臺灣商務印書館景印本，第 1251 冊，p256～257。

〔註 16〕（胡）倪岳撰《青溪漫稿》，卷十九。文淵閣四庫全書，臺灣商務印書館景印本，第 1251 冊，p256～257。

顯然，蔡元定之能刪削市面上流傳的內容駁雜的《葬書》，是因為家學的原因，因為乃父曾經在唐代張說、僧一行、僧泓注解的《錦囊經》上做過注解。顯然，自隋而唐而宋傳承下來的郭璞《葬書》，他家裏就有。明乎此，我們就會明白，蔡季通為何可以做刪削《葬書》，將其釐別為內篇、外篇總共八篇這樣一個版本。

明代義烏人王褘《叢錄》曰：

> 擇地以葬，其術則本於晉郭璞。所著《葬書》二十篇，多後人增以謬妄之說。蔡元定嘗去其十二而存其八。後世言地理之術者，此其祖矣。自近世大儒考亭朱子以及蔡氏莫不尊信其術，以謂奪神功回天命，致力於人力之所不及，莫此為驗。是固有不可廢者矣。後世之為其術者分為二宗：一曰：宗廟之法，始於閩中，其源甚遠，至宋王伋乃大行。其為說主於星卦，陽山陽向，陰山陰向，不相乖錯，純取五星八卦以定生剋之理。其學浙閩傳之，而今用之者甚鮮。一曰江西之法，肇於贛人楊筠松，曾文迪及賴大有謝世南輩尤精其學。其為說主於形勢，原其所起，即其所止，以定位向。專指龍穴沙水之相配，而他拘忌在所不論。其學盛行於今，大江以南無不遵之者。二宗之說雖不能相同，然皆本於郭氏者也。業其術者參其異而會其同斯得之矣。〔註 17〕

我們再來看四庫全書館臣所撰郭璞《葬書》提要。提要援引了明王禕《青岩叢錄》有關葬書及傳承的那篇文字。但刪節內容很多：

> 擇地以葬，其術本於晉郭璞所著《葬書》二十篇，多後人增以謬妄之說。蔡元定嘗去其十二而存其八。後世之為其術者分為二宗：一曰宗廟之法，始於閩中。其源甚遠。至宋王伋乃大行。其為說主於星卦，陽山陽向，陰山陰向，不相乖錯。純取八卦五星以定生剋之理。其學浙中傳之，而用之者甚鮮。一曰江西之法，肇於贛人楊筠松，曾文迪及賴大有、謝子逸輩尤精其學。其為說主於形勢。原其所起，即其所止，以定位向。專指龍穴砂水之相配，而他拘泥在所不論。今大江以南無不遵之者。二宗之說雖不相同，然皆本於郭氏者也。〔註 18〕

〔註 17〕（明）王褘撰《王忠文集》，卷二十，文淵閣四庫全書，臺灣商務印書館景印本，第 1226 冊，p430～431。

〔註 18〕（晉）郭璞《葬書》，提要。見文淵閣四庫全書，臺灣商務印書館景印本，第 808 冊，p1。

撰稿人刪掉了近世大儒朱熹的名字，且刪掉了王禕對朱熹、蔡元定欣賞郭璞觀點的評價性文字「莫不尊信其術，以謂奪神功回天命，致力於人力之所不及，莫此為驗。是固有不可廢者矣。」這顯然是為賢者諱。朱熹深信風水，事實俱在，何必諱言！詳見本書《朱熹風水批判》。需要說明的是，明初學者王禕對郭璞和葬書在中國風水史上的地位之判定比較客觀。清代統治者很忌諱「奪神功回天命」之類的字眼。

清人潘文虎「以文儒精地學，謂營葬之要在審勢察形而乘生氣。其拘方向與傅會天星卦氣者皆吉凶反背而貽禍多端。乃取晉郭氏《葬書》至明繆氏《葬經翼》凡三十六種，種各為跋，彙為一部，冠以序論，名曰《地學正書》。」〔註 19〕這個潘文虎，和明代新安謝昌一樣，顯然也是郭璞的異世知音，屬傳播《葬書》的功臣。

2. 四庫全書《葬書》提要的問題

讀《葬書》不能不看四庫全書館臣所寫的《葬書》提要。現全文引用如次：

> 舊本題晉郭璞撰。璞有《爾雅注》已著錄。葬地之說，莫知其所自來。周官冢人墓大夫之職，稱皆以族葬。是三代以上葬不擇地之明證。《漢書・藝文志》形法家始以宮宅地形與相人相物之書並列，則其術自漢始萌，然尚未專言葬法也。《後漢書・袁安傳》載安父沒，訪求葬地。道逢三書生指一處當世為上公。安從之。故累世貴盛。是其術盛傳於東漢以後。其特以是擅名者則璞為最著。考璞本傳載璞從河東郭公受青囊中書九卷，遂洞天文五行卜筮之術。璞門人趙載嘗竊青囊書，為火所焚。不言其嘗著《葬書》。唐志有《葬書地脈經》一卷，《葬五陰》一卷，又不言為璞所作。惟宋志載有璞《葬書》一卷，是其書自宋始出。其後方技之家競相粉飾，遂有二十篇之多。蔡元定病其蕪雜，為刪去十二篇，存其八篇。吳澄又病蔡氏未盡蘊奧，擇至純者為內篇，精粗純駁相半者為外篇，粗駁當去而姑存者為雜篇。新喻劉則章親受之吳氏，為之注釋。今此本所分內篇外篇雜篇，蓋猶吳氏之舊本。至注之出於劉氏與否則不可考矣。書中詞意簡質，猶術士通文義者所作，必以為出自璞手則無可徵信。或世見璞葬母暨陽，卒遠水患，故以是書歸之歟？其

〔註 19〕（清）沈彤《果堂集》，卷八《書地理正書後》，見文淵閣四庫全書，臺灣商務印書館景印本，第 1328 冊，p346。

中遺體受蔭之說使後世惑於禍福，或稽留而不葬，或遷徙而不恒。已深為通儒所辟，然如「乘生氣」一言其義頗精。又所云葬者原其起，乘其止，乘風則散，界水則止諸條，亦多明白簡當。王禕《青岩叢錄》曰：擇地以葬，其術本於晉郭璞所著《葬書》二十篇，多後人增以謬妄之說。蔡元定嘗去其十二而存其八，後世之為其術者分為二宗：一曰宗廟之法，始於閩中。其源甚遠。至宋王伋乃大行。其為說主於星卦，陽山陽向，陰山陰向，不相乖錯。純取八卦五星以定生剋之理。其學浙中傳之，而用之者甚鮮。一曰江西之法，肇於贛人楊筠松；曾文迪及賴大有、謝子逸輩尤精其學。其為說主於形勢，原其所起，即其所止，以定位向。專指龍穴砂水之相配。而他拘泥在所不論。今大江以南無不遵之者。二宗之說雖不相同，然皆本於郭氏者也云云。是後世言地學者皆以璞為鼻祖。故書雖依託，終不得而廢歟？據宋志本名《葬書》，後來術家尊其說者改名《葬經》。毛晉汲古閣刻本亦承其訛，殊為失考。今仍題舊名以從其朔云。〔註20〕

讀了這篇提要，關於中國的墓葬文化源流特別是風水文化的源流便大體具一輪廓了。四庫全書館臣的傾向實際已經比較明晰，就是基本認定《葬書》是宋朝才出現的書。作者的重點也放在宋朝已降的學術源流陳述上。但四庫館臣的觀點也有尾巴。因為誠如此說，葬書是宋代才開始出現的嫁名之作。那何以解釋歷史上早在宋朝之前的唐朝甚至更早的六朝時期就出現了大量有關郭璞占墓、占城的記載之存在？以及更早時間的管輅等人的相墓記錄呢？難道這些歷史的記載也可以視而不見嗎？

本人的看法：《葬書》是宋代才露面的風水著作。但郭璞在其短暫的人生旅途中，已經留下了不少相墓相城的實踐。這是不爭的事實。下面我們會大量引用各種古代文獻中的記載來加以說明。而術士們多指稱郭璞為《葬書》作者。這應該也不是偶然的。為什麼他們不說《葬書》的作者是管輅？不說《葬書》的作者是其他同時代或更晚一點的人？難道《晉書》對郭璞風水學的淵源記載就沒有史料價值嗎？為什麼沒人把河東郭公的青囊書傳授對象寫成趙載？我們可以說郭璞《葬書》是宋代才出現的，但這並等於就可以否定郭璞對

〔註20〕（晉）郭璞《葬書》，提要。文淵閣四庫全書，臺灣商務印書館景印本，第808冊p1起始。

該書的著作權。就像宋代以來，很多風水師在郭璞《葬書》中塞進了大量的私貨，但這也不能成為否定《葬書》原著價值的理由一樣。不要說漢代以來的圖書傳承，就是先秦的子書，如《鶡冠子》等也很長時間被懷疑為偽書，但地下考古粉碎了前人的懷疑。何況我們前面的印證，也證明早在隋唐時期，《葬書》就一直在流傳。其經手之人先後有隋朝的國師蕭吉、民間著名術士孫晤、唐朝的宰相張說、國師僧一行、僧泓、宋朝的蔡發、蔡季通父子。元代的吳澄、明清兩代的葬書研究著作就更多了。線索清晰，不能視而不見。

3. 對明人童軒懷疑郭璞的三疑一信之看法

明初科學家童軒對《葬書》作者為郭璞表示了懷疑。他的觀點可概括為「三疑一不信」。他收到陶希文寄來的《葬書》，在覆信中系統闡述了對葬書係郭璞撰寫的幾大懷疑：

> 承示郭景純論《葬書》一冊，凡八篇。予讀之，其言簡而要，其理順而明。視他葬書膠於禍福利害者大有徑庭矣。然有可疑者三，有不信者一。
>
> 蓋景純之在江左，號為博學高才。多識奇字。所著《江賦》，史稱其詞氣雄偉。以今觀之，信然。使此書果為景純所著，其間必多證事據理。而先王葬埋制度與夫藝文志宮宅地形亦考求所自。未應鑿空架虛而為是無稽之言也。矧其文字有不類乎此，其有可疑者一也。夫列傳所載景純妙於陰陽曆算五行天文卜筮之術，為人禳災轉禍通致無方，無慮數千言。其末止載景純以母憂去職，卜葬母葬地於暨陽及為人葬龍耳二事。而所著有《洞林》《卜韻》《音義圖譜》《三蒼方言》《穆天子傳》《山海經》數書，亦無《葬書》八篇。世次久遠，龍耳相傳。其間如蕭吉所撰大抵與景純不殊。不知草廬何據以為景純書也。此其有可疑者二也。且景純為人所葬必背凶而趨吉，必向福而避禍。其歷世必欲其久，其門戶必欲其昌，此固無俟於言也。然則何為卜葬母暨陽卒致雙栢之禍。豈謀於人者密而圖於己者疏耶？此其有可疑者三也。商書有曰作善降之百祥，作不善降之百殃。蓋以善惡繫於己，禍福聽諸天。不可以探取而或得，不可以智計而苟免。所為莫之致而至者是也。今此書所載本體得氣，遺體受蔭。乘其所來，則貴富而吉昌；犯其所害，則貧賤而凶厄。使其言果信，則禍福不繫於天而繫於地勢之善惡也；善惡不證於人而證於

山形之向背也。豈理也哉？夫死者之葬於地，猶生者之宅於家。府第者，王侯之所宅也。廨宇者，官吏之所宅也。村舍者，民庶之所宅也。營壘者，軍旅之所宅也。脫民徙於營壘，果能易而為軍乎？軍徙於廨宇，果能為官吏乎？官吏徙於府第，果能為王侯乎？何也？富貴貧賤初非壘舍府第所能移易故也。今以庸賤之人慾穴富貴之山以利其福，是何異於徙壘舍府第而欲移易其富貴者耶？其有不可信者此也。故諺有之曰：屋下人無福，山頭土不靈。此言雖鄙，實可以破千載之惑。屬有目疾，不能詳書。不知足下以為何如？《葬書》奉上，希檢納。萬萬，軒再拜。〔註21〕

童軒以科學家兼文學家的眼光，看得透徹，說得明白。簡言之，從郭璞的學養分析，他做的學問是嚴肅的學問，且學識淵博。若寫葬書，斷乎不會沒頭沒腦，一點歷史淵源都不涉及。且他的著作既然有《洞林》等書，且非常重視卜筮的實證記載，則《葬書》那麼重要的著作，何以沒有一星半點的案例佐證？或者說，為何體例上和他的其他著作一點也不相似？另外，從《晉書》的記載看，郭璞是影響很大的晉朝名流。《晉書》本傳篇幅不短，若真著《葬書》，安有不流傳之理，又安有不見記載之理？還有，如果此書真為郭璞所著，何以其理論與實踐不相符合？他連自己的命運都預測不了，還能預測別人？

童軒說這本《葬書》沒頭沒尾，不像一個大著述家的著作，斷然不是郭璞所撰。這見解也未免太武斷了些。誰能保證郭璞葬書傳世過程中必須一頁不落，一字不損？誰能保證在手寫的時代，後來的術士們不在書中加進自己的私貨？誰能保證某人得到了郭璞葬書後必須公之於眾，難道他不能秘而不宣嗎？我們不能拿學術為天下之公器這個今天的常識去要求距離我們 1700 多年的郭璞。我們生活在後世的人，討論問題，一定不要以今概古。用今天的常識來規範古代的人事。我看《三國志·魏書》《管輅傳》。他死了以後，就有人到他辦公的地方去找書。心想那裡一定有什麼占卜秘訣之類的。誰知當事人看後，才發現，管輅書房裏的專業書籍也就是大家當時都能看到的常見占卜書。這是他弟弟說的。郭璞雖然活的時間不長，但他和管輅不同，他是一個著述等身的學者。我們看今人整理的《郭弘農集校注》，篇幅也不大。整理者主要是

〔註21〕（明）童軒《與進士陶希文論葬書》，《明文海》卷一百七十七，文淵閣四庫全書，臺灣商務印書館景印本，第 1453 冊，p817～818。

用輯佚的辦法才弄成一本集子。郭璞很多著作都遺失了，剩下的也就是些斷簡殘篇。〔註 22〕

實際上，郭璞的堪輿學問，《晉書》交代的很清楚，他是學有淵源的。他的老師郭公的著作，名字叫《青囊中書》。這青囊中書共有九卷，寫《晉書》的人，包括唐太宗，可能都不得見。那麼，作為學生，郭璞在閱讀過程中，不能對老師的著作做些類似今天的簡編本之類的提煉嗎？今天傳世的古本葬經，很像我們今天論文的摘要。且其中重要之處，每每引經說明。可見，郭璞《葬書》和老師的《青囊中書》屬兩個不同的版本。《葬書》中動輒引經就是明證。

實際上，唐王朝得天下後，從隋王朝手裏繼承了《葬書》等內府秘籍。但因為術數著作在古代屬掌權的朝廷壟斷。故不肯公開寫進史書的專志之中。晉書是唐太宗君臣撰寫的，很多重要人物傳記都是太宗寫的。他們不可能不知道《葬書》是郭璞所寫。如果唐朝初年沒能繼承這份遺產，就很難理解為何唐玄宗時出現了《錦囊經》這本名雖非葬書，實際內容即葬書的注解本，且注解者皆一時大家。這本錦囊書，稱《錦囊經》，又稱《錦囊葬經》，實際上《錦囊經》就是《葬書》。在宋代曾廣泛流傳。宋洪邁《容齋隨筆》記載說：「世傳錦囊葬經為郭所著，行山卜宅兆者印為元龜。「〔註 23〕宋代風水術盛行，《葬書》被尊稱為《葬經》。洪邁以當時人記載當時事。應該是有根有據的記載。

實際上，《晉書》本傳的記載已經給我們留下了疑點。他的弟子趙載竊來老師的《青囊經》，沒來得及看就燒了。這豈不太不近人情？既然是老師的書，學生借閱有何不可？還用得著竊嗎？再說，趙載偷竊老師的書，誰告訴唐代寫《晉書》的史官的？竊來後沒來得及看就燒掉了，這又是誰告訴史官的？當然只能是得自傳說。或者就是撰史者出於某種需要編造的故事。如果傳說靠譜，那這個趙載就大可懷疑。《葬書》，第一代收藏者就是他了，應該是他賊喊捉賊。將大家普遍關心的老師所著奇書說成老師不肯示人，自己偷竊，偏偏運氣不好，沒來得及看就被燒掉了。你信嗎？當然，這樣說可以讓覬覦者死心。現在沒有地下出土文獻相佐證，我們只能從邏輯上進行推測。再者，我們不要忘記，郭璞是為了制止分裂才被王敦殺害的。一個當時被權勢人物誅殺的學者

〔註 22〕聶恩彥整理，《郭弘農集校注》，山西人民出版社，1991 年版。

〔註 23〕（宋）洪邁撰《容齋隨筆》，卷一，文淵閣四庫全書，臺灣商務印書館景印本，第 851 冊，p265。

官員，他的著作能順順利利地傳世嗎？他的弟子能理直氣壯的將他得到老師的真傳公之於眾嗎？

4. 清人丁芮樸否定郭璞為葬書作者的證據之邏輯漏洞

清代丁芮樸亦力持現傳《葬書》非郭璞所著說，他的證據共有九條：

證據一：《晉書．郭璞傳》具載其著述，而不言有葬經。

證據二：葛洪《神仙傳》具載其著述，而不言有葬經。

證據三：《隋書．經籍志》不著錄。

證據四：《舊唐書．經籍志》、《新唐書．藝文志》俱不著錄。

證據五：六朝以後相墓書盛行者則有青烏子相冢書，又有五姓相墓。不聞郭璞葬經之學。

證據六：晚唐風水大師楊筠松所著《撼龍經》《疑龍經》兩書中絕不言及郭璞，亦不引及《葬經》。則為楊所未見。

證據七：《宋史．藝文志》始載郭璞《葬書》一卷。《容齋隨筆》：世傳《錦囊葬經》為郭璞所著。《讀書後志》云：世傳葬書之學皆云無出郭璞之右者。今盛行多璞書也。則宋時風水書無不託名於郭璞。因而推測此乃宋人誤讀璞傳因而附會假題璞名。

證據八：讀郭璞本傳，郭璞葬母顯示出郭璞所擅長的是知來之法，而不是相地之術。考之本傳，郭璞所長都在卜筮而非風水。又本傳中說郭璞曾撰寫前後卜筮應驗案例六十餘事，名曰洞林。則卜葬之法當亦在洞林之中，則無所謂《葬經》。

證據九：郭璞所擅長的趨吉避凶的預測手段屬卜筮之術，與通過尋龍點穴而奪神功改天命為特色的風水之術不是一回事。

丁芮樸的結論是：「郭璞非風水之術也，《葬經》非郭璞之書也。」〔註 24〕

丁芮樸的觀點存在邏輯漏洞。

古代信息流通不如現代快捷，這是盡人皆知的。漢代既然有相宅相墓之實踐，東晉郭璞自身的條件又具備了寫作葬書，總結兩漢以來四個多世紀的卜葬實踐怎麼沒有可能？《葬書》不見於宋史之前的史書記載，就能斷定其不是郭璞所著麼？答案是：不一定。古代作興卜葬，因此一部好書，便被秘藏不肯示人的事情總是有的。何況古代一般非朝廷公開頒布的圖書，只能是寫本，且數量有限，傳播範圍有限。宋代由於印刷術的革命，很多原來秘藏人間的孤本紛

〔註 24〕（清）丁芮樸《風水袪惑》，月河精舍叢鈔本，p10～11。

紛面世。這正是技術進步的體現。我們可以說，郭璞的《葬書》在宋朝之前沒有得到廣泛的傳播。但不能說這書不是郭璞所著。且不能說歷史上不存在郭璞《葬書》的傳播這回事，說詳前。請問，兩漢以來的卜葬技術，誰最有資格來進行總結？歷覽前賢，恐怕非郭璞莫屬。因為他既有大量的相宅相墓和相城的實踐經驗，又具備學術總結的能力。〔註25〕關於郭璞的信息，我們盡可能全面地進行了搜集。只見郭璞相墓相城的記載，不見郭璞相宅的記載。這是為什麼？我的理解，這可能跟西漢時期就有圖宅術一類的總結性著作有關。我們看漢書藝文志，圖宅書和相冢書均見記載。說明早在班固的時代就有這兩方面的著作。郭璞自然會閱讀這些前代留下的著作。很大可能是他在學術上為自己定位，專作相墓相城這一塊。葬書也許還只有提綱，就遭王敦之禍，英年早逝。按照他的卜筮著作寫作習慣，他一定會將理論和案例結合起來，並且風水這一塊尤其看重的是案例能否得到實證。他早期的卜筮案例，作者把得到實證的成功案例編成書，名曰《周易洞林》。卜筮的理論基礎是周易。風水呢？風水必須有自己的理論。而進軍風水理論，進行學理上的總結，郭璞最有條件。可惜的是，他死得太早。不然，一本有理論有案例的《葬書》一定會呈現在天地之間。

5. 郭璞對自己的結局沒有預測嗎？

不信風水的人往往拿《葬書》作者郭璞開刀。例如：

宋人楊萬里（廷秀）雖讚賞郭璞「忠義以死，大節固卓然矣」。然亦責難郭璞不能預測自保：「《葬書》非惟無益於人，乃深貽禍於人。《葬書》非惟不靈於人，亦未嘗靈於己。景純《葬書》，東漢以前無有也。老先生豈亦微信其奇怪乎？景純忠義以死，大節固卓然也。然豈不前知其故而逆善其先人之窀穸乎？己既無驗，於人何有？」〔註26〕從楊萬里給朱熹的信中不難看出，他和朱熹在對待風水問題，對待郭璞著《葬書》問題上的看法是有分歧的。「老先生」，係楊萬里對朱熹的尊稱。

元代新安（古徽州，今黃山市）大學者陳櫟也認為郭璞「忠於晉朝，為王敦所殺。然初焉曷不逆善其祖父之葬地而庇子孫免斫頭之禍乎？自卜葬地，後竟淪歿於大江心。自謀如此，何靈於人！」〔註27〕

〔註25〕詳見本書《郭璞風水案例研究》。

〔註26〕（宋）楊萬里，《與朱侍講元晦書》，《誠齋集》，卷一百五，文淵閣四庫全書，臺灣商務印書館景印本，第1161冊，p334。

〔註27〕（元）陳櫟《青可墓表》，《新安文獻志》，卷八十八。文淵閣四庫全書，臺灣商務印書館景印本，第1376冊，p449～450。

懷疑郭璞是《葬書》作者的人，往往拿郭璞既然擅長預測，會看風水，何以他自己只活了四十九歲，不及中壽。且被王敦殺害？針對這個問題，我覺得需要做個說明。過去有善易者不卜的說法。擅長周易的人為什麼不需要占卜？因為大是大非他清楚，心裏早有定盤心：

> 王敦之謀逆也，溫嶠，庾亮使璞筮之。璞對：「不決。」嶠、亮復令占己之吉凶。璞曰：「大吉。」嶠等退相謂曰：「璞對不了，是不敢有言，或天奪敦魄。今吾等與國家共舉大事，而璞云大吉，是為舉事必有成也。」於是勸帝討敦。初璞每言殺我者山宗，至是果有姓崇者構璞於敦。敦將舉兵，又使璞筮。璞曰：「無成。」敦固疑璞之勸嶠、亮，又聞卦凶，乃問璞曰：「卿更筮：吾壽幾何？」答曰：「思向卦，明公起事必禍，不久；若往武昌，壽不可測。」敦大怒曰：「卿壽幾何？」曰：「命盡今日日中。」敦怒，收璞詣南崗斬之。」〔註28〕

這段溫嶠、庾亮和郭璞的對話，郭璞和王敦的對話，再清楚不過的說明了郭璞是想利用占卜來促使朝廷下定決心除掉王敦這個叛臣。這種境界我們能不肅然起敬麼？

郭璞晚年遭母喪，按慣例守制。他擇葬地於暨陽（今江蘇江陰市小黃山江濱），將兩個哥哥的遺骨也遷葬在暨陽。就在他守喪未滿時，荊州都督王敦為了網羅人才，便起用他做記室參軍。很快，他發現王敦這個軍閥對朝廷有圖謀不軌的跡象。只是他身入局中，脫身不得。但郭璞對遷到建康的東晉王朝寄予厚望，他創作的很多歌頌新王朝的詩賦就是明證。當晉明帝司馬紹派人來訪求他時，他即建議改年號，大赦天下。當王敦反心漸露，朝廷擬派溫嶠、庾亮討伐王敦。他們私下訪問郭璞，郭璞機智的暗示了征討必勝，當後來王敦也向他尋求預測，即起兵造反的想法能否成功時，郭璞給他的結論是明確的，凶。如果和朝廷保持一致，就吉。而當時王敦身邊早就有個人跟郭璞過不去，經常在王敦那裡說郭璞的壞話。郭璞自然是心裏明白，這回是必死無疑。他和溫嶠、庾亮以及跟王敦的對話，都寫在晉書本傳中。童軒等人怎麼能不看清楚就亂說呢？何況退一步說，誰說郭璞對於自己死於王敦之手沒有預測？《晉書》具在。雖然有神化的色彩，但他早在行刑的劊子手還是少年時，就曾在相遇時贈送給那孩子一件袍子，並且囑咐將來你要我的命時痛快點。

郭璞因維護統一，反對分裂而遭王敦毒手。世人同情他，尊敬他，因為自

〔註28〕（唐）房玄齡等撰《晉書》，卷七十二，中華書局，1974年版，第1899～1909。

從孔子修《春秋》強調大一統的理念，漢武帝罷黜百家獨尊儒術的大一統實踐以來，大一統已經深入人心。為統一而死的人必然得到國人的尊敬。故願意將神奇美好的東西移花接木到他身上。實際上，郭璞如果想苟活的話，他完全可以順著王敦的思路說。但他不肯違背良心，他需要利用自己的權威給企圖分裂的王敦心理上狠狠的一擊。這正是郭璞的可敬之處。

童軒等人譏諷郭璞不能預測自己的下場。是沒有根據的。因為《世說新語．術解篇》記載了一個好朋友桓彝在郭璞上廁所時突然闖進來讓郭璞很是驚慌的故事：「璞素與桓彝友善。彝每造之，或值璞在婦間，便入。璞曰：『卿來他處，自可徑前。但不可廁上相尋耳。必客主有殃。』彝後因醉詣璞，正逢在廁，掩而觀之，見璞裸身被髮，銜刀設醊。璞見彝，撫心大驚曰：『吾每屬卿勿來，反更如是。非但禍吾，卿亦不免矣。天實為之，將以誰咎！』璞終嬰王敦之禍，彝亦死蘇峻之難。」〔註 29〕

這不說的很清楚嗎？郭璞自知難脫王敦之禍，並且還預測了桓彝必死蘇峻之難。

6. 明程敏政對《葬書》作者的看法

關於《葬書》作者是否郭璞的問題，明代學者程敏政有過比較客觀的分析。

（明）程敏政在《題葬書後》寫道：「漢藝文志有形法六家，百餘卷。而郭氏《葬書》隋唐經籍志皆無之。惟《晉書．郭璞傳》云：有郭公者，客河東。精卜筮。璞從之受，公以青囊中書九卷與之，遂洞五行天文卜筮之術。著《洞林》等書十餘萬言。乃無《葬書》。則今之所傳必九卷之一，漢形法之遺。而所謂郭氏者亦殆指河東之客邪？又云：璞門人趙載嘗竊青囊書，未及讀而毀於火。疑今所傳二十篇者當出於後人追緝，非完本也。元草廬吳氏就其中訂證為內外各四卷，然後純駁皦然，可因是以泝（溯）郭氏之舊矣。故庸師安於故常，又喜售星卦之說。由是吳本寖微，傳者益鮮。吾郡謝子期氏究心是書，乃取金華鄭氏所注本，及卜氏《雪心賦》，蔡氏《發微》，劉氏《囊金》，各為之注。號『地理四書』。新安千戶於侯明將捐金刊布，屬予識之。予觀東山趙氏有《葬書問對》一篇，詞雅理正，宜錄以附卷後，用備一家之言。且使葬親者知窮理之為尚，而不惑於異說云。」〔註 30〕

〔註 29〕（唐）房玄齡等撰《晉書》，卷七十二。中華書局，1974 年版，p1899～1909。

〔註 30〕（明）程敏政《篁墩文集》，卷三十九，文淵閣四庫全書，臺灣商務印書館景印本，第 1252 冊，p695～696。

程敏政的分析比較客觀。因為古人著作傳承情況比較複雜。古人沒有今天這樣的印刷條件。很多人的著作，限於種種主觀和客觀的原因，人在世公諸於世的很少。大多數都藏在家裏後人手中。什麼不可預料的情況都有可能發生。如華佗家人燒毀其醫書，郭璞弟子趙載嘗竊青囊書未及讀而毀於火。這會不會是趙載或者趙載之後傳人們的障眼法呢？或者說，這是否為郭璞的未定稿呢？總之，郭璞死的突然，應該沒有這方面的準備。加之是被當朝的權臣所殺害。且死時尚不到 50 歲。但當時和後世有那麼多的相墓相城等案例被記載，難道能說這些都是沒事幹的人杜撰的嗎？因此，我的看法是：郭璞為《葬經》的原創作者當無問題。只不過，郭著不一定是定本。很大可能是未定稿。觀其書中關鍵之處便引經可知。《葬書》中的「經曰」當即是河東郭公傳給郭璞的「青囊中書」的內容。而隋朝蕭吉傳尾的著述中所提及的葬經，很可能就是河東郭公的葬書。後世術士出於種種自私的目的肆意篡改，刪節，才使本來不複雜的葬書變成十分複雜的一個問題。

總之，無論這《葬書》的著作權怎樣眾說紛紜，莫衷一是。但郭璞在中國術數發展史上永遠都是一座高峰。

讓我們來看看他的同時代人王廙如何評價他。他說：「璞之爻筮，雖京房、管輅不過也」。〔註 31〕

元代學者胡一桂評價說：「景純得青囊書，遂洞五行天文卜筮之術。嘗撰前後筮驗六十餘事，名為《洞林》。斷法用青龍朱雀勾陳騰蛇白虎玄武六神及太歲諸煞神時日旺相等推算，靈驗無比。又抄京、費諸家撮要，更撰《新林》十篇，《卜韻》一篇。大抵只用卦爻，不假文字。然雜以說相、葬法、行符、厭勝之術，往往流於技藝，而易道日以支離卑下矣。」〔註 32〕

王廙（276～322）字世將，琅琊臨沂人。王導堂弟，也是王敦的堂弟。其人是東晉著名書畫家、文學家、音樂家。晉元帝的姨表弟。考郭璞生於西元 276 年，卒於西元 324 年。郭與王廙同年生，晚於王廙兩年死。這位同時代的大藝術家對郭璞的評價值得重視。他眼中的郭璞最知名的最出彩的是周易占筮。隻字未曾提及其堪輿成就。顯然，郭璞生前雖然給人相過墓，但社會影響肯定不如占筮影響大。且其相墓所用的手段肯定還沒有後世的羅盤，

〔註 31〕（唐）房玄齡等撰《晉書》，卷七十六《王廙傳》，中華書局，1974 年版，p2003。

〔註 32〕（元）胡一桂《周易啟蒙翼傳》，中篇。文淵閣四庫全書，臺灣商務印書館景印本，第 22 冊，p252。

自然也不會有尋龍捉脈等行為。他的手段還是周易占筮之法。其學術軌跡大抵還是走從京房等漢代易學家以周易占卜吉凶的路子。但顯然突出了實地考察的特點。而其應用色彩濃厚成為他的特色。所以元代周易學者胡一桂對他流於技藝一途感覺遺憾。

胡一桂（1247～？）江西婺源籍學者，人稱雙湖先生。宋末元初易學家。他評價郭璞「流於技藝而易道日以支離卑下矣。」是說郭璞使周易走向了實用一途，或者說郭璞開了周易世俗化應用的風氣之先。其中提到葬法，相法、厭勝法。這是根據傳世的葬書以及晉書郭璞傳，世說新語有關郭璞的相關記載而得出的印象。

根據本人的研究，郭璞雖死於非命，但大節凜然，千秋景仰。而郭璞從河東郭公那裡繼承來的青囊中書必然包含葬經。此葬經屢為郭璞葬書所引用。郭璞有弟子趙載傳其術。傳其書。此後經過 200 年左右，河東郭公葬經當為隋朝國師蕭吉所有。郭璞葬書很可能是在民間流傳。即趙載門下流傳。而青囊書中的葬經很可能走的還是朝廷官方傳承的路線。推測河東郭公的葬經很可能毀於隋朝的禁燬讖緯等圖書之劫難。而趙載這條線傳承的郭璞葬書，到了唐初，因為偶然的因素，又回到了朝廷秘閣。這就是黃州僧泓給唐玄宗敬獻葬書的背景。自唐玄宗以後，郭璞葬書被官方重視，且有注解本傳世，易名為錦囊經。到了宋朝，錦囊葬書大行於世，時人習稱「錦囊葬經」，因其時印刷技術進步所致。而該時期手稿本刻本、錯綜發展，郭璞葬書被搞得面目全非，後幸賴宋儒蔡發的兒子蔡季通整理。使葬書的基本觀點從蕪雜混亂的狀態中恢復到接近本來面目的狀態。元代學者吳澄更進一步進行整理，糾正了蔡季通整理本的不足。

總之，中國風水學，鼻祖非郭璞莫屬。葬書的作者非郭璞莫屬。